GLOBALIZATION AND
INNOVATION IN CHINA

全球化与中国创新

蒋海威　著

ZHEJIANG UNIVERSITY PRESS
浙江大学出版社
·杭州·

图书在版编目(CIP)数据

全球化与中国创新 / 蒋海威著. —杭州:浙江大学出版社,2023.8(2024.1重印)
ISBN 978-7-308-24117-5

Ⅰ.①全… Ⅱ.①蒋… Ⅲ.①创新管理－研究－中国 Ⅳ.①F124.3

中国国家版本馆 CIP 数据核字(2023)第 154439 号

全球化与中国创新

QUANQIUHUA YU ZHONGGUO CHUANGXIN

蒋海威 著

策划编辑	吴伟伟
责任编辑	陈逸行
责任校对	马一萍
封面设计	周 灵
出版发行	浙江大学出版社
	(杭州市天目山路 148 号 邮政编码 310007)
	(网址:http://www.zjupress.com)
排 版	浙江大千时代文化传媒有限公司
印 刷	浙江新华数码印务有限公司
开 本	710mm×1000mm 1/16
印 张	15
字 数	223 千
版 印 次	2023 年 8 月第 1 版 2024 年 1 月第 2 次印刷
书 号	ISBN 978-7-308-24117-5
定 价	68.00 元

前　言

创新被认为是经济增长的不竭动力。从邓小平同志提出"科学技术是第一生产力",到党的二十大报告提出"创新是第一动力",创新精神已经深深刻入中华民族的灵魂,成为中国经济快速发展的不竭动力。改革开放以来,开始参与全球化竞争是中国经济发展最明显的转变之一。全球化参与程度的加深在给中国发展带来挑战的同时,也提供了诸多机遇。全球化发展为中国在各个产业领域提供了与其他国家同台竞争的广阔舞台。这在很大程度上驱动中国不断推动高水平自主创新,提高自己的核心竞争力,在国际市场上获得竞争优势。

基于两者的紧密关系,本书对全球化与中国创新相关内容进行探讨。全书分为三篇。第一篇包括第一章至第三章,讨论了近年来全球化的变化趋势以及中国在全球化中角色的演变,针对高水平自由贸易协定,分析了中国所面对的挑战以及解决的策略。第二篇包括第四章至第六章,展示了中国创新发展的趋势和现状以及中国创新的若干特征,讨论了中国的研发结构问题及其与中国经济发展的关系。第三篇包括第七章至第九章,从外商直接投资角度分析了全球化对中国创新的影响效应以及作用机制。下面对各章内容逐一进行简要介绍。

第一章阐述了中国货物贸易及服务贸易情况,展示了中国在国际贸易方面的变化趋势。同时,分析了全球化给中国带来的挑战,以及全球化的发展趋势。随着全球经济发展格局的变化,全球贸易出现了地区经贸合作多边机制加强而多边经贸合作式微的情况。在全球化进程中,中国积极应对新的挑战,扮演愈发重要的角色。

第二章基于地区经贸合作多边机制加强的现象,分析了《区域全面经济伙伴关系协定》(Regional Comprehensive Economic Partnership,

RCEP)对中国的重要性。梳理了 RCEP 规则的突破,以及其助力构建双循环新发展格局的途径。分析表明,RCEP 的签署,在贸易、投资和要素流动等领域提供了新的合作平台,能够在商品贸易、服务贸易、跨境投资等方面为中国带来益处。

第三章讨论了另一重要区域自由贸易协定——《全面与进步跨太平洋伙伴关系协定》(Comprehensive and Progressive Agreement for Trans－Pacific Partnership,CPTPP)。首先,阐述了中国与 CPTPP 成员国的贸易发展情况,总结了典型特征和事实。通过与 RCEP 进行对比,并基于中国经济的发展现状,本章分析了中国在申请加入 CPTPP 过程中存在的挑战。与挑战并存的是中国具备强大的优势和能力,对此本章也进行了提炼,并且从货物贸易、服务贸易、国际投资等方面提出建议。

第四章首先通过中国创新情况的国际比较,分析了中国创新与其他主要国家的异同点,包括创新投入、创新产出和研发结构三个方面;其次基于研发投入和专利产出等数据,从区域特征、行业特征、企业特征、个人特征四个方面分别展示了中国创新的特点,在静态和动态关系中简要分析了中国创新的影响因素;同时,讨论了创新与全要素生产率、生存率的关系。

第五章从研发结构角度切入,用跨国(地区)数据研究了研发结构与经济发展的关系。研究发现,在经济发展过程中,研发结构与人均 GDP(国家/地区生产总值)呈倒 U 形关系,也即在经济发展的初期,应用研究投入的增加速度快于基础研究的投入,但随着经济的不断发展,前者的增长速度逐渐慢于后者。就基础研究和应用研究的作用而言,利用中国数据的研究发现,应用研究在短期内就会促进经济绩效的提升,而基础研究需要长期过程以及与应用研究的相互溢出效应才会对经济绩效产生积极的影响。

第六章尝试回答一个问题:对中国而言,是否存在最优研发结构,在这一研发结构下,创新可以高质量发展?使用中国省级面板数据,定义研发结构为基础研究与应用研究的比值,利用专利数据衡量区域创新水平,发现研发结构与创新之间存在倒 U 形关系。也即随着基础研究投入与应用研究投入比值的提高,区域创新水平的提高速度表现为先增快后减慢。本章为中国科技发展战略目标的设定提供了有益参考。

随着对外开放水平的提高,中央和地方政府利用税收减免和土地补贴等优惠政策,大力开展招商引资工作。再加上劳动力及其他生产要素价格相对较低、经济发展潜力大等因素,中国市场对外商直接投资具有很大的吸引力。同时,为了迎合中国市场,外商直接投资在形式上逐渐变得多元化,针对市场特点进行了大量的开拓工作。因此,中国的外商直接投资流入迅速增长。外商直接投资一方面可以带来先进的技术,从而通过知识溢出促进本地创新;另一方面会通过竞争挤出市场中的创新者而抑制本地创新。学界对于外商直接投资与创新的关系仍未达成统一的看法。因此,本书第三篇研究外商直接投资与创新的关系具有重要的理论意义和现实意义。第七章从外商直接投资与创新、经济增长、企业绩效的关系以及创新影响因素这几个方面进行详细整理,对于外商直接投资与创新的相关研究进行了文献综述。

第八章研究了外商直接投资与区域创新的关系。将中国城市层面数据与中国专利数据进行匹配,得到城市层面的专利数量和专利引用数量,用其衡量区域创新数量和创新质量。为了解决内生性问题,利用涉外婚姻数据和城市地理因素指标构建了外商直接投资的工具变量。同时,使用动态面板估计方法,结合构造的工具变量,对实证模型进行估计。研究发现:第一,外商直接投资显著增加了区域创新数量,提高了区域创新质量。第二,外商直接投资对区域创新的正向效应在中西部地区、基础设施建设更完善的地区、非国有经济更活跃的地区、工业化程度更高的地区表现得更明显。第三,外商直接投资通过竞争效应、溢出效应、制度因素、替代金融发展影响渠道,促进城市创新。

第九章以中国工业企业为研究对象,从微观层面研究了外商直接投资与企业创新的关系。将中国工业企业数据库与中国专利数据进行匹配,利用专利数量和专利引用等数据,衡量了企业创新数量和创新质量。利用外商直接投资管理规定的外生变化,基于双重差分模型构建了外商直接投资的工具变量。研究发现:第一,外商直接投资增加了企业的创新数量,提高了企业的创新质量。第二,外商直接投资不仅带来了企业的增量创新,而且促进了企业的突破性创新。第三,外商直接投资的水平溢出和后向溢出对企业创新存在正向影响,而前向溢出对企业创新存在负向影响。第四,对于规模较大的企业、国有企业、合资企业、技术差距大的企业,外商直接投资对创新的正向影响较弱,且来自我国港澳台地区的直接投资对企业创新的促进效应也较弱。另外,本地的外商直接投资和非本地的外商直接投资对企业创新均存在正向影响。第五,外商直接投资存在正向竞争效应,验证了理论模型的结论。同时,研究发现,外商直接投资的溢出效应不显著。这两种效应导致外商直接投资对企业创新存在加总的正向效应。另外,外商直接投资通过激励效应、示范效应、监督效应,缓解了融资约束,促进了企业创新。

本书是笔者尝试理解和解释中国开放和创新问题的一些思考和实践。本书的写作和出版得益于我的同事、领导、师长的帮助和支持。我特别要感谢浙江大学出版社的吴伟伟老师和陈逸行老师的大力帮助。另外,特别感谢本书各章节内容合作者潘士远教授、余淼杰教授、陈勇民教授、梁友莎教授的贡献和付出。感谢中央财经大学国际经济与贸易学院发展基金(编号:023563003001)的资助。最后,我还要衷心感谢我的家人,没有他们无私的付出和无尽的支持,我不可能有时间和精力来完成这本书的写作。

最后,由于时间匆促,本书肯定还存在着不少谬误和不足。请读者们多提宝贵的建议(笔者邮箱:hwjiang@cufe.edu.cn),以便后续修订和讨论。

蒋海威

2023 年 1 月于中央财经大学

目　录

第一篇

全球化进展及中国角色演变

第一章 中国在全球化中的角色演变

21 世纪以来,随着经济全球化的纵深发展,全球国际贸易高速增长,其增长速度超过了世界经济增速。通过紧抓国际产业转移机遇、积极参与国际分工体系等方式,中国货物贸易进入了史上最快发展阶段。"十三五"期间,中国货物贸易规模多年位居世界第一,货物进出口总额占全球份额超过 11%。此外,近年来,服务贸易在国际分工中的地位不断提升,服务环节的价值创造能力显著增强,全球服务贸易增长速度快于货物贸易。基于国际贸易发展新趋势,中国高度重视服务贸易发展,已经在多个地区开展服务贸易创新发展试点建设,鼓励试点地区在体制机制、发展模式、促进政策等方面开展探索试验,加快推动服务贸易高质量发展。本章阐述了中国参与国际贸易的情况,分析了近年来国际贸易格局的变化趋势,描绘了中国在全球化中的角色。

一、中国参与国际贸易的情况

本节首先对中国货物贸易及服务贸易趋势进行刻画,旨在展示中国在国际贸易方面的发展情况。

(一)中国货物贸易趋势

1992 年,邓小平发表了著名的南方谈话,精辟地分析了国内外形势,在全国范围内掀起了一轮史无前例的市场化改革大潮。此后,中国加速推动对外开放向纵深发展,实施了"以质取胜""市场多元化""科技兴贸"三大战略,极大推动了中国货物贸易的增长(陈文敬,2008)。2001 年加入世界贸易组织(WTO)以后,中国对大量与国际贸易相关的法律法规进行修改完善,进一步开放了市场,推动货物贸易迅猛发展。自 2008 年以来,面对错综复杂的国际形势,中国不断调整对外开放政策,对外贸易转向高质量发展阶段。2013 年,中国首次超过美国,成为全球第一大货物贸易国,并且此后在不同年份保持了这一地位。

如图 1-1 所示,在货物贸易方面,我国货物贸易进出口总额在若干年份出现不同幅度的下降,但整体上保持高速增长。从 1992 年的 771 亿美元增长到 2020 年的 2.1 万亿美元,年均增长率达到 13.4%。分阶段来看,1992—2001 年、2002—2007 年和 2008—2020 年这三个阶段,货物贸易进口总额年均增长率分别为 14.3%、25.8% 和 7.0%。在出口方面,货物贸易出口总额从 1992 年的 832 亿美元增长到 2020 年的 2.6 万亿美元,年均增长率达到 13.9%。1992—2001 年、2002—2007 年和 2008—2020 年这三个阶段,货物贸易出口总额年均增长率分别为 14.4%、28.8% 和 6.6%。

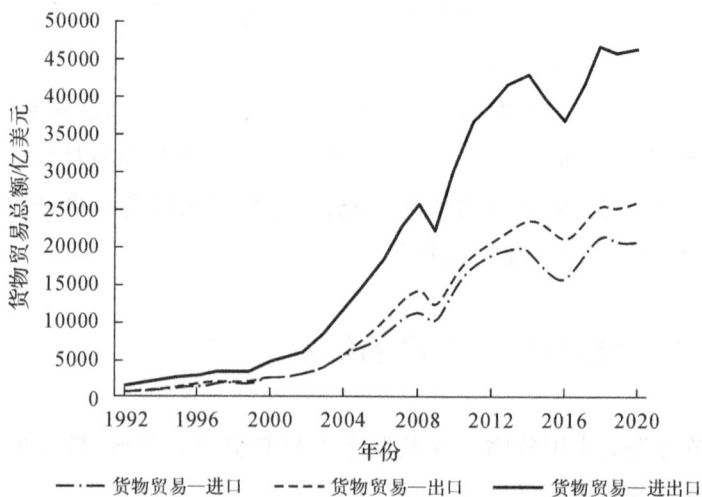

图 1-1　1992—2020 年中国货物贸易总额变化趋势

数据来源:UN Comtrade(联合国商品贸易统计)数据库。

(二)中国服务贸易发展趋势

在国际贸易的发展历程中,服务贸易长期扮演着货物贸易补充者的角色,发展速度相对较慢。随着科技创新的推动,服务贸易在国际贸易结构中的份额不断增加,服务全球化已经成为经济全球化的重要组成部分。1992 年,党的十四大明确了中国经济体制的改革目标是建立社会主义市场经济体制。中国改革开放的步伐由此进一步加快,推动了服务业的发展。而随着对外开放程度的不断提高,中国抓住服务贸易发展的机遇,积极应对挑战,激发市场主体活力,推动服务贸易高质量发展。[①] 2012 年,中国经济进入新常态,形成全面开放新格局,服务贸易是其中的重要一环。在高水平开放的道路上,推动服务贸易的发展是关键因素之一,有助于提升中国在全球价值链中的地位。

如图 1-2 所示,在服务贸易方面,中国进口、出口总额在个别年份存在小幅度下降,但持续增长的势头不变。在进口方面,服务贸易进口总额从 1998 年的 268 亿美元增长到 2019 年的 5055 亿美元,年均增长率达到 15.5%。在 2001—2012 年和 2013—2019 年两个时间段内,服务贸易进口额年均增长率分别为 19.0% 和 9.3%。在出口方面,服务贸易出口总额从 1998 年的 251 亿美元增长到 2019 年的 2444 亿美元,年均增长率达到 12.1%。在 2001—2012 年和 2013—2019 年两个时间段内,服务贸易

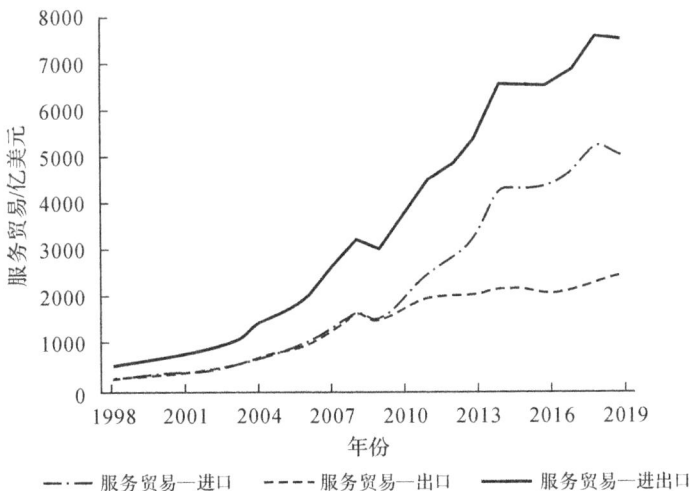

图 1-2　1998—2019 年中国服务贸易总额变化趋势

数据来源:UN Comtrade 数据库。

---

① 根据《2010 年国际服务贸易统计手册》,商务部将服务贸易分作 12 个类别进行统计,分别为运输,旅行,建筑,保险服务,金融服务,电信、计算机和信息服务,知识产权使用费,个人、文化和娱乐服务,维护和维修服务,其他商业服务,加工服务和政府服务。

出口总额年均增长率分别为 16.5％ 和 2.9％。可见,在 2008 年之前,中国服务贸易进口总额与出口总额在数量和增速上相差不大,但之后服务贸易进口总额增速明显快于出口,即服务贸易逆差增大。

　　进一步探讨在中国的贸易总量中服务贸易的占比。数据(见图 1-3)表明,1998—2019 年,中国服务贸易进出口总额占全部贸易总额的 10％～15％。服务贸易进口总额占全部贸易进口总额的比例在 2003—2011 年较为稳定,在 2012 年之后稳定增长,在 2015 年超过 20％。相反,在服务贸易出口总额占全部贸易出口总额的比例方面,存在整体小幅降低的趋势,从2001 年的 13.8％ 下降到 2019 年的 8.9％。由此可见,在中国的国际贸易结构中,服务贸易进出口总额占比不足五分之一,且服务贸易进口占比高于出口占比。

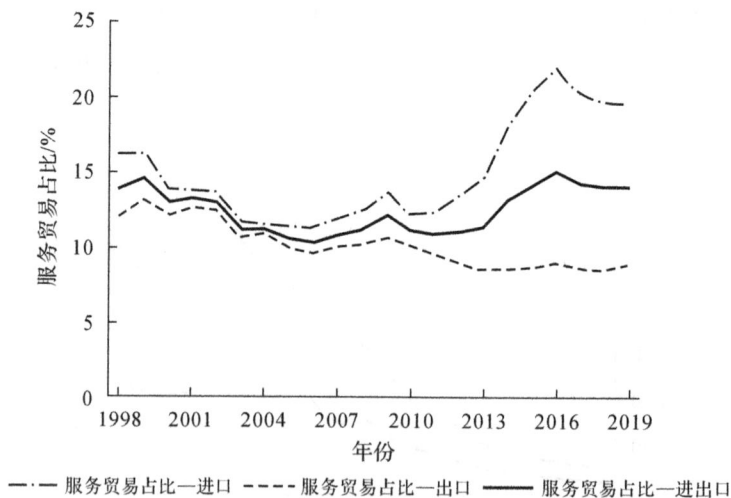

　　　　　　— · — 服务贸易占比—进口　　- - - - 服务贸易占比—出口　　—— 服务贸易占比—进出口

图 1-3　1998—2019 年中国服务贸易占比趋势

数据来源:UN Comtrade 数据库。

二、国际贸易格局变化

　　当今世界快速变化的贸易格局主要给中国带来三个方面的新挑战。

　　第一,中美经贸摩擦的不确定性升级。中美贸易摩擦从 2018 年至今愈演愈烈,主要表现为美国对从中国进口的产品三轮五次加征关税,对此中国进行了相应的贸易反制。此外,美国在经济、科技等方面对中国进行全面打压,包括特别"301调查"、汇率操纵行为调查、撤销中国电信在美运营牌照等。尽管2020年1月双方达成中美贸易第一阶段协议,双方经贸关系又恢复到贸易摩擦前的状态,但这只是贸易摩擦按下暂停键的表现。

第二,多边经贸合作停滞。全球多边经贸协调机制被严重弱化,WTO几近停摆。此前,成员之间的贸易争端由WTO的争端解决委员会进行合理、合法的处理。但是,美国对法官批准具有绝对的话语权,导致该委员会最重要的功能瘫痪,即不能有效地解决贸易争端。

第三,全球价值链面临破裂。2020年以来,"产业转移论"盛行,大力鼓吹外资应撤离中国。这些言论强调中国的劳动力成本不断上涨,鼓动部分产业转移到东南亚等地区。一些发达国家政府斥巨资鼓动企业撤离中国,转向印度、印度尼西亚、越南等国家。

但实际上,得益于经济率先实现正增长,2020年中国外商直接投资①流入逆势增长至约1万亿元,引资规模创历史新高。且根据联合国贸易和发展会议(UNCTAD)的数据,2020年中国吸引外资占全球直接投资的比例大幅提升,达到约19%。此外,根据商务部的数据,中国在2020年引资结构进一步优化,主要表现为中国服务业实际使用外资7767.7亿元,增长13.9%,占比77.7%。高技术产业吸收外资增长11.4%,高技术服务业增长28.5%,其中研发与设计服务、科技成果转化服务、电子商务服务和信息服务分别增长78.8%、52.7%、15.1%和11.6%。

贸易全球化是经济全球化的核心,指的是在国际分工的基础上,流通领域中国际交换的范围和规模扩大,程度不断加深。纵观当今世界发展,生产地区化和贸易全球化的特征没有发生改变,即经济全球化的进展并未终结。但是,随着全球经济发展格局的变化,全球化出现了以下几个特征。

第一,贸易结构发生变化。全球商品贸易总额仍在增加,但增长速度

①　本书中使用外资情况统计范围是在中华人民共和国境内设立的外商投资企业和合作开发项目(包括港澳台地区投资企业),资料来源于商务部。

开始下降,且占总产出份额减少。

第二,影响国际贸易的因素逐渐多元化。影响进出口的因素很多,主要包括劳动力成本、高技能劳动力市场、自然资源、消费者市场、基础设施建设。其中,由于劳动力价格低廉,新兴国家的经济转型在很长一段时间内极大地推动了全球贸易的发展(Hanson,2012)。但近年来,劳动力成本优势逐渐被其他要素替代,尤其是科技创新等无形资产在价值链中的作用愈发凸显(Haskel and Westlake,2018)。对于中国而言,目前劳动力成本平均为 750 美元每月,约为美国的五分之一。相较于其他国家,如一些东南亚国家,中国在该因素上的优势已不明显。但是,中国拥有规模巨大的市场优势,并且深深融入全球价值链,例如在人力资本、研发、环境保护、交通等方面持续投入,全方位提升核心竞争力。

第三,区域贸易更加集中,这也是 RCEP 签署的重要背景。自中国 2001 年加入 WTO 以来,发展中国家在全球价值链中扮演的角色愈发重要,使得全球远距离贸易变得更为活跃,而区域内贸易活动则有所减少。以商品贸易为例,区域内商品贸易占世界贸易份额从 2000 年的 51% 下降到 2012 年的 45%。但是,自 2013 年以来,区域内商品贸易占比开始逆转,到 2017 年占世界贸易份额增加了 2.7 个百分点,达到约 48%。区域内部贸易增长趋势的最大驱动力是欧盟及亚太地区内贸易流动的增加,特别是以中国为中心的贸易流动。数据显示(见图 1-4),2017 年,区域内商品贸易强度最大的三个地区为欧盟地区、亚太地区及北美自贸区,其区域内贸易占比分别为 63.0%、52.4% 和 40.7%。进一步来看,区域贸易存在主导国家,欧盟地区以德国为中心,亚太地区以中国、日本为中心,北美地区以美国为中心。但这样的贸易格局并不代表各个地区之间是独立的,各区域之间的商品贸易联系依然十分紧密。以上证据展现了当前全球贸易中地区经贸合作多边机制加强而多边经贸合作式微的现实情况,并且论证了该贸易格局出现的原因。作为全球贸易中的重要一员,中国不断提高对外开放水平,积极推动区域经济贸易合作。

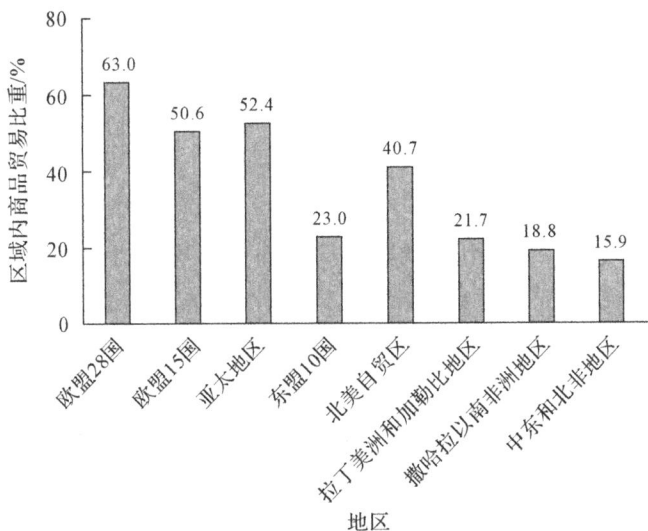

图 1-4　2017 年各地区的区域内商品贸易比重

数据来源：UNCTAD、麦肯锡全球研究所。

三、本章小结

在"十四五"规划开局阶段,中国面临的国内外环境正在发生深刻变化。百年未有之大变局进入加速演变期,使全球的经济、政治、文化、安全等格局日趋错综复杂。

2020 年 5 月 14 日,中共中央政治局常委会会议首次提出要深化供给侧结构性改革,充分发挥我国超大规模市场优势和内需潜力,构建国内国际双循环相互促进的新发展格局。党的十九届五中全会通过《中共中央关于制定国民经济和社会发展第十四个五年规划和二〇三五年远景目标的建议》,将"加快构建以国内大循环为主体、国内国际双循环相互促进的新发展格局"纳入其中。构建基于"双循环"的新发展格局是党中央在国内外环境发生显著变化的大背景下,推动中国开放型经济向更高层次发展的重大战略部署。面临百年未有之大变局,中国处于发展的重要战略机遇期。需要指出,新发展格局绝不是封闭的国内循环,而是开放的国内国际双循环,即经济外循环仍然发挥着重要作用。

　　在"两个一百年"奋斗目标的历史交汇点上,党中央召开十九届五中全会,重点研究"十四五"规划问题,描绘国家未来发展蓝图,明确前进方向和奋斗目标。"十四五"时期是中国全面建成小康社会、实现第一个百年奋斗目标之后,乘势而上开启全面建设社会主义现代化国家新征程、向第二个百年奋斗目标进军的第一个五年。尽管存在种种复杂的挑战,中国的发展仍然处于重要的战略机遇期。为了抓住并用好这一时期,中国根据自身的需求结构、产业结构、技术体系,主动选择适应发展阶段的策略,积极应对新矛盾新挑战,加快构建经济双循环的新发展格局。从经济内循环和外循环两者的关系来看,外循环以内循环为依托,坚持实施更大范围、更宽领域、更深层次的对外开放,进而提升内循环的效率和水平。党的二十大同样指出,党的十八大以来,我国实行更加积极主动的开放战略,构建面向全球的高标准自由贸易区网络,加快推进自由贸易试验区、海南自由贸易港建设,共建"一带一路"成为深受欢迎的国际公共产品和国际合作平台。我国成为 140 多个国家和地区的主要贸易伙伴,货物贸易总额居世界第一,吸引外资和对外投资居世界前列,形成更大范围、更宽领域、更深层次对外开放格局。

　　本章从参与国际贸易的角度分析了中国发展问题。具体而言,归纳了中国近几十年来货物贸易和服务贸易的发展态势。同时,分析了当前国际贸易格局的变化。随着全球化进程的推进,中国扮演的角色也在不断发生变化,以应对错综复杂的挑战。

第二章　RCEP助力中国构建
双循环新发展格局

当前,经济全球化的进展并未终结,而是呈现新的世界贸易格局。RCEP的签署是地区经贸合作多边机制加强的体现,在贸易、投资和要素流动等领域提供了新的合作平台。RCEP其他成员国在中国贸易结构中占据重要地位,中国与RCEP成员国一直保持着贸易逆差。两者之间的直接投资数额近年来有所上升,但依然存在提升空间。RCEP在推动商品贸易自由化、服务贸易自由化、投资便利化等方面具有突破性,能够扩大并且深化区域内的经贸合作。对于中国而言,RCEP在进出口及国际投资等方面起到积极作用,有助于带动经济外循环,引领经济内循环,推动形成新发展格局。

一、RCEP的由来及介绍

前文的证据展现了当前全球贸易中地区经贸合作多边机制加强而多边经贸合作式微的现实情况,并且论证了该贸易格局出现的原因。作为全球贸易中的重要一员,中国不断提高对外开放水平,积极推动区域经济贸易合作。2020年11月15日,东盟十国以及中国、日本、韩国、澳大利亚、新西兰等15个国家在第四次区域全面经济伙伴关系协定领导人会议上正式签署RCEP,标志着全球规模最大的自由贸易协定正式达成。RCEP现有15个成员国,其总人口数量、经济体量、贸易总额均占全球总量的约30%,这意味着全球约三分之一的经济体量形成了一体化大市场,进一步扩大了中国在地区的经济影响力,有力推动了区域和世界经济的复苏。RCEP的签署使我国的自贸协定伙伴进一步扩展和升级,尤其是与日本建立了自贸关系,这是我国首次与世界前十大经济体签署自贸协定。

长期以来,东盟国家一直是中国周边外交的优先选择,1991 年对华伙伴关系的建立为双方的合作发展打下了坚实的基础。自《中国—东盟全面经济合作框架协议》签署以来,中国与东盟国家经济贸易联系日益紧密。尤其是随着"一带一路"合作倡议的推进,《推动共建丝绸之路经济带和 21 世纪海上丝绸之路的愿景与行动》于 2015 年 3 月发布,使中国与东盟国家的互利合作迈向新的历史高度。近年来,东盟国家强烈意识到与中国的合作有助于东盟经济共同体建设,双方在友好商议的基础上就自贸区建设、产业互补、自然资源开发等方面达成了一系列合作共识并予以实施,极大地推动了各自的发展。因此,RCEP 的签署既有国际贸易格局变化推动的原因,更是区域内贸易伙伴主动选择的结果。

二、中国与 RCEP 的经贸情况

近几十年来,中国的对外开放程度不断提高。尤其是在加入 WTO 以后,中国积极应对各种挑战,着力优化营商环境,持续优化对外开放政策,以更加开放的心态、更加自信的步伐融入世界经济。本节刻画了中国与 RCEP 其他成员国的商品贸易和国际投资情况,对其中的趋势和特点进行归纳总结。

（一）中国与 RCEP 的商品贸易

图 2-1 显示了 2001—2019 年中国与东盟成员国之间的商品贸易情况。在进口方面,2001 年之后保持较高的增长速度,除了 2009 年和 2015 年为负增长。具体而言,2001—2019 年增长超过 10 倍,从 232 亿美元增长到 2822 亿美元,年均增长率约为 15.4%。在商品贸易出口方面,中国与东盟成员国货物贸易出口在长期中同样存在整体增长的趋势,除了 2009 年及 2016 年出现负增长,多数年份增速超过进口增速。2001 年、2010 年和 2019 年的数额分别为 184 亿美元、1382 亿美元和 3595 亿美元,即 2001—2019 年增长近 20 倍。在此期间,年均增长率约为 18.0%,2001—2009 年和 2010—2019 年期间的年均增长率约为 23.2% 和

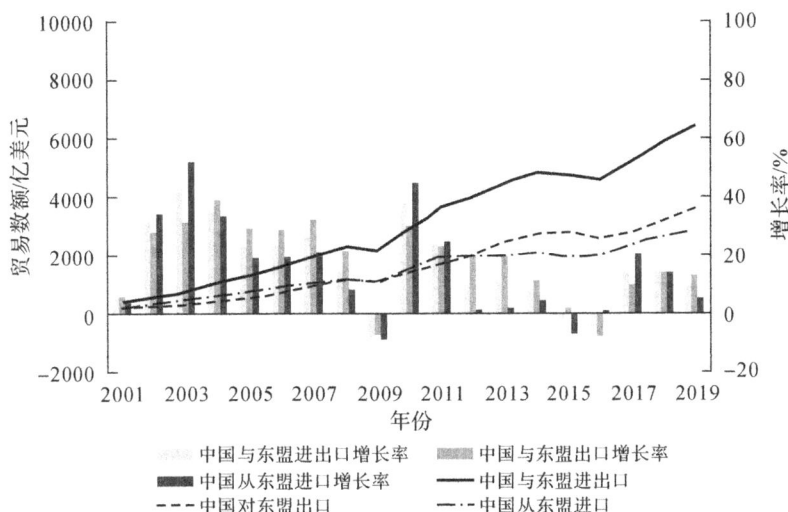

图 2-1　2001—2019 年中国与东盟国家商品贸易趋势

13.4%。由于出口增速快于进口增速,中国对东盟贸易在 2012 年从逆差转变为顺差,且此后增长较为平稳。图 2-2 显示了 2001—2019 年中国与 RCEP 其他成员国之间的商品贸易情况。由于日本、韩国与中国的贸易活动非常紧密,中国与 RCEP 其他成员国的进出口总额一直远超中国与东盟成员国的进出口总额,2019 年前者约为后者的 2 倍。商品进口和出口均保持平稳且快速的增长,2001—2019 年的年均增长率分别为 12.7%和 12.9%,且 2010 年以前的年均增长率更高。在数额方面,进口从 2001年的 956 亿美元增长到 2019 年的 7614 亿美元;出口从 2001 年的 799 亿美元增长到 2019 年的 6677 亿美元。在此期间,中国与 RCEP 其他成员国的进口额一直略大于出口额,即保持贸易逆差。

　　除了贸易数额,本章还关注了贸易结构问题,即贸易活动占比情况。长期以来,东盟作为中国的重要贸易伙伴,与中国的经贸往来稳步增加。尤其是中国—东盟自由贸易区在 2010 年初正式全面启动,在很大程度上拓宽了双方的经济合作领域,极大推动了双方的贸易增长。图 2-3 反映了 2001—2019 年中国与东盟商品贸易占中国商品贸易份额的趋势。进口占比长期呈波动上升趋势,从 2001 年的 9.5%提高至 2019 年的 13.6%,且自 2013 年以来增长速度较快。出口占比在中国贸易结构中的

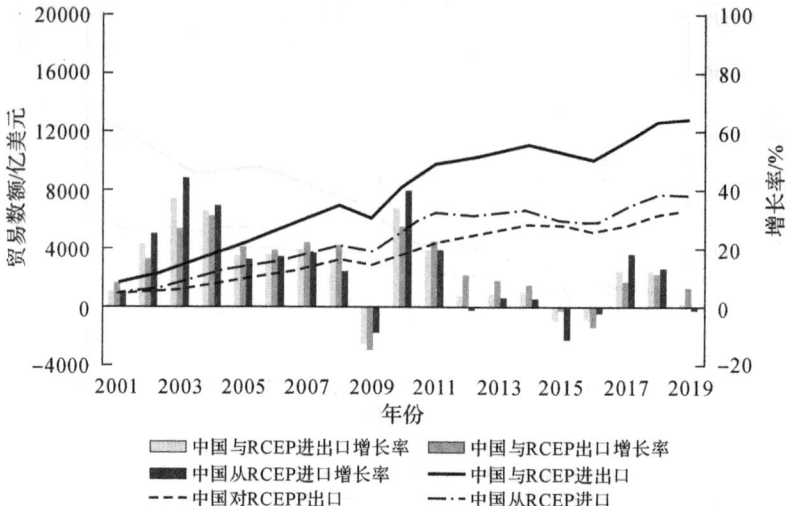

图 2-2 2001—2019 年中国与 RCEP 其他成员国商品贸易趋势

份额快速上升,从 2001 年的 6.9% 提高至 2019 年的 14.4%。2013 年,出口占比份额(11.0%)开始超过进口占比份额(10.2%)。与其他贸易伙伴相比,东盟与中国的进出口总额分别于 2011 年超越日本,2019 年超越美国,2020 年超越欧盟,成为中国最大的贸易伙伴。2020 年,中国前五大贸

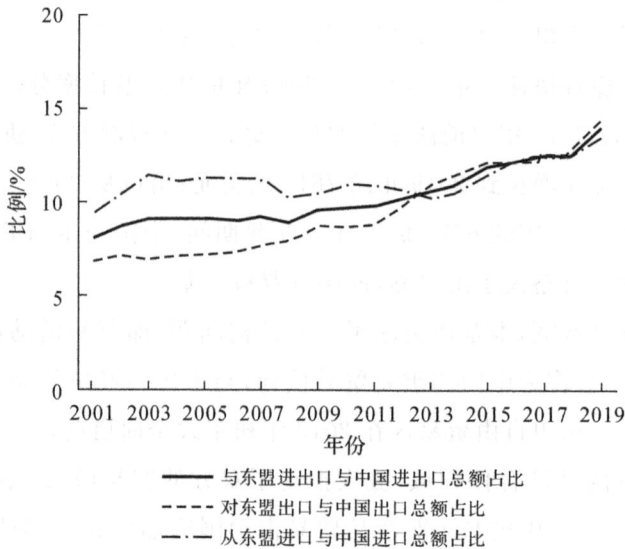

图 2-3 2001—2019 年中国与东盟国家商品贸易占比趋势

易伙伴依次为东盟、欧盟、美国、日本和韩国,对以上贸易伙伴的进出口数额分别为4.74万亿、4.5万亿、4.06万亿、2.2万亿和1.97万亿元,增长率分别为7.0%、5.3%、8.8%、1.2%和0.7%。RCEP成员中,除东盟以外,日本和韩国与中国的贸易关系最为紧密。图2-4展示了2001—2019年中国与RCEP成员国贸易占中国贸易总额份额的趋势。数据显示,RCEP在中国贸易结构中占据重要地位。在进口方面,自2001年以来,占比处于33%～42%,自2014年开始由下降转为上升。在出口方面,占比从2001年的30.0%下降至2010年的22.7%,此后一直稳步上升,2019年该数值为26.7%。总体而言,RCEP成员国是中国重要的贸易伙伴,且近年来的贸易活动占比有所提升。

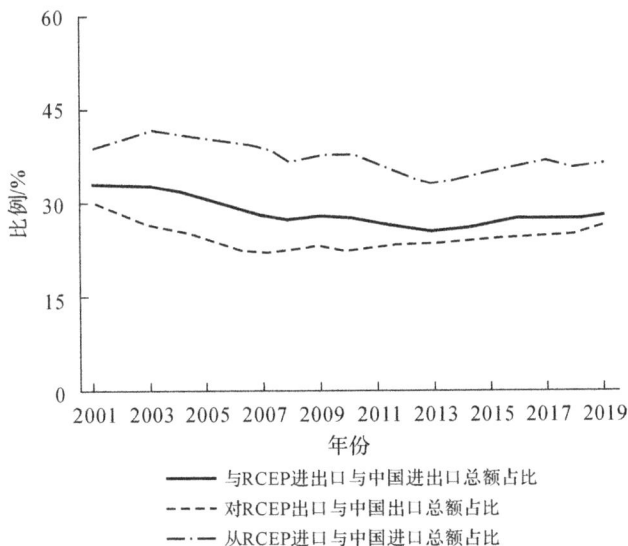

图2-4 2001—2019年中国与RCEP成员国商品贸易占比趋势

(二)中国与RCEP的直接投资

在对外开放的过程中,中国资本"走出去"比"引进来"起步更晚,但步伐更快。党的十八大以来,中国对外投资合作稳步健康发展,规模不断扩大,结构不断优化,效益不断提升。2016年以来,中国对外直接投资蝉联全球第二,在全球直接投资中的比重保持稳定。2020年,中国对外全行业直接投资达到1329亿美元,对外投资合作大国地位持续巩固,对推动构建开放型世界经济发挥了积极作用。

本章进一步考察了中国与 RCEP 成员国之间投资的情况。数据显示,2001—2019 年,中国利用东盟和 RCEP 成员国外商直接投资数额在波动中保持小幅增长,在 2013 年达到峰值,分别为 83 亿美元和 189 亿美元。中国对外直接投资在 2007 年以后整体保持快速增长,对东盟成员国的直接投资从 2007 年的 7 亿美元增长到 2019 年的 101 亿美元,年均增长率约为 37.7%;对 RCEP 成员国的直接投资从 2007 年的 13 亿美元增长到 2019 年的 134 亿美元,年均增长率约为 32.9%。

本章也考察了中国利用外资的情况和对外投资结构。在利用外资方面,2001—2019 年,东盟对中国外商直接投资占中国利用外资份额较小,一直在 5% 水平浮动变化。中国利用 RCEP 成员国外资占比在 2006 年之前超过 20%,此后整体保持下降趋势,2019 年占比约为 12.7%。中国对东盟和 RCEP 成员国投资在中国对外投资中的占比整体上保持小幅上涨趋势,在 2007—2019 年分别从 2.6% 提高至 7.4%,从 4.9% 提高至 9.8%。在此期间,相较于利用外商直接投资,中国对外投资的表现更为抢眼。综合来看,中国与 RCEP 成员国之间的直接投资数额近年来有所上升,但依然存在较大的提升空间。

三、RCEP 规则突破

RCEP 是一个旨在通过削减关税及非关税壁垒建立统一市场的高水平自由贸易协定,其目标是"共同建立一个现代、全面、高质量以及互惠共赢的经济伙伴关系合作框架,以促进区域贸易和投资增长,并为全球经济发展做出贡献"。该协定有助于中国优化对外贸易和投资布局,不断与国际高标准贸易投资规则接轨,构建更高水平的开放型经济新体制。除日本以外,中国与 RCEP 的其他成员国此前均已签署自贸协定,通过产业互补、技术合作等,推动了各自的贸易与发展。而 RCEP 基于已有的经济纽带,通过高标准的贸易规则,建立了一个现代的、综合的、高质量的共同利益经济伙伴合作关系,促进经济增长以及经济均衡发展,加强先进的经济合作,扩大并且深化区域内的经贸合作。因此,相较于此前签订的自贸协定,RCEP 规则更具先进性和突破性,在诸多方面进行了升级,涵盖了货物贸易、服务贸易、投资、贸易便利化、知识产权、电子商务、竞争政策、政府采购等 20 个方面。本节就 RCEP 规则突破的重点内容进行概述。

（一）推动商品贸易自由化

第一,成员国之间采用双边两两出价的方式对货物贸易自由化作出安排,区域内超过 90% 的货物贸易将实现零关税,且主要是立刻降税到零和 10 年内降税到零,有望在较短时间内实现货物贸易自由化。自中国—东盟自贸协定签署以来,中国与东盟 6 个较发达国家的自由贸易协定关税税率逐年下降,2015 年下降到零关税。同时,中国也与东盟 4 个较不发达的国家——柬埔寨、越南、缅甸、老挝——积极开展合作。

第二,在非关税措施方面,采取普遍取消数量限制、技术磋商、提高非关税措施透明度、管理进口许可程序等规定,提高货物贸易的自由化。

第三,实施统一的原产地规则,允许在整个 RCEP 范围内累积产品增加值,合并计算原产材料区域价值成分,提高协定优惠税率的利用率,深化区域内产业链和价值链。

第四,首次在自贸协定的贸易救济领域确立了"禁止归零"规则,针对国际贸易中弱国应对强国反倾销、反补贴调查时长期遭遇的不公平对待,该规则的纳入有利于解决贸易中反倾销、反补贴调查的相关问题。

第五,运用大数据、数字信息管理等技术,结合海关程序优化,减少不必要的技术贸易壁垒,全方面推进贸易便利化,促进新型跨境物流发展。例如,对快运、易腐货物等产品实现抵达后 6 小时内通关,一般货物 48 小时内通关。

（二）推动服务贸易自由化

第一,推行服务贸易负面清单管理模式。当前,在 RCEP 的 15 个成员国中,日本、韩国、澳大利亚、新加坡等 7 个成员国在服务贸易开放方面采用负面清单方式,中国等其余 8 个成员国采用正面清单方式并将于协定生效后的 6 年内转变成负面清单。就服务贸易开放程度而言,各成员国在运输、建筑等服务行业均作出了高于原先签署的自贸协定水平的承诺。

第二,对于金融领域开放制定了高标准,为各方金融服务提供者创造了更加公平的竞争环境。协定首次引入包含新金融服务、金融信息转移和处理等的诸多规则,提高了金融监管透明度。这些规则将显著推动区域内的资金流动,为各成员国之间的合作提供有效动能。就中国而言,当前中国资本市场的国际化程度相对较高,金融市场开放的协同效应有利于放大以人民币为基础的金融货币优势,提高中国在全球资本市场中的地位。

第三,重视数字商品贸易带来的机遇,推进数字贸易规定的制定,推动数字经济融入全球价值链。鼓励成员国通过电子手段改善贸易管理和程序,规定并完善电子认证和签名、网络安全、信息传输和保护等条款,促进区域数字贸易发展。

(三)推动投资便利化

第一,所有成员国采用负面清单模式,对一些非服务业行业投资作出高水平开放承诺,扩大区域内外商投资市场准入范围。同时,这也将在很大程度上提高共建"一带一路"的潜力,为推动区域经济良好发展提供助力。

第二,RCEP鼓励多个成员国之间的联合投资活动,促进商业配对活动,组织和支持与国际投资相关政策法规的会议,以促进区域内的跨境投资。

第三,强调投资便利化,包括简化投资申请及批准程序、促进投资信息的传播、向投资者提供咨询服务等,为投资提供便利的投资环境。

第四,扩大对国际投资的保护。协定的投资章节以较为宽泛的概念定义了"投资",在更大范围内强调了对待内外资的非歧视原则以及对外资的公平有效待遇和保护。此外,规定了"场所选择—磋商自愿调节—请求设立专家组—第三方参与解决"的争端解决流程,各方应在不损害各自立场的前提下,积极讨论并协调解决投资争端和投诉。

(四)其他促进贸易的规定

第一,提高自然人临时移动的便捷程度。制定商务访问、公司内部流动人员等相关规则,允许成员国为促进从事货物贸易、提供服务或进行投资的自然人提供临时入境和临时居留的许可便利。此外,将承诺适用范围扩展至服务提供者以外的投资者、随行配偶及家属等协定下所有可能跨境流动的自然人类别。

第二,加强知识产权保护。知识产权章节涵盖著作权、商标、专利、外观设计、传统文化、知识产权执法、透明度、技术援助等领域。全方位提升知识产权保护水平,为知识产权保护提供完整的规则框架,有助于促进区域创新合作和贸易发展。

第三,规范竞争和反竞争行为。制定和采取禁止反竞争行为的法律法规,通过各方在实施竞争相关法律法规的区域合作,增强市场的有效竞争,提高经济效率,有助于提升国际贸易和国际投资的获益。

四、RCEP助力构建双循环新发展格局

在构建以国内大循环为主体、国内国际双循环相互促进的新发展格局的过程中,中国具有四点比较优势,即具有规模巨大的国内消费市场、拥有全产业链的工业产品、产业布局形成集聚特征、交易成本相对较低。RCEP能够促进中国与其他国家的经贸关系,推进形成区域内统一的大市场,放大中国的比较优势,进而推动经济双循环发展。本节基于前文的阐述,论证了RCEP如何推动经济外循环、引领经济内循环。

(一)推动经济外循环

1. RCEP对出口的促进

第一,自由贸易通过资源配置的优化,将产品生产从资源低效配置者转移到高效配置者,产生区域经济一体化的贸易创造效应(平力群,2020)。例如,由于原产地规则的相关规定,在"中国—东盟全面经济合作框架协议"下,东盟国家无法利用中国的中间品进行加工,再利用"日本与东盟自贸协定"向日本出口。而RCEP的原产地累积原则允许将产品生产中所使用的RCEP其他成员国原产材料视为该产品生产国的原产材料,进而使上述贸易变成可能,即创造了特定的贸易活动。由于自贸伙伴

的增加和自贸网络的扩大,RCEP能够推动中国产品在更大范围内流动。

第二,在RCEP签署之前,由于关税壁垒和非关税壁垒的存在,一些本国的高成本产品难以被外国低成本产品替代。例如,原先即使中国的纺织品质量较高,日本国民可能只愿意购买本国产品。而日本对中国的关税逐步取消之后,中国纺织品就更容易进入日本。关税降低导致产品定价降低,进而扩大出口目的地的市场需求,产生贸易扩大效应。目前,RCEP各成员国尤其是日本对中国出口产品,如机械设备零部件、化工制品、纺织品的关税减免,会增加中国商品的出口。

第三,通过区域间开放联动效应,增强贸易结构多元化。就中国而言,在中美贸易摩擦持续发酵的情况下,维护和发展贸易伙伴关系,能够更好地推动中国借道东南亚国家利用第三方市场,扩大转口贸易以规避美国恶意加征关税的风险。

2. RCEP对进口的促进

与扩大出口机制相类似,外国产品更容易进入中国市场,使中国居民能够拥有更多开放的获得感和幸福感。目前,中国关税总水平约为7.5%,欧美等地区和国家约为3%,中国还有进一步下降的空间。2021年1月1日开始实施的《2021年关税调整方案》以推动高质量发展为主题,支持国内国际双循环,推动实体经济创新发展、优化升级。在进口关税方面,降低了国内急需的高新技术设备及零部件、国内紧缺资源品以及部分优质原料等商品的进口关税,一些产品降税幅度超过10%。RCEP的签署在关税方面对中国和日本的影响最大。目前,中国对日本零关税的比例约为8%,而下一步中国将在RCEP协定框架下阶段对超过85%的日本工业制品免除进口关税,主要包括化工品、光学产品、橡胶制品和汽车零部件等(刘霜林和金泉明,2021)。由于存在巨大的消费潜力以及与RCEP成员国维系着良好的经贸关系,中国会成为区域内重要的进口市场。此外,RCEP是中国在第三届中国国际进口博览会提及并期待在区域和双边合作方面达成的目标。协定的实施为区域贸易提供了更好的市场环境,增强了其他国家对华贸易的信心,为其探索中国巨大市场提供了独特的平台。

3. RCEP 对投资的促进

第一,RCEP 的经贸体量巨大,为中国利用外资和对外投资创造了广阔的空间。同时,在投资方面设定了较为统一的监管体制,为中国与其他成员国之间的相互投资提供了有力的支持。

第二,负面清单模式在很大程度上降低了外资进入新市场的门槛,有助于中国吸引高质量外资进入,促进经济结构互补。RCEP 是中国首次以负面清单形式在国际协定上作出承诺,有助于推行国内准入前国民待遇和负面清单外商投资管理制度,从而扩大外商投资市场准入。

第三,对于中国对外投资而言,明确各方的投资领域清单有利于中国企业顺利进入区域合作内的其他国家,推动中国获取国际市场资本优势。

(二)引领经济内循环

国内大循环不是闭门造车,中国在构建双循环新发展格局的道路上,应融合国内国际两个市场,有力促进经济高质量发展。中国出台了多项举措畅通外循环,以服务内循环,推动实现双循环相互促进,如2020年8月国务院印发的《关于进一步做好稳外贸稳外资工作的意见》提出了15项稳外贸稳外资政策措施。RCEP 与这些政策规定紧密相关,在推动外循环的同时,有助于引领内循环。本部分以"六稳"作为切入点,分析RCEP 如何助力中国经济内循环。

如前文分析,RCEP 通过削减贸易成本和提高贸易便利化,促进中国与区域内其他国家的贸易活动,有助于实现"稳外贸"。此外,投资领域负面清单模式的推行以及自然人临时移动便捷度的提升,能够积极推进中国的国际投资,促进"稳外资"。同时,投资便利化为吸引高质量外资奠定了良好基础,在一定程度上为国内市场"稳投资"加码。"六稳"中的"稳就业"是重中之重(余淼杰和蒋海威,2021)。2019年,中国外贸带动相关的就业人数约为1.8亿人,就业人员总量约为7.7亿人,即近四分之一的劳动力从事外贸相关工作。基于对商品贸易、服务贸易及国际投资的推动作用,RCEP 能够促进中国就业市场的稳定。"稳预期"的目的在于让经济发展环境在长期中趋于稳定状态,同时包含国内预期和国际预期。RCEP 的签署实施极大推动了区域经贸合作,促进发展和维系长期稳定的经贸伙伴关系,有助于应对复杂多变的国际形势。RCEP 在金融领域有着严格的标准,金融开放有利于推进区域建设高水平开放型经济新体制,是推动实体经济高质量发展的重要引擎,也是"稳金融"的重要推手。总体而言,RCEP 推进了亚太地区经济一体化进程,不仅为中国经济外循环提供了良好的机遇,也全方位助力中国经济内循环。

五、本章小结

经济全球化是不可逆转的时代潮流。中国积极应对错综复杂的国际形势,推动新一轮更高水平对外开放。RCEP 是目前世界上人口最多、经贸规模最大、最具发展潜力的自由贸易协定之一,协定的签署有助于中国进行更全面、更深入、更多元的对外开放,推进构建国内国际双循环相互促进的新发展格局。

本章展示了中国与 RCEP 成员国之间的贸易及投资情况。在商品贸易方面,中国与 RCEP 成员国之间往来密切,商品进口和出口自 21 世纪初期以来,年均增速均超过 10%,且存在一定的贸易逆差。在相同时间区间内,中国从 RCEP 成员国进口占中国进口总额的比重一直高于30%,出口占比超过 20%,且近年来有上升趋势。这表明,RCEP 成员国是中国重要的贸易伙伴,在中国的贸易结构中占据重要地位。在国际投资方面,中国吸引 RCEP 成员国投资数额在波动中存在小幅度上涨趋势。而中国对这些国家的投资自 2007 年以来大幅上涨,年均增长率达32.9%。中国吸引 RCEP 成员国外资占中国利用外资份额在 2006 年以前超过 20%,此后下降至 2019 年的 12.7%,而中国对这些国家的投资占中国对外投资总额的份额波动上升。整体而言,中国与 RCEP 成员国的投资往来数额不断上升,但还有进一步提升的空间。

通过与传统自贸协定比较,本章在若干方面阐述了 RCEP 的突破之处。在商品贸易方面,RCEP 通过削减关税和非关税贸易壁垒等措施,促进贸易自由化。在服务贸易方面,实施正面清单和负面清单相结合的形式,同时在金融、电信等领域制定了高水平的开放承诺,促进区域数字贸易发展。在国际投资方面,采用负面清单模式,制定投资争端预防和外商投诉的协调解决机制,降低国际投资门槛,扩大外商投资市场准入范围。

　　本章基于现实情况和 RCEP 的先进之处,分析了该协定如何助力经济外循环以及带动经济内循环。RCEP 对经济外循环的推动,体现为对出口、进口和投资三个方面的促进。在出口方面,贸易自由化产生贸易创造效应和贸易扩大效应,并且在一定程度上推动转口贸易。在进口方面,进口关税下调促使中国成为更重要的目标市场,为国外产品进入中国市场提供了良好机遇。在国际投资方面,投资领域高水平的承诺促进了资本市场的结构互补,为中国利用外资和对外投资创造了广阔的空间。此外,RCEP 在畅通经济外循环的同时,能够促进"六稳"工作的落实,推动经济高质量发展,引领经济内循环。

第三章　从 RCEP 到 CPTPP：
差异、挑战及对策

在推动形成全面开放新格局的过程中，建设自由贸易区有利于中国进一步优化对外贸易结构，为新时期中国扩大对外开放构建新平台。继签署 RCEP 后，中国表示将积极考虑加入《全面与进步跨太平洋伙伴关系协定》(Comprehensive and Progressive Agreement for Trans-Pacific Partnership，CPTPP)。本章首先呈现了中国与 CPTPP 成员国货物贸易及服务贸易的发展趋势，对其中的规律及特点进行归纳。接着比较分析了 CPTPP 与 RCEP 的差异，并结合中国经济发展状况总结了中国加入 CPTPP 可能存在的挑战，以及具备的优势和能力。最后，从货物贸易、服务贸易、投资、知识产权保护、国企改革等五个方面提出相关建议。

一、CPTPP 的由来及介绍

除 RCEP 外，CPTPP 也是一个高水平的自由贸易协定，积极参与 CPTPP 的商议和谈判是中国现阶段实现高水平开放的路径之一，也是目前亟待促进落实的工作。2020 年 11 月 20 日，中国国家主席习近平在亚太经济合作组织领导人非正式会议上发表重要讲话，指出中国将继续坚定支持多边贸易体制，更加积极地参与全球经济治理体系改革。① CPTPP 是美国退出《跨太平洋伙伴关系协定》(Trans-Pacific Partnership，TPP)后对协议内容进行了部分冻结后的新的区域自贸协

---

① 习近平在亚太经合组织工商领导人对话会上发表主旨演讲[N].人民日报，2020-11-20(1).

定。2018 年 3 月 8 日,参与 CPTPP 谈判的 11 国代表在智利首都圣地亚哥举行协定签字仪式。CPTPP 成员国分别为日本、加拿大、墨西哥、智利、秘鲁、新西兰、澳大利亚、新加坡、越南、文莱、马来西亚。当年 12 月30 日,该协定正式生效。CPTPP 是一个综合性的自由贸易协定,主要内容包括货物贸易、原产地规则、贸易救济措施、卫生和植物卫生措施、技术性贸易壁垒、服务贸易、知识产权、政府采购和竞争政策等。这一协定的签署将加强各成员经济体之间的互利联系,促进亚太地区的贸易、投资和经济增长。根据世界银行的数据,2019 年,CPTPP 覆盖 5.08 亿人口,占全球人口的 6.62%;国内生产总值(GDP)为 11.21 万亿美元,占全球经济总量的 12.77%;贸易总额约为 7.30 万亿美元,占全球贸易总额的 14.80%。

由于自由贸易规则的差异,中国现阶段还需完善市场经济体制,以更良好的市场环境参与 CPTPP。本章旨在对中国对外贸易现状和自贸协定规则进行梳理,围绕 CPTPP 的相关规则,分析中国需要如何应对。

二、中国与 CPTPP 国家的经贸情况

在中国对外开放水平不断提高的同时,中国的贸易伙伴格局也正在发生改变。在 2003 年之前,日本、美国、欧盟占据中国贸易伙伴前三的位置。2004 年,扩张壮大后的欧盟取代日本,成为中国最大的贸易伙伴。此后,东盟作为中国重要的贸易伙伴,在贸易总额上分别于 2011 年超越日本,2019 年超越美国,2020 年超越欧盟,成为中国最大的贸易伙伴。根据相关数据,2020 年中国前五大贸易伙伴依次为东盟、欧盟、美国、日本和韩国,中国对上述贸易伙伴的进出口额分别为 4.74 万亿元、4.50 万亿元、4.06 万亿元、2.20 万亿元和 1.97 万亿元,增长率分别为 7.0%、5.3%、8.8%、1.2% 和 0.7%。中国的贸易结构在长期中呈现贸易伙伴多元化的趋势,并且自贸区的建设在很大程度上促进了中国对外贸易。中国—东盟自由贸易区在 2010 年初正式全面启动,拓宽了双方的经济合作领域,极大推动了双方的贸易增长,使贸易结构更加合理化。

　　虽然搁置、冻结了部分条款,CPTPP 在框架上依然是高水平的自由贸易协定,它有利于加强各成员国之间的经贸联系和合作,促进亚太地区的贸易、投资。此外,CPTPP 现有成员国已然是中国的重要贸易伙伴,若中国加入该协定,则能够进一步推动这种关系的发展。本节将 CPTPP 现有成员国作为一个整体,加总相关统计数据,呈现中国与该贸易群体之间的贸易情况。需要指出的是,CPTPP 于 2018 年底生效,本章仅以其成员国作为研究对象,说明其与中国的贸易情况,不代表这些国家以往是一个经济群体,与中国存在特定的经贸关系。

　　如图 3-1 所示,在中国与 CPTPP 成员国的货物贸易方面,进口在2001 年之前保持较低的增长速度,之后整体保持较快的增长。具体而言,1992—2001 年增长了约 2 倍,从 205 亿美元增长到 670 亿美元。在2019 年,这一数值达到 5589 亿美元。1992—2019 年,中国与 CPTPP 成员国货物贸易进口年均增长率约为 14.0%,2002—2019 年约为 13.4%。在货物贸易出口方面,中国与 CPTPP 成员国货物贸易出口在长期中存在较大的波动,但存在整体增长的趋势,1992 年、2001 年和 2019 年的数额分别为 162 亿美元、952 亿美元和 3935 亿美元。1992—2019 年和

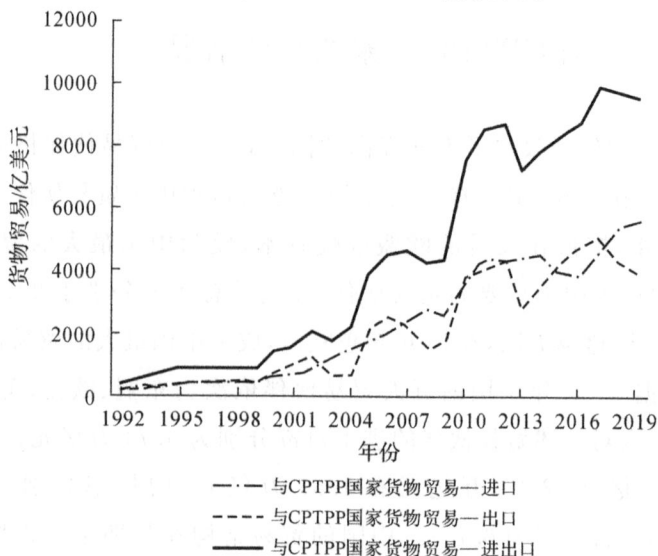

图 3-1　1992—2019 年中国与 CPTPP 国家货物贸易趋势

数据来源:UN Comtrade 数据库。

2002—2019 年的年均增长率分别为 21.2% 和 19.0%。在中国货物贸易的结构中，与 CPTPP 成员国的贸易总量占比在 20%～30%（见图 3-2）。其中，货物贸易进口占比高于出口占比。总体而言，若把 CPTPP 成员国当作一个贸易群体，其与中国货物贸易的份额在中国的贸易结构中占有重要地位。

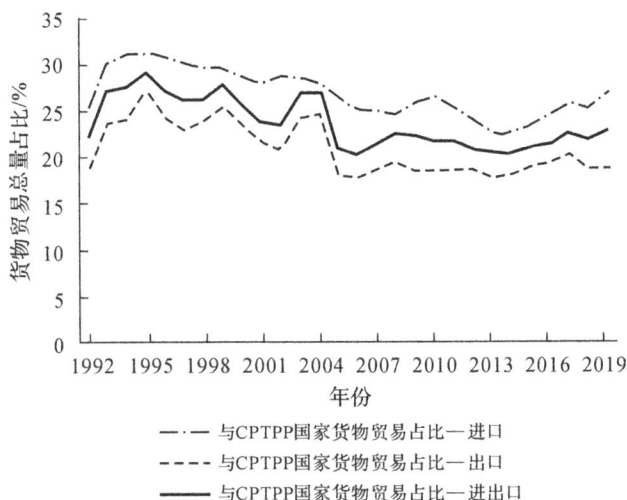

图 3-2　1992—2019 年中国与 CPTPP 国家货物贸易与中国货物贸易总量占比趋势
　　数据来源：UN Comtrade 数据库。

在与 CPTPP 成员国进行服务贸易方面，2000 年以后，进口和出口在整体上均表现出较快的增长速度。在服务贸易进口（见图 3-3）方面，其贸易总额从 2000 年的 40 亿美元增长到 2017 年的 481 亿美元，年均增长率约为 16.8%。从不同阶段来看，2002—2007 年均增长率约为 27.2%，而 2008—2017 年增速下降，年均增长率约为 11.7%。在服务贸易出口方面，其增长速度低于进口，从 2000 年的 53 亿美元增加到 2017 年的 231 亿美元，年均增长率约为 9.9%。2002—2007 和 2008—2017 年的年均增长率分别约为 18.7% 和 6.0%。服务贸易占比数据（见图 3-4）显示，进口和出口占比均呈现先下降后上升的趋势。服务贸易进口占比从 2000 年的 11.0% 下降到 2014 年的 6.3%，此后逐渐上升到 2017 年的 10.3%。服务贸易出口占比从 2000 年的 17.3% 下降到 2011 年的 7.7%，之后开始稳步增长到 2017 年的 12.2%。以上数据表明，与 CPTPP 国家之间的服务贸易在中国服务贸易结构中同样有着重要作用,且近年来的地位不断提高。

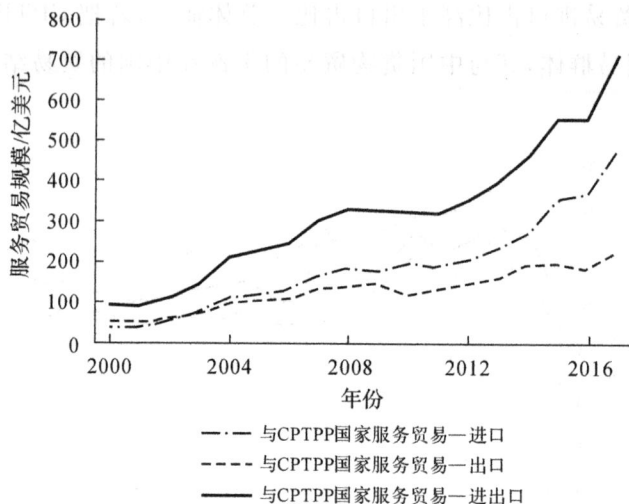

图 3-3　2000—2017 年中国与 CPTPP 国家服务贸易规模趋势

数据来源:UN Comtrade 数据库。

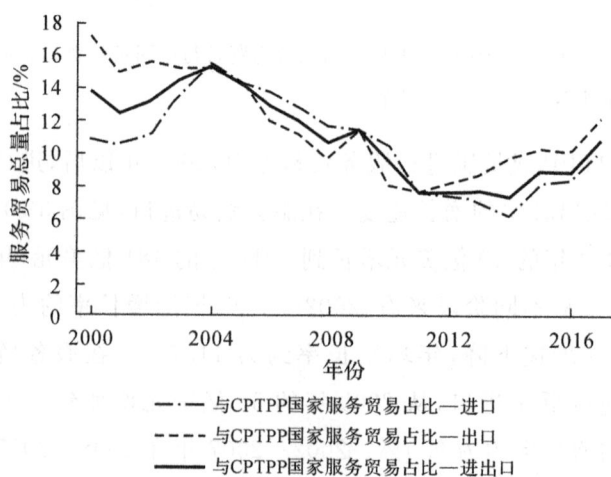

图 3-4　2000—2017 年中国与 CPTPP 国家服务贸易与中国服务贸易总量占比趋势

数据来源:UN Comtrade 数据库。

三、CPTPP 与 RCEP 比较分析

RCEP 是新时期中国扩大对外开放的重要平台,有助于中国进一步优化对外贸易和投资布局。积极考虑加入 CPTPP 更是中国不断与国际高标准贸易投资规则接轨的表现,有助于中国构建更高水平的开放型经济新体制,推动经济外循环。CPTPP 冻结了部分原来的有关知识产权的条款,保留了 TPP 中 95% 的条款,例如国有企业和指定垄断、劳工、环境等规则,仍不失为全球范围内最高标准的自贸协定。相比较而言,RCEP 条款内容更注重与货物贸易相关的活动,而 CPTPP 更侧重于与服务贸易相关的规则。本节就 RCEP 与 CPTPP 两者的主要差异进行比较,为下文的讨论提供参考。

第一,贸易规则适用性的差异。由于 RCEP 涵盖了更多中低收入国家,如缅甸、老挝,其多边贸易体制规则在追求高质量的同时也注重包容性,较为全面地考虑了不同成员国的利益。RCEP 给予最不发达国家特殊与差别待遇,通过经济和技术合作条款对欠发达国家提供帮助。相较而言,CPTPP 的贸易协定规则更加严格,其在劳动和环境规则、竞争政策、国有企业、知识产权监管、互联网规则和数字经济等方面设定了更高的标准。但也需要指出,部分高标准规则在一定程度上为发展中国家对外贸易制造了隐性壁垒。

第二,关税水平差异。RCEP 货物贸易零关税产品数整体上超过90%,且主要是立刻降税到零和十年内关税降低至零,并保持一定的农产品配额。由于基准税率相对较高,RCEP 成员国关税下降幅度较大。据测算,马来西亚、泰国关税降幅最高,中国、日本、韩国关税降幅中等,新西兰、文莱关税降幅最低。CPTPP"货物的国民待遇和市场准入"一章规定,成员国应加快减让至零关税。整体而言,关税削减程度高于 RCEP。此外,相较于单独签署的双边贸易协定,该协定对于关税的相关规定更加全面,不仅使成员国之间形成统一标准的关税取消规则要求,而且某一成员的关税减让承诺的关税优惠将自动赋予其他的所有成员(冯巧根,2020)。

　　第三,市场准入差异。RCEP 使用了正面引导和负面清单相结合的规定。在服务贸易规定方面,日本、韩国、澳大利亚、新加坡、文莱、马来西亚、印度尼西亚等 7 个成员国采用负面清单方式承诺,中国等 8 个成员国采用正面清单承诺,并将于协定生效后 6 年内转化为负面清单。此外,各成员国均采用负面清单方式对制造业、农业、林业、渔业、采矿业 5 个非服务业领域投资作出较高水平的开放承诺。CPTPP 则完全采用负面清单模式,要求各成员国除了限制或禁止开放的领域,应当以一般自由化措施予以全方位开放,如金融服务和投资。由于要求开放的领域更多、程度更高,其对跨国投资的推动作用更强。

　　第四,涵盖领域差异。在 RCEP 内容覆盖度方面,其谈判领域和议题仍以传统议题为主,在规则上有所限制。相较而言,CPTPP 将更多高水平自由化规则纳入贸易框架中,包括知识产权保护、环境标准、劳工标准、国企改革等。例如,在争端解决条款方面,采用建立磋商、专家组仲裁形式,完善了监督机制,提高了解决争端的效率。CPTPP 创新性地对国有企业规定了相应的规则,确保了竞争中立原则。

　　第五,服务行业开放差异。相较于 RCEP,CPTPP 不仅降低了货物贸易成本,更是在服务业、知识产权等方面提出了更高的贸易标准,促进各成员国开放程度的提高,为各方的优势服务产业构建了更自由的国际市场,为服务贸易提供了便利。尤其是在"电子商务"这一章强调了贸易的数字性质,在合理合法的基础上,促进信息和数据在更大范围内的流动和应用。当前,数字贸易是全球服务贸易的焦点之一。以中国为例,当前数字经济规模约占中国 GDP 的三分之一,中国出现了一批在全球范围内具有竞争力的信息技术企业,且数字经济在未来的重要性会进一步提高。重视数字贸易中对于数据的保护等规则,有助于促进区域内数字经济的发展。

四、加入 CPTPP 的主要挑战

　　在签署 RCEP 以后,中国自贸区的网络含金量进一步提升。通过RCEP,中国与日本建立了自由贸易关系,这是中国首次与世界前十大经济体签署自贸协定,是实施自由贸易区战略以来取得的重大突破。但也应该看到,在高水平的自由贸易规则框架下,中国依然存在需要解决的问题。当前,CPTPP 的推进由日本主导,但日本对中国的加入表示出消极的态度。本节基于当前国内外经济发展格局和 CPTPP 规则的特点,对中国加入该贸易协定的阻碍以及解决阻碍的能力进行剖析。

第一,国企改革问题。在社会主义市场经济体制下,国有经济是弥补市场缺陷、巩固社会主义制度的经济基础,是国民经济中的主导力量。但是,国有企业需要平衡盈利和公共政策需要之间的关系,这在一定程度上导致了国有企业的缺陷,进而演化为政府对市场资源的直接配置,以及对国有企业生产经营显性的或隐性的干预。CPTPP 首次将"国有企业和指定垄断"作为单独一章,构建了独立、高标准的规则体系,对国有企业界定、非歧视对待和商业考量、非商业援助、透明度、管辖权等规则进行了详细的阐述,旨在给予跨国公司公平参与市场竞争的机会。自改革开放以来,中国国企改革的进程从未停止,特别是党的十四届三中全会确立了建立"产权清晰、权责明确、政企分开、管理科学"现代企业制度的国有企业改革方向。近年来,中国深化以政企分开、政资分开、特许经营、政府监管为主要内容的改革,强调国有企业要真正成为自主经营、自负盈亏、自我发展、自我约束的独立法人实体和市场竞争主体。2020 年 6 月,《国企改革三年行动方案(2020—2022 年)》通过中央全面深化改革委员会审议,标志着中国国企改革进入新阶段,在国企混改、重组整合、国资监管体制改革等方面将进行重要调整。可以看出,长期以来中国不断深化改革,逐步将国有企业的改革方向和目标与竞争中立原则趋向一致。

第二,知识产权保护问题。中国知识产权保护法治建设起步于 20 世纪 80 年代,相关法律制度的基本框架主要在那时完成。但随着经济的发展和技术的升级,一些知识产权保护问题逐渐显现,主要包括:虽然已具备相对健全的知识产权保护制度,但针对某些产业领域的知识产权保护法律不够完善;某些地区地方保护主义较为严重,且对于知识产权侵权行为的执法力度不足。自《与贸易有关的知识产权协定》(TRIPs)诞生以来,知识产权保护的地位与货物贸易、服务贸易相当,全球对于知识产权保护问题给予了前所未有的关注。出于营造良好的营商环境及保护国内企业的合法权益的考虑,中国一直加大知识产权保护力度,主动完善知识产权保护法律体系,坚定不移奉行互利共赢的对外开放战略。在博鳌亚洲论坛 2018 年年会上,习近平主席表示,中国将加强知识产权保护,以作为扩大开放的四个重大举措之一。① 同年 11 月,习近平主席在亚太经合组织第二十六次领导人非正式会议上,强调了中国将继续大幅放宽市场准入,加强知识产权保护力度。② 在具体举措方面,中国在 2003 年制定了《中华人民共和国知识产权海关保护条例》,旨在实施知识产权海关保护。2019 年颁布的《中华人民共和国外商投资法》是对之前外商投资相关法律法规的完善,更加注重外商投资的知识产权保护问题。以上行为和能力是中国坚持对外开放基本国策的表现,表明中国致力于加大知识产权保护力度,创造更具吸引力的投资和营商环境,顺应经济全球化发展大势,把握构建开放型世界经济大方向。

第三,劳工规则问题。由于国际分工的必要性,贸易协定中关于劳工方面的标准也在不断提高。一些发达国家认为,中国劳工标准宽松,工会力量薄弱,无法有效保护劳工的权利,产生了劳工低报酬的现象。进一步,劳动力价格的比较优势转化成出口竞争优势,产生了劳动力倾销。因此,这些发达国家执意在贸易协定中制定高标准劳工规则,以限制中国等发展中国家的劳动密集型产业发展(陈志阳,2014)。目前,《中华人民共和国劳动法》大部分条款与国际劳工组织标准相一致,且正不断健全和完善相关的劳工制度。在全球贸易新趋势下,中国正在加紧推进劳工标准改革,推动劳动法治建设。同时,也注重培训、维护资方利益并加强劳工合作,使劳工状态得到了极大改善。

第四,环境保护问题。发展是当今时代的主题之一,可持续发展是各国关注的焦点。随着经济的发展,无约束的工业生产造成了严重的环境污染,进而出现全球气候变暖、资源枯竭等问题。改革开放以来至 21 世纪初期,中国经济发展方式一直以粗放型经济增长为主,存在资源利用效率低、污染排放强度高等问题。此外,中国之前签署的自由贸易协定对环

---

① 习近平.论坚持全面深化改革[M].北京:中央文献出版社,2018:462.
② 习近平主席在出席亚太经合组织第二十六次领导人非正式会议时的讲话[M].北京:人民出版社,2018:11.

境保护的涵盖范围较小,对贸易伙伴之间的环境保护合作的重视程度不足,整体上对环境污染的约束不足。CPTPP 在环境保护方面有较大的创新,不仅从范围、义务、约束三个维度制定了高标准的环境保护规则,而且单独设置了环境保护国际合作的相关条款,将环境条款纳入争端解决机制,提高了协定的效力。党的十八大以来,中国深入实施创新驱动发展战略,加快推进经济增长方式由粗放型向集约型转变。“十三五”期间,党的十九大把“增强绿水青山就是金山银山的意识”等内容写入党章,“生态文明”被写入宪法,政府对环境保护的重视程度不断提高,工作力度不断加大,越来越多的地方把生态文明建设和加强生态环境保护作为发展机遇和重要抓手。“十四五”规划建议中提出,中国将加快推进绿色低碳发展,制定 2030 年前碳排放达到峰值的行动方案。种种事实和行动表明,中国在全球环境治理方面起到了表率作用,力争早日完善环境治理体系。

第五,数据流动问题。数据是数字经济时代的最大资源,不同国家基于隐私安全、市场竞争等因素考虑,在数据管理的理念和措施方面存在巨大差异。为了促进数字贸易发展和维持数字产业优势,一些国家极力推动跨境数据自由流动以及数据存储非强制本地化,并对政府的数据保护主义行为加以限制。也有一些国家更加关注隐私保护和网络安全,将公民的个人隐私数据存放于可信度高的服务器。与此相对应,在国际贸易中,一些国家要求数据存储本地化以加强本地控制和数据监管,并限制跨境数据流动,从而形成一定的贸易壁垒。美国是当今世界上服务贸易占比最大的国家。根据 WTO 的数据,2018 年美国服务贸易总额 13876 亿美元,占全球服务贸易份额超过 12%,约为第二大服务贸易国中国、第三大服务贸易国德国的服务贸易总额的总和。CPTPP 在“电子商务”一章中的条款绝大部分保留了 TPP 的内容,在一定程度上是美国对数字贸易需求的体现,是在电子商务方面规定较为全面的自贸协定(时业伟,2020)。目前,中国主要基于《中华人民共和国网络安全法》出台相关法律法规对跨境数据流动进行监管,但缺乏系统性的跨境数据监管与保护体系。2019 年,国家互联网信息办公室就《数据安全管理办法(征求意见稿)》向社会公开征求意见,旨在不断完善中国数据跨境流动管理政策体系。现阶段，中国信息技术的发展与应用走在世界前列，也有志于在跨境数据流动规则建设时期，积极参与全球数字经济治理体系的建设和改革，维护国家利益，保证国家安全。

五、加入 CPTPP 的对策建议

CPTPP 被认为是当今世界上最高标准的自由贸易协定，在制定规则的过程中坚持高标准、严要求且顺应国际贸易新趋势。基于前文讨论，中国在某些方面存在优势，且具有迎接全球经济变化挑战的能力。为了以更加开放的姿态加入 CPTPP，中国需要继续深化改革，推进对外贸易高质量发展。本章研究认为，现阶段所需完善的主要工作如下。

第一，推动货物贸易自由化。一是进一步降低进口关税，促进进口贸易的发展，以满足国内消费市场需求。二是尽可能地在自贸协定的谈判过程中强调中国实行区域的累计原产地标准，将协定中的若干个或所有受惠国（地区）视为一个统一的经济区域，提高优惠税率的利用率。三是应做好贸易便利化、投资便利化的工作，以优化营商环境。适度优化进口报关的手续，降低通关成本，以促进商品更好地流通。

第二，推动服务贸易加快发展。一是全面推进负面清单模式，争取早日与 CPTPP 接轨。持续提升中国服务贸易的对外开放程度，降低服务贸易壁垒，吸引来自发达国家服务业的高级要素供给。适度放宽知识密集型服务业的市场准入以及相关限制措施，推动价值链升级。二是出台配套政策鼓励服务贸易企业加速进入数字化时代，充分发挥服务业带动产业资金流动的作用，合理引导资本更多地投向创新研发领域，从根本上解决服务贸易结构失衡问题，让服务贸易成为中国外贸增长新亮点。

第三，全面实施准入前国民待遇加负面清单管理制度，不断扩大投资开放领域。一是以准入前国民待遇加负面清单管理制度为依托，鼓励服务业企业与外资企业公平开展市场竞争，增强服务贸易企业竞争活力。借鉴在自由贸易试验区对该模式实践的经验，有序地在全国范围内推广。二是以竞争政策为基础，不断改善市场环境，充分发挥竞争市场环境对服务要素优化配置的关键作用。三是提高贸易投资政策的连续性和稳定性，为国际投资搭建良好平台。

第四，切实做好知识产权保护工作。一是积极优化国内法治环境，加大知识产权保护力度，鼓励企业创新，缩小与发达国家在核心关键领域的差距。二是不断完善跨国合作的安全审查制度及外资信用监管系统，以提高监管效率。三是加快制定和修订国际运输双边、多边协定，推动与相关国家在技术标准、单证规则、数据交换等方面开展合作，以推动技术标准统一。

第五，深化国企改革。一是规范国有企业监管体系，基于竞争中立原则，营造公平竞争的市场环境。二是应参照相关贸易协定关于国有企业的定义，按照市场地位或竞争程度分类推进国有企业分类管理，提高国有企业的整体效率。深化国企混合所有制改革，构建符合现代企业治理、有竞争力、能够培养竞争力和创新力的治理体系，增强国有企业活力，培育其国际竞争力。

六、本章小结

当前全球化的结构与形态发生了变化，但是基本的方向与趋势并没有改变。签署 RCEP 以及积极考虑加入 CPTPP 有助于中国顺利地实施双循环——帮助推进外循环、帮助引领内循环。

本章呈现了中国货物贸易及服务贸易发展的大趋势。近年来，中国货物贸易和服务贸易总额整体上快速增长。服务贸易占中国贸易总额长期以来不足五分之一，且存在逆差增大的趋势。进一步，将 CPTPP 现有成员国作为整体，分析了中国与这些国家的贸易情况。在货物贸易方面，中国与 CPTPP 成员国进出口贸易数额总体上保持平稳增长的态势，占中国货物贸易的份额为 20%～30%。在服务贸易方面，服务贸易进口增长速度高于出口增长速度，占中国服务贸易份额呈波动变化。

CPTPP 和 RCEP 在贸易规则包容性、关税要求、市场准入、协定涵盖领域等方面存在差异。中国加入 CPTPP 的挑战主要在于以下方面：国企改革有待改进，知识产权保护不足，劳工规则不够完善，环境污染较为严重,数据流动未有系统的管理体系。同时,中国有能力也有决心推动改革,在多个方面持续推进相关工作,以抓住战略机遇期,推动双循环的实施。

最后,本章基于以上讨论提出了相关建议。一是降低进口关税,做好贸易便利化、投资便利化,推动货物贸易自由化。二是积极地采用"负面清单"模式,尽快实现从"正面清单"向"负面清单"的转换,加快推进服务贸易高质量发展。三是全面实施准入前国民待遇加负面清单管理制度,不断扩大投资开放领域。四是协调自身经济发展,建立高规格的知识产权保护制度。五是深化国企改革,基于竞争中立原则营造良好的市场环境,提升国有企业的核心竞争力。

第二篇

中国创新情况及其与经济发展的关系

第四章　中国创新特征及影响因素

　　1988年，邓小平同志根据中国发展的状况和科学技术发展的趋势，提出了"科学技术是第一生产力"的著名论断。党的十八大以来，以习近平同志为核心的党中央更是高度重视科技的自主创新，相继发布创新驱动发展战略、"大众创业，万众创新"国家战略，在顶层规划层面为创新发展提供指引，以汇聚更大范围的创新力量，提升国内创新支持力度与创新活跃度。在以国内大循环为主体、国内国际双循环相互促进的新发展格局下，创新将为高质量增长赋予全新的动能。党的十九届五中全会指出，创新在我国现代化建设全局中处于核心地位。21世纪以来，一方面，中国创新势头强劲，在创新投入和创新产出方面均有大幅度提升；另一方面，在部分高科技领域，我国与发达国家仍存在一定的差距，创新能力尚未完全达到适应高质量发展的要求。本章重点探讨以下几方面内容：一是中国创新情况的国际比较，对比分析中国创新与其他主要国家的异同点。二是从区域特征、行业特征、企业特征、个人特征四个方面刻画中国创新情况，梳理中国创新趋势及特点。

一、中国创新的国际比较

　　进入21世纪以来，新一轮科技革命和产业变革深入发展，国际力量对比深刻调整，全球科技创新发展的中长期态势也在发生重大变化。科技创新竞争已成为国家竞争的战略重点，世界主要经济体将科技创新作为推动结构性改革的核心，加大基础研究的投资力度，重点布局科技产业和未来产业以抢占未来技术制高点。20年前，美国、英国、德国、法国等主要国家研发投入占全球的80%以上。但随着中国、印度等新兴经济体研发投入的大幅度增加,亚洲国家快速崛起,重塑了世界创新格局,欧洲、北美、东亚三大区域研发支出占全球的比例近95%,形成"三分天下"的格局。

亚洲从全球创新的跟跑者变成新一轮科技革命的领跑者,中国在其中扮演了十分重要的角色。中国既是国际前沿创新的重要参与者,也是共同解决全球性问题的重要贡献者,在全球创新版图中的地位显著提升。过去几十年,中国加强科技创新体系顶层设计,全面推进创新发展体制机制改革,国家整体科技实力正在从量的积累迈向质的飞跃、从点的突破迈向系统能力的提升。根据2020年全球创新指数(Global Innovation Index,GII),中国创新能力排名全球第14位,是唯一排名进入前32位(创新领先者)的非高收入经济体。其中,人力资本和研究、市场成熟度、商业成熟度、知识和技术产出、创意产出等五项指标与总排名得分水平相当,制度和基础设施得分排名相对靠后。针对这些现象和变化趋势,本章呈现了中国创新的若干典型事实。

本节搜集跨国面板数据,从科研经费投入、科研投入结构、专利申请几个方面,刻画中国创新的整体发展趋势,比较中国与其他国家的创新情况。基于数据比较,分析中国与其他国家创新情况的异同点。

(一)创新投入的国际比较

1.研发经费

本节首先利用OECD国家统计数据、省级统计数据,详细刻画中国研发投入及研发结构情况。中国自1978年改革开放以来经济快速发展,科研经费投入不断增加,以现价计算,中国科研总投入从1991年的91亿美元增加到2014年的3687亿美元,2001年超过OECD国家均值。同时,中国研发(R&D)支出占GDP比重也在不断提高。2010年,中国R&D支出占GDP比重达到了OECD国家该数值的中位数,2012年这一比重达到了OECD国家该数值的平均值,2014年中国R&D投入占GDP的2.05%。2019年中国研发投入规模为5257亿美元,位居全球第二位,与第一位的美国相差1218亿美元,高出第三位的日本3524亿美元。研发人员总量保持稳定增长。2020年,我国研究与试验发展人员全时当量达到 509.19 万人年,同比增长 6.1%,近十年年均增长率保持在 6.5% 以上。

2. 研发结构

根据《中国统计年鉴》的数据,1998—2013 年,中国基础研究经费提高了 14.1 倍,应用研究经费提高了 16 倍。与中国相似,OECD 国家近年来也在不断增加研发投入。定义研发结构为应用研究经费与基础研究经费的比值。通过对比中国和 OECD 国家的研发结构,可以发现,中国应用研究与基础研究比值远高于 OECD 国家。2014 年,OECD 国家的这一指标均值为 3.58,中位数为 3.25,美国为 4.67,日本为 7.16,德国为 3.84,而中国该数值超过 20。目前尚未有研究指出是否存在最优的研发结构。每个国家可以根据经济环境和产业结构,设定合理的研发结构。但通过与 OECD 国家的数据进行对比,可以发现,中国的研发结构与其他国家差异较大,应用研究占比较高,基础研究占比较低。

为了探究内部差异,使用《中国科技统计年鉴》的数据,本节搜集了各省、自治区、直辖市的研发数据,发现中国各地区研发结构差异同样较大。2013 年,福建、山东、河南、广东、浙江该比值已经超过 40,少数省份低于 10。在一些经济相对欠发达的省份,例如西藏、甘肃、海南等,为了保证大学、研究机构等的运行,基础研究投入相对较多,可能导致了应用研究与基础研究比值较小。

(二)创新产出的国际比较

从 1985 年《中华人民共和国专利法》实施以来,尤其是进入 21 世纪以来,中国专利申请量迅速上升(见图 4-1),学界将这一现象称为"专利爆炸"。世界知识产权组织报告显示,中国在 2011 年取代美国,成为全球专利申请量最大的国家,并在之后长期保持这一地位。2019 年,中国以 140 万件发明专利申请量位居首位,高出第二位的美国 70 多万件,成为通过世界知识产权组织提交国际专利申请的最大来源国,并在 2020 年继续领跑全球专利申请量,连续九年稳居世界第一。

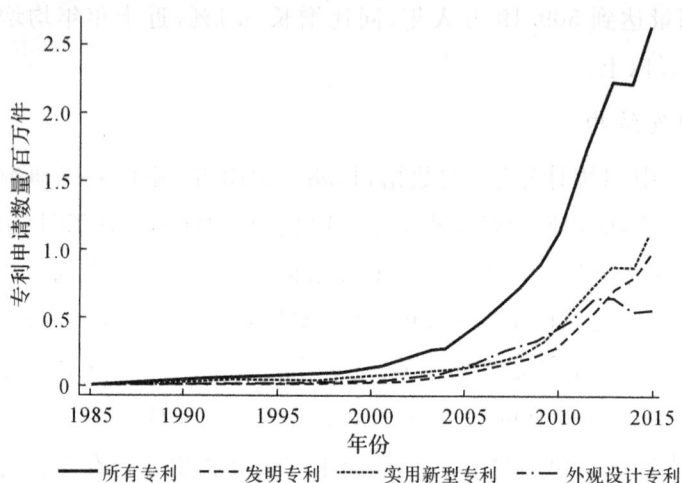

图 4-1　中国专利申请量变化趋势

二、中国创新的区域特征

(一)创新区域分布

由于地区差异和政策偏好,中国的研发活动在区域层面表现出较大异质性。本节将区域创新中的专利指标加总到省份层面,包括所有专利数量、发明专利数量、专利引用数量,按数量多少排序。发现东部沿海地区的企业拥有最多的专利数量、发明专利数量、专利引用数量,中部地区的企业次之。具体而言,所有专利数量排名前五的地区为:广东省、上海市、江苏省、浙江省、山东省;发明专利数量排名前五的地区为:广东省、上海市、江苏省、山东省、浙江省;专利引用数量排名前五的地区为:广东省、上海市、江苏省、山东省、北京市。相较于内陆城市,东部沿海地区在地理环境、交通运输等方面拥有优势,在经济发展中走在前列,且东部沿海城市经济较为发达,企业的数量较多,故创新主要集中于东部沿海地区。

为了分析区域创新动态变化的区域分布,本节计算了 1998—2013 年省级层面创新指标的平均增长率。相对于绝对数量,平均增长率的区域分布存在两个特征:一是所有专利数量、发明专利数量、专利引用数量的平均增长率高的城市不再主要集中于东部沿海城市;二是各指标的分散程度更高,如西部城市企业的所有专利数量平均增长率依然较低,但发明专利数量及专利引用数量的平均增长率较高。具体而言,所有专利数量平均增长率排名前五的地区为:内蒙古自治区、重庆市、宁夏回族自治区、甘肃省、新疆维吾尔自治区;发明专利数量平均增长率排名前五的地区为:贵州省、甘肃省、重庆市、内蒙古自治区、黑龙江省;专利引用数量平均增长率排名前五的地区为:内蒙古自治区、宁夏回族自治区、黑龙江省、贵州省、广西壮族自治区。综合以上,中国创新主要集中于东部地区,但中西部地区的动态发展态势较好。这与中西部地区近年来发挥区域产业优势,推动产业结构和技术调整升级密不可分。

(二)区域创新影响因素

本节结合现有研究,了解区域特征影响创新的主要作用机制。例如,地方政府治理、政商关系健康程度、地区基础研究投资强度、市场化程度、金融发展程度、知识产权保护程度这些因素与区域创新存在何种关系?本节对此作出了相应的统计分析。

1.地区基础研究投资强度与区域创新

利用《中国科技统计年鉴》,摘录各省(区、市)1998—2013年基础研究数据,并计算其占GDP的比重,再按省级加总创新指标,进而刻画地区基础研究投资强度与区域创新的关系。从图4-2中可以看出,在当前经济发展环境中,基础研究投资强度与区域创新存在正相关关系。进一步刻画这种相关关系的动态变化,如图4-3所示,这一相关程度在样本期间中持续提高,即在样本后期,基础研究投资强度与企业创新相关度更高。这表明基础研究存在正外部性,基础研究对地区创新活动有明显的促进作用。

近年来,中国制定出台一系列助力基础研究发展的相关政策,加强顶层设计和系统布局,支持基础研究发展的政策体系不断完善。其中,《国务院关于全面加强基础科学研究的若干意见》是新中国成立以来第一次以国务院文件形式就加强基础研究作出全面部署,明确了我国基础科学研究"三步走"的发展目标,提出到21世纪中叶,把我国建设成为世界主要科学中心和创新高地,涌现出一批重大原创性科学成果和国际顶尖水平的科学大师,为建成富强民主文明和谐美丽的社会主义现代化强国和

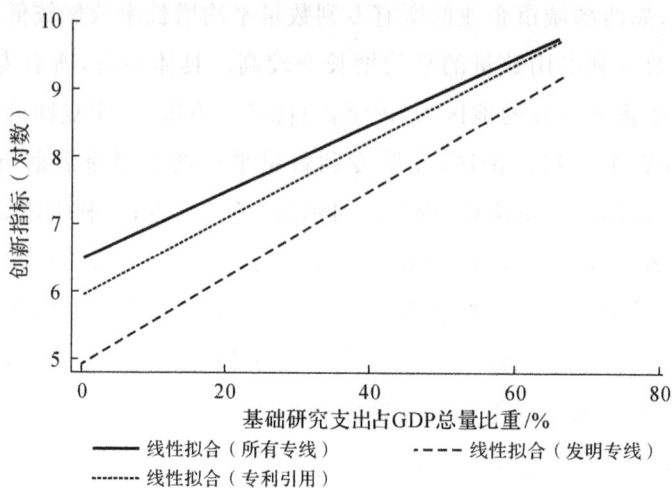

图 4-2　地区基础研究投资强度与区域创新

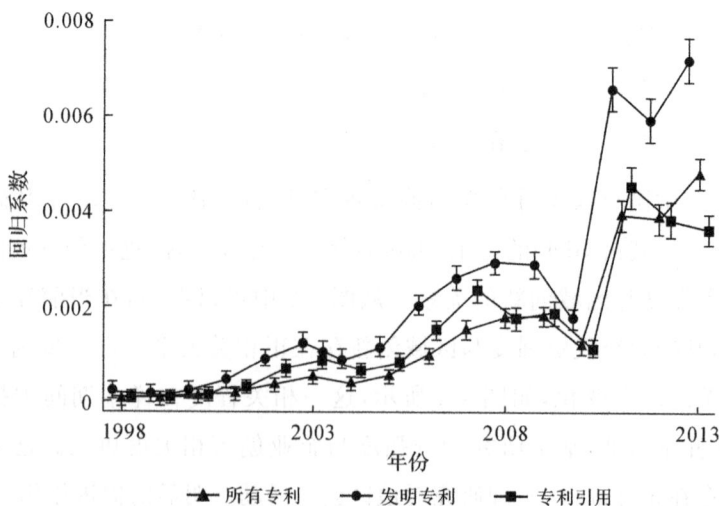

图 4-3　地区基础研究投资强度与区域创新的动态关系

注:图中回归的被解释变量为各创新指标,解释变量为 R&D 投资强度与各年份
虚拟变量的交叉项,回归控制了时间固定效应。图中三角形、圆形和正方形实心点为
解释变量的回归系数,并报告了 95% 置信区间。

世界科技强国提供强大的科学支撑。随着国家层面一系列政策的出台,
各地区也都出台了专项政策,加大对基础研究的支持力度,保证基础研究
对高水平创新的有力支撑。

2.地区市场化与区域创新

　　市场开放有利于更多富有创造力的企业进入市场。为了讨论市场化与创新的关系,首先将创新指标进行省级加总,接着使用对应省份和年份的市场化指数的数值,研究两者关系。图 4-4 显示,市场化程度与区域创新呈正相关关系。图 4-5 显示,这种关系在 21 世纪初期保持平稳,在2008 年以后,市场化程度与区域创新的正相关关系增强。

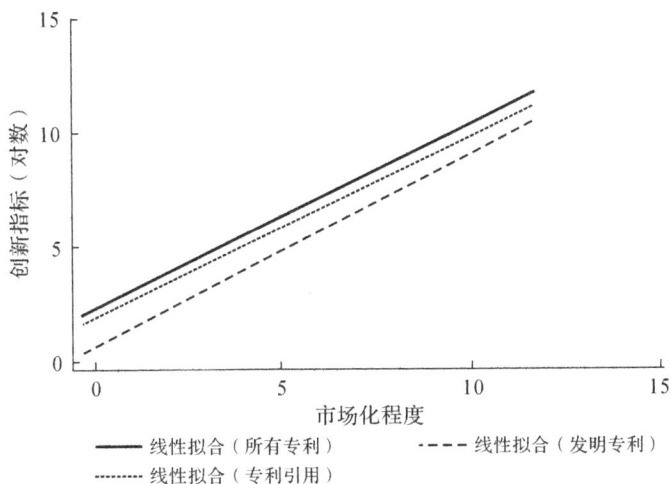

图 4-4　市场化与区域创新

　　市场化程度是企业创新的重要因素,包括市场开放程度、金融市场发展程度、知识产权保护等方面。一般而言,市场化程度提高会使市场竞争更加公平,资源配置趋于合理,有利于推动开展创新活动。近年来,中国持续推动技术要素市场体系建设。赋予科研人员职务科技成果所有权和长期使用权,制定科技成果转化尽职免责负面清单和容错机制,推进技术要素市场配置改革,建设专业化市场化技术转移机构和技术经理人队伍,开展科技成果转化贷款风险补偿试点,探索低碳技术交易体系和规则建设,促进创新资源跨主体跨区域合理有序流动机制等。探索建立数据资源产权、交易流通和安全保护等基础制度和标准规范,促进平台经济和共享经济健康发展,鼓励支持自主创新产品迭代应用,加强知识产权司法保护和行政执法,建立新技术新产业新业态新模式统一的市场准入负面清单制度等。

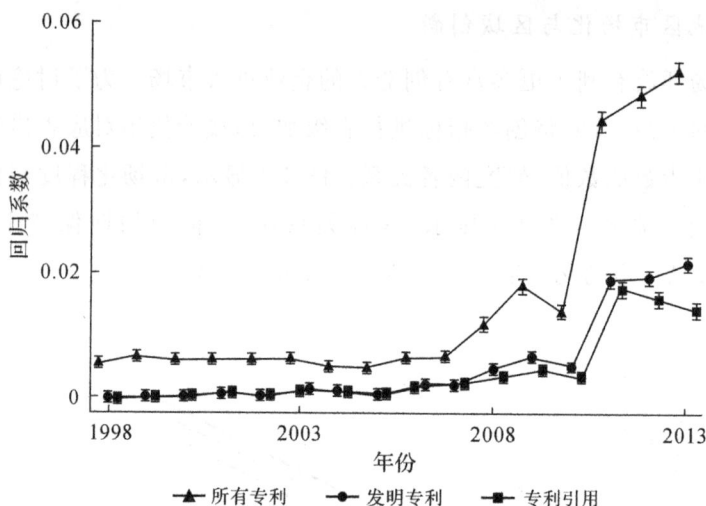

图 4-5　市场化与区域创新的动态关系

注:图中回归的被解释变量为各创新指标,解释变量为市场化指数与各年份虚拟变量的交叉项,回归控制了时间固定效应。图中三角形、圆形和正方形实心点为解释变量的回归系数,并报告了 95% 置信区间。

3.政治关联与区域创新

除了市场竞争,政府干预是创新的一个重要外在因素,故本节也探讨了政治关联与区域创新的关系。使用政商关系健康指数来衡量政商关系,包括政府对企业关心、政府对企业服务、企业税费负担、政府廉洁度、政府透明度五个一级指标衡量(聂辉华等,2018)。图 4-6 表明,政商关系健康程度与企业创新呈正相关关系,即城市的政商关系越健康,越有利于区域创新。

首先,进入者进入市场需要与在位者进行竞争,健康的政商关系有利于减少进入者面对来自官僚主义的干扰。其次,健康的政商关系会弱化在位者的先占优势,激发进入者的创新积极性。党的十八大以来,政府为企业排忧解难的"援助之手"日益有力,使企业创新的难处和痛处得到了解决。近些年来,服务型政府建设进一步加速,"放管服"改革、"互联网+政务服务"使政府部门越来越以企业为中心地提供各类公共服务,研发创新的外部环境日益完善。对于分享经济等新兴业态,各地区政府采取包容审慎的监管原则,使这些新兴业态得到了较大的发展空间,并创造了大

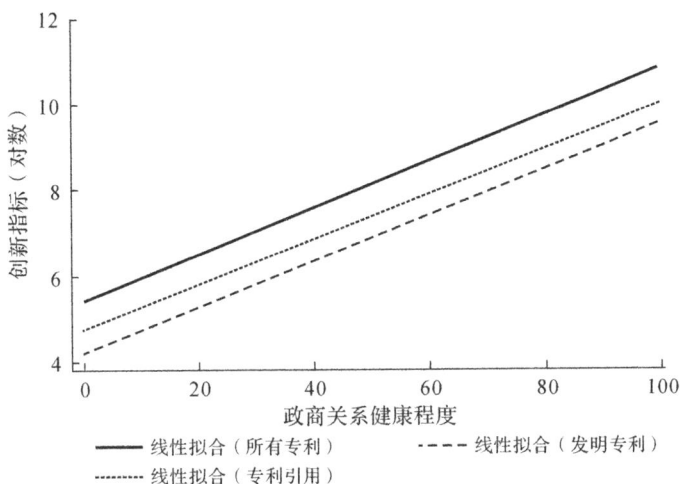

图 4-6　政商关系与区域创新

量市场机遇。对于创新经济主体而言,政府部门的支持方式日益贴近市场需求,大大激活了创新创业活力,新注册市场主体数量年年攀高。

三、中国创新的行业特征

不同行业由于处在不同技术水平位置,拥有不同的创新特征。本节利用企业数据,按照《国民经济行业分类》(GB/T 4754—2002)进行划分,加总计算行业创新特征,对比不同行业之间创新情况的差异。此外,基于若干重要的行业因素,计算了对应的指标,探讨了创新的行业影响因素。

(一)创新数量和质量的行业横向对比

将企业创新指标按《国民经济行业分类》(GB/T 4754—2002)二位码行业进行加总,结果汇总在表 4-1 中。可以看到,通信设备、计算机及其他电子设备制造业拥有最多的专利,且其中大部分为发明专利,且该行业拥有的发明专利数量远多于其他行业。电气机械及器材制造业拥有数量最多的实用新型专利。交通运输设备制造业拥有的外观设计专利数量最多。通信设备、计算机及其他电子设备制造业的专利引用数量远超其他行业。

表 4-1 分行业创新指标 单位:项

行业	所有专利	发明专利	实用新型专利	外观设计专利	专利引用
农副食品加工业	29175	10322	7109	11744	24801
食品制造业	39209	9622	4999	24588	21444
饮料制造业	25745	3130	1880	20735	7598
烟草制品业	7858	2821	4174	863	6829
纺织业	98032	8717	13574	75741	16030
纺织服装、鞋、帽制造业	47083	2217	4002	40864	3417
皮革、毛皮、羽毛(绒)及其制品业	16426	942	3748	11736	1406
木材加工及木、竹、藤、棕、草制品业	14549	2624	4845	7080	4863
家具制造业	42203	1375	5586	35242	1220
造纸及纸制品业	23260	6847	7668	8745	10647
印刷业和记录媒介的复制	10884	2169	5410	3305	3724
文教体育用品制造业	35323	2428	10093	22802	2022
石油加工、炼焦及核燃料加工业	9512	4628	4208	676	12028
化学原料及化学制品制造业	103178	54199	31953	17026	116708
医药制造业	65182	34549	12541	18092	47541
化学纤维制造业	9030	2988	3860	2182	6368
橡胶制品业	15303	3702	7294	4307	6540
塑料制品业	38352	7583	17655	13114	16094
非金属矿物制品业	52912	11695	21534	19683	26227
黑色金属冶炼及压延加工业	32926	11854	20205	867	31428
有色金属冶炼及压延加工业	42097	15156	20097	6844	33463
金属制品业	82185	17382	43110	21693	21357
通用设备制造业	191396	49411	116767	25218	66858
专用设备制造业	142742	37840	88835	16067	59828
交通运输设备制造业	211294	42408	113432	55454	71109
电气机械及器材制造业	335663	116760	151828	67075	141230
通信设备、计算机及其他电子设备制造业	340901	204264	98357	38280	375195

续表

行业	所有专利	发明专利	实用新型专利	外观设计专利	专利引用
仪器仪表及文化、办公用机械制造业	57252	14754	29513	12985	25065
工艺品及其他制造业	24551	1291	3949	19311	1624
废弃资源和废旧材料回收加工业	730	290	409	31	774

21世纪初,"中国制造"融入世界、闻名全球。合资企业和外资企业不断涌现,对中国本土企业形成了不可忽视的竞争环境,中国经济发展由要素驱动、投资驱动向创新驱动转变,不断推动创新水平提高,优化创新结构。创新驱动与转型升级成为拉动制造业投资的重要因素,继续驱动高端装备行业的发展。机械行业作为典型的中游行业,需求端高度依赖下游的资本开支。过去,投资一直是机械行业发展的主要驱动力,伴随着中国经济的驱动力由投资驱动向创新驱动转变,机械行业的发展驱动力也随之发生变化。在制造业升级的背景下,战略性新兴产业、高技术制造业保持快速发展,持续驱动高端装备行业的发展。此外,近些年备受关注的半导体分立器件和集成电路就属于计算机、通信和其他电子设备制造业的细分类别。半导体芯片是数字化产品的基本组件,是智能手机、汽车、医疗保健、能源、移动、通信和工业自动化的关键应用程序和基础设施不可缺少的核心,是数字经济发展的关键所在。因此,这些行业在专利产出方面领先于其他行业。

(二)行业因素与创新的关系

1.行业竞争对企业创新的影响

行业竞争是影响市场中创新主体进行创新的重要因素。本部分计算行业竞争指标,分析市场竞争与创新的关系,基于赫芬达尔指数,按照《国民经济行业分类》四位码构造行业竞争指标,并将企业创新与行业市场竞争的关系报告在图4-7中。由图4-7可知,创新数量和创新质量都与市场竞争程度呈正相关关系。图4-8表明,这一正相关关系在动态变化中有所增强,即在样本区间后期,行业竞争与企业创新的正相关关系增强。一方面,这可能是由于中国企业自身技术不断升级,迫使市场中的企业进行

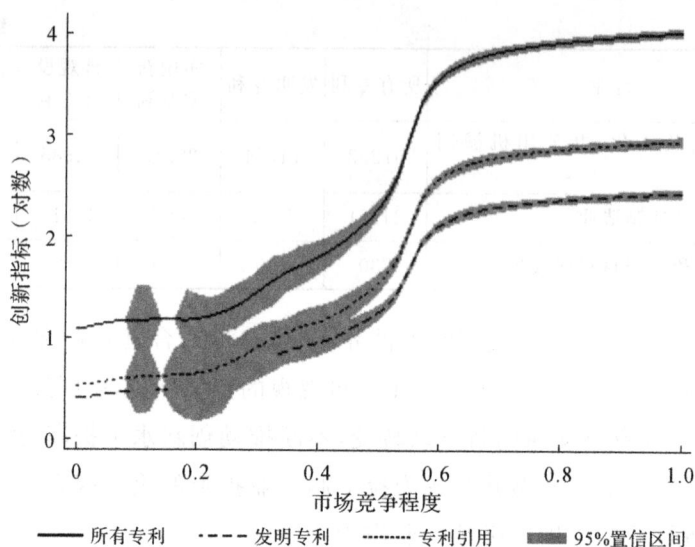

图 4-7　市场竞争与企业创新

注:图中显示的为 kernel(核)加权的局部多项式回归结果,被解释变量为企业创新指标取对数(Y 轴),解释变量为市场竞争程度(X 轴)。

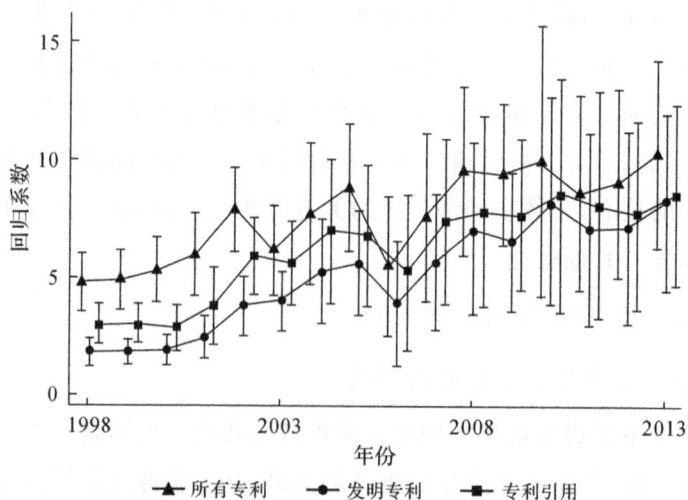

图 4-8　市场竞争与企业创新的动态关系

注:图中回归的被解释变量为各创新指标,解释变量为市场竞争与各年份虚拟变量的交叉项,回归控制了时间固定效应。图中三角形、圆形和正方形实心点为解释变量的回归系数,并报告了 95% 置信区间。

技术创新;另一方面,更多企业,尤其是拥有高技术的外资企业的进入提高了竞争强度,压缩了市场份额,促使企业从事更多的创新以获得更多的利润。

2. 产业纵向一体化与创新

中国的国有企业垄断了关键的上游行业,而下游行业在很大程度上是开放的,故上下游行业的创新情况可能不同。利用市场进入退出、上下游行业关联等信息进行计算,研究企业上下游位置与创新的关系。本节将中国工业企业按照行业信息分为上下游行业,分组刻画上下游企业的创新情况。从图 4-9 可以看出,企业创新主要集中于下游行业,所有专利数量占比超过 80%,发明专利数量和专利引用数量占比也都超过 60%。从时间趋势来看,创新指标更集中于下游行业,即下游行业所占创新数量比例增加,如下游发明专利数量和专利引用数量都从 60% 上升到 80%。

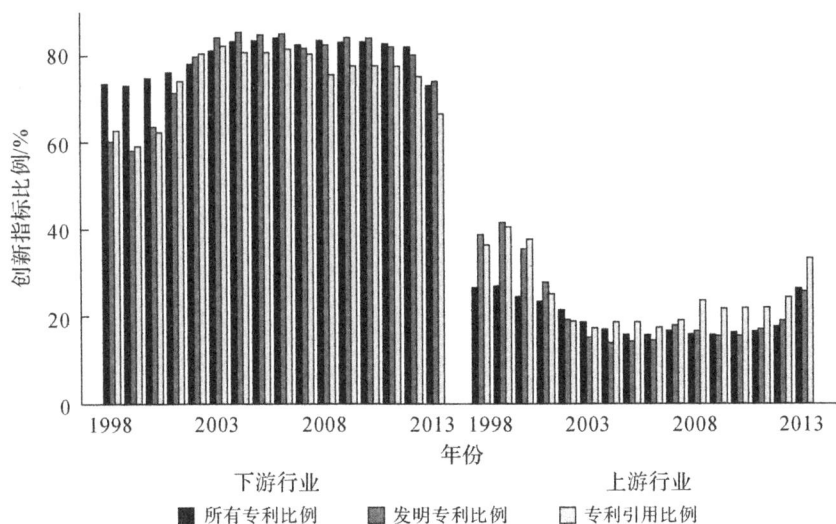

图 4-9 企业上下游行业创新指标对比

下游行业由于开放程度高,企业进出更加自由,市场创新氛围更好,有利于市场中的企业开展创新活动。此外,由于市场竞争更加激烈,市场更加活跃,市场中的产品不断更替,创新迭代。

四、中国创新的企业特征

随着企业数量和规模的不断壮大,企业已然成为中国创新的主力军。企业持有的专利占全国所有专利的比例保持上升趋势,且专利的引用数量占比也大幅上升。接下来,基于匹配的微观数据,本节将详细分析中国企业创新特征。

(一)企业创新影响因素

1.企业规模与创新

企业规模对企业创新的影响大吗?大公司是否投入更多的 R&D 资源?目前学界对于这些问题的研究尚未有定论。一些研究认为,大部分创新是由小企业创造的。熊彼特在后期的研究中发现,经济活动中主要的创新者是拥有研发资源的大公司。为了刻画企业规模与中国企业创新的关系,按照一般做法,将企业固定资产取对数作为企业规模的衡量指标。图 4-10 显示,企业规模与企业创新数量和创新质量都存在正相关关系,且规模越大的公司的创新表现越突出。

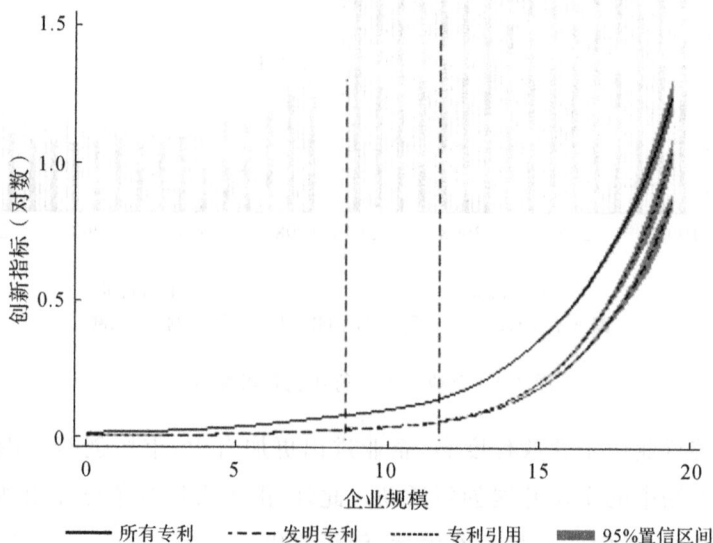

图 4-10　企业规模与企业创新

注:图中显示的为 kernel(核)加权的局部多项式回归结果,被解释变量为企业创新指标取对数(Y 轴),解释变量为企业规模(X 轴)。

图 4-11 显示,在动态关系中,两者的正相关关系在总体上变得更强。以上发现支持,规模大的企业拥有更多的资源,如资金、人才、设备用以投入创新,从而促进企业创新活动能顺利开展。在效率相同的情况下,大企业的技术创新投入越多,技术创新的成果也就越多。此外,创新是一种风险投资,大企业可以把技术创新经费投向不同的项目来分散风险,以盈利的项目来支持连续的自主创新,降低技术创新的不确定性。

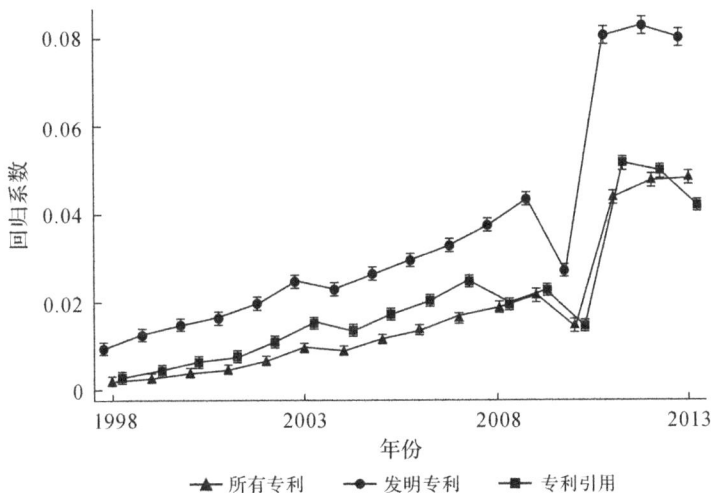

图 4-11 企业规模与企业创新的动态关系

注:图中回归的被解释变量为各创新指标,解释变量为企业规模指标与各年份虚拟变量的交叉项,回归控制了时间固定效应。图中三角形、圆形和正方形实心点为解释变量的回归系数,并报告了 95% 置信区间。

2. 企业年龄与创新

关于企业年龄与企业创新的关系,学界同样没有达成共识。一些研究发现,初创企业有许多创新,而也有一些学者认为,成熟的企业具备更强的创新能力。本节对此进行讨论,将企业创新指标与企业年龄进行回归。图 4-12 显示,企业年龄与企业创新数量和创新质量呈正相关关系,且对于第 90 分位数以后的企业,企业年龄与所有专利数量的正相关关系较强。图 4-13 显示,在样本期间,两者的正相关关系有较大幅度的增强。以上证据说明,在中国,年龄较大的公司呈现出规模较大的特征,且拥有更多的市场经验和竞争手段,这些优势使得它们有更好的创新表现。

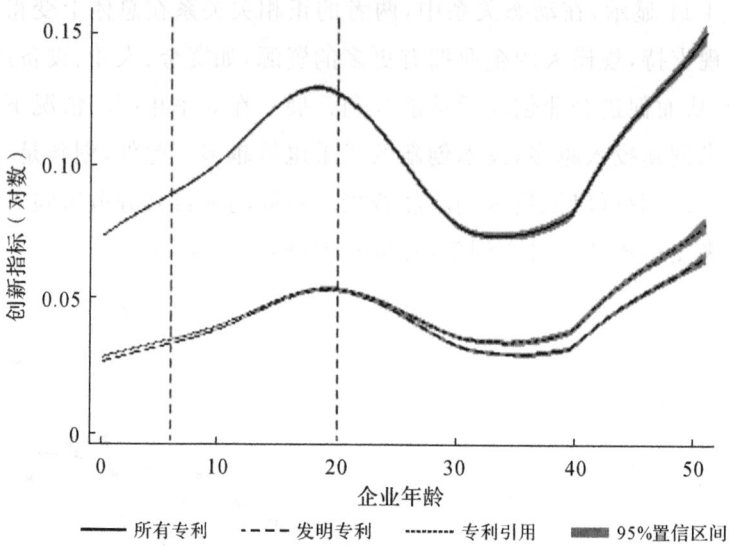

图 4-12 企业年龄与企业创新

注:图中显示的为 kernel(核)加权的局部多项式回归结果,被解释变量为企业创新指标取对数(Y 轴),解释变量为企业年龄(X 轴)。

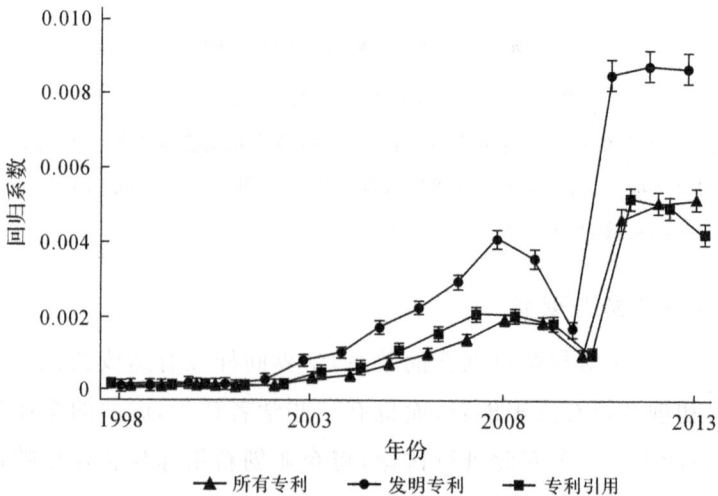

图 4-13 企业年龄与企业创新的动态关系

注:图中回归的被解释变量为各创新指标,解释变量为企业年龄与各年份虚拟变量的交叉项,回归控制了时间固定效应。图中三角形、圆形和正方形实心点为解释变量的回归系数,并报告了 95% 置信区间。

3. 企业融资约束与创新

创新需要资金支持,企业只有获取足够多的资金才会进行创新活动。为了研究融资约束与企业创新的关系,本部分用 SA 指数来衡量企业的融资约束(Hadlock and Pierce,2010)。图 4-14 显示,在总体趋势上,融资约束与企业创新正相关。创新指标,无论是创新数量还是创新质量,在第90 分位数以后激增,说明小部分金融约束程度很高的企业做了很大一部分的创新。图 4-15 说明,这种正相关关系在样本期间一直存在,且相关性不断上升。中国因为私营经济快速壮大而金融市场发展滞后,大量中小企业被排斥在正规金融市场之外。在金融市场发展程度较低的情况下,大量融资流向了规模大、进行大量创新活动的企业,这导致融资约束与企业创新存在正相关关系。

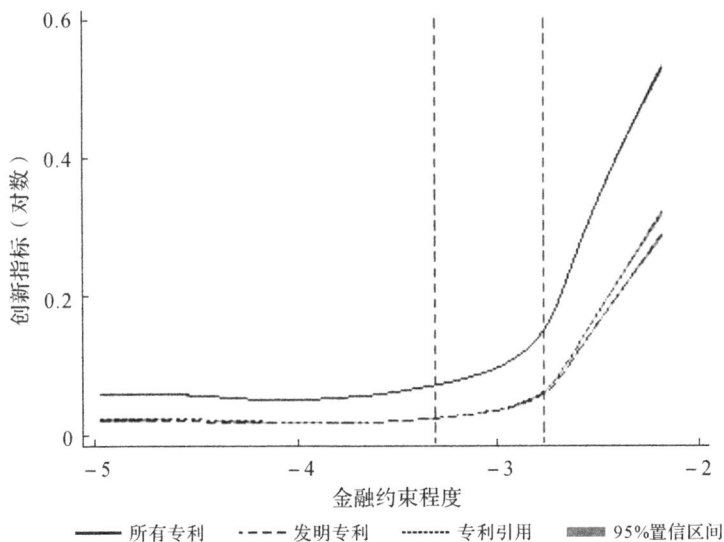

图 4-14　金融约束与企业创新

注:图中显示的为 kernel(核)加权的局部多项式回归结果,被解释变量为企业创新指标取对数(Y 轴),解释变量为企业金融约束程度(X 轴)。

4. 企业出口与创新

出口企业为了获得国际市场份额,需要提升自身的创新水平。为了研究出口强度与企业创新的关系,本节将非出口企业样本剔除,只保留出

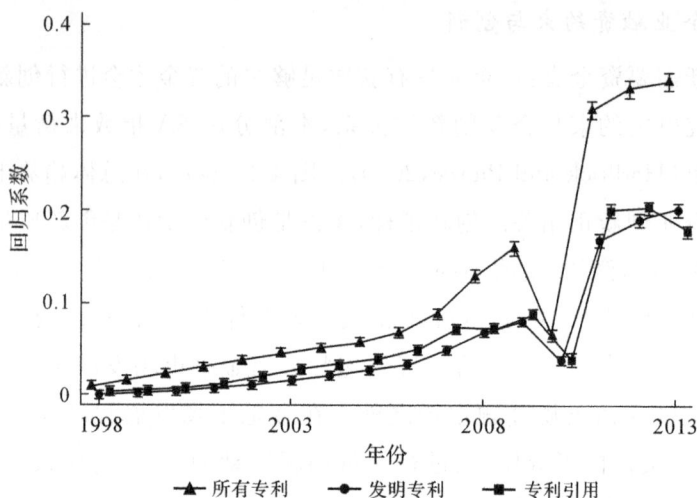

图 4-15 金融约束与企业创新的动态关系

注:图中回归的被解释变量为各创新指标,解释变量为金融约束指数与各年份虚拟变量的交叉项,回归控制了时间固定效应。图中三角形、圆形和正方形实心点为解释变量的回归系数,并报告了 95% 置信区间。

口企业样本,构建出口强度指标(企业出口强度=企业产品出口总额/企业总产出)。图 4-16 显示,出口强度与企业创新呈负相关关系,即在出口的企业中,出口强度小的企业在创新方面表现更好。图 4-17 显示,出口强度与创新的负相关关系整体有所增强。相对于出口强度较小的企业,出口强度大的企业偏向于从事生产工作而非创新活动,甚至有的完全出口企业大部分从事低附加值产品的加工,这可能是导致出口强度与企业创新呈负相关关系的原因。

5.企业生产要素结构与创新

一般而言,相比于劳动密集型企业,资本密集型企业更具创新力。本节首先计算每家企业的资本劳动比指标(企业资本劳动比=企业固定资产/企业员工数量),再对资本劳动比指标进行排序,赋予 1—100 的分位数,研究资本劳动比分位数与企业创新的关系。图 4-18 说明资本劳动比与企业的创新数量和创新质量都呈正相关关系,即资本越密集的企业在创新产出中表现更好。图 4-19 显示,二者关系在样本区间内整体上有所增强。

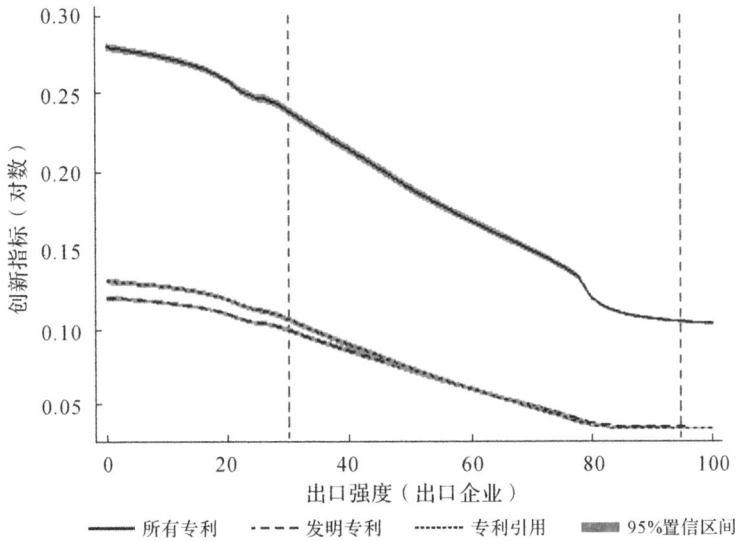

图 4-16　出口强度与企业创新

注:图中显示的为 kernel(核)加权的局部多项式回归结果,被解释变量为企业创新指标取对数(Y 轴),解释变量为企业出口强度(X 轴)。

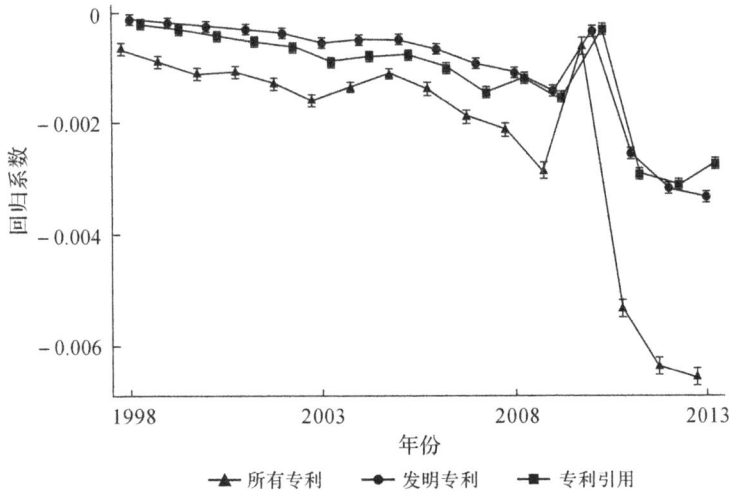

图 4-17　出口强度与企业创新的动态关系

注:图中回归的被解释变量为各创新指标,解释变量为出口强度与各年份虚拟变量的交叉项,回归控制了时间固定效应。图中三角形、圆形和正方形实心点为解释变量的回归系数,并报告了 95% 置信区间。

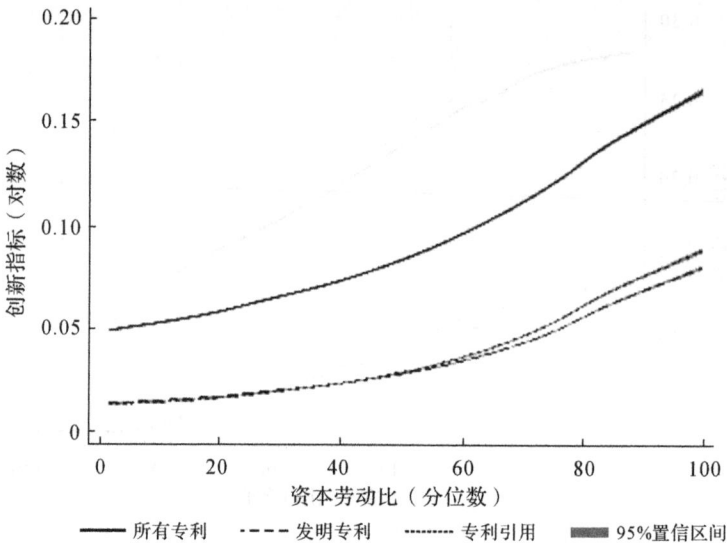

图 4-18 资本劳动比与企业创新

注:图中显示的为 kernel(核)加权的局部多项式回归结果,被解释变量为企业创新指标取对数(Y 轴),解释变量为企业资本劳动比的分位数(X 轴)。

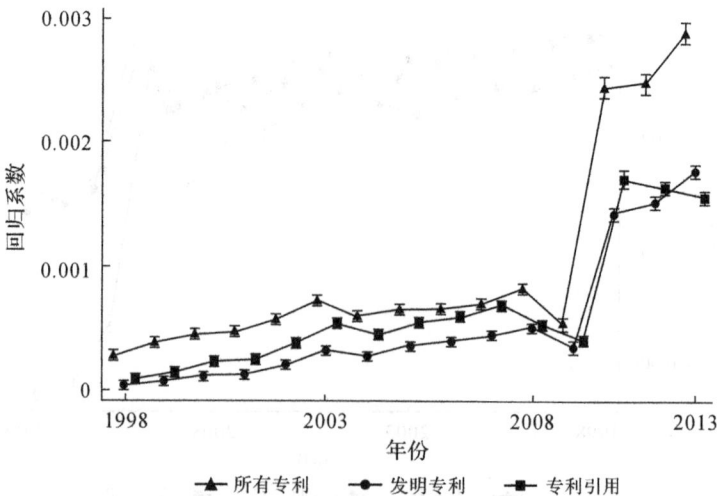

图 4-19 资本劳动比与企业创新的动态关系

注:图中回归的被解释变量为各创新指标,解释变量为劳动资本比分位数与各年份虚拟变量的交叉项,回归控制了时间固定效应。图中三角形、圆形和正方形实心点为解释变量的回归系数,并报告了 95% 置信区间。

资本积累对企业发展具有较大的促进作用,保持较高的资本密集度是加快工业化进程和实现产业升级的重要基础,资本深化是推动技术创新和生产率提升的关键要素。资本密集度的适度提高,可以替代劳动力,增强研发投入能力,有利于推动技术创新。资本密集型和技术密集型产业的建立与运作都严重依赖高昂的前期投入,特别是技术密集型产业,还依赖扎实的基础研究成果。因此,资金密集型企业往往又是技术密集型企业,因为只有资金密集型企业,才能提供充足的资金用于技术创新;反过来,只有不断创新的企业,才能迅速积累资金发展壮大企业。二者良性互动,促进资金密集型和技术密集型企业发展。

(二)评估企业创新效果

1. 创新与企业生产率

在内生经济增长模型中,一般认为技术进步带来生产率的提高。为了研究企业创新对生产的影响,本节使用全要素生产率(total factor productivity,TFP)衡量企业生产率。将创新指标取对数形式(X 轴)与 TFP(Y 轴)作线性拟合,结果显示在图 4-20 中。从结果中可以发现,所有专利数量与 TFP 呈负相关关系,而发明专利数量与专利引用数量与 TFP 呈正相关关系。因此,可以推断并不是所有的创新都可以促进企业

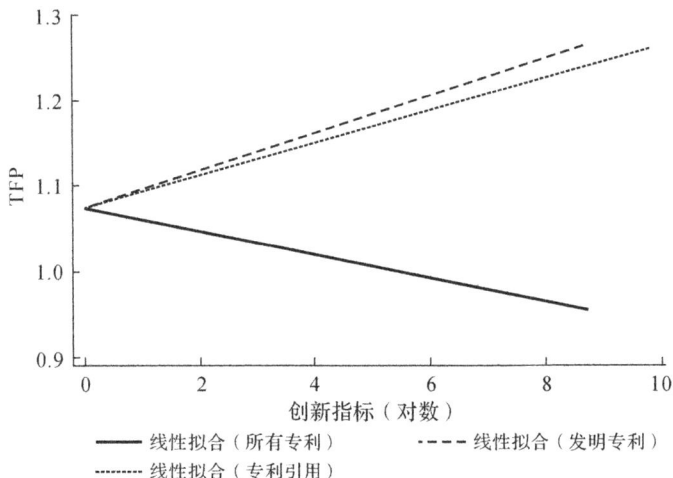

图 4-20　创新对企业 TFP 的影响

生产率的提高,只有高质量的创新,如发明专利或者引用率较高的创新才会推动企业技术进步进而带来生产率的提高。

科技成果转化是实现产业转型升级和经济提质增效的过程,以创新带动生产率提高才能形成创新需求和供给的良性循环。党的十九届五中全会在谋划我国"十四五"时期创新驱动发展时要求,"加强知识产权保护,大幅提高科技成果转移转化成效""促进新技术产业化规模化应用"。这为加速科技创新成果转化、促进科技创新发展指明了努力方向。加速科技创新成果转化,要发挥好市场在资源配置中的决定性作用,发挥好市场对技术研发方向、路线选择、要素价格、各类创新要素配置的导向作用。在市场经济条件下,科技创新成果转化的内在逻辑,是科技供给与市场需求的精准"握手"。唯有通过市场的手段,使企业成为创新要素集成、科技创新成果转化的生力军,让技术得以作为一种市场要素自由流通,才能让技术创新端和产品供给端紧密配合,催生更多新产业、新业态,对高质量发展形成有力支撑。

2.创新与企业生存率

在市场中,在位者或进入者的创新都会对处于市场中的企业的进入和退出行为产生影响。本节以企业年龄作为企业生产期的衡量标准,用卡普兰—梅尔估计量(Kaplan-Meier estimator)进行生存分析。图 4-21 显示了估计结果,即进行创新的企业生存率更高,且拥有发明专利的企业

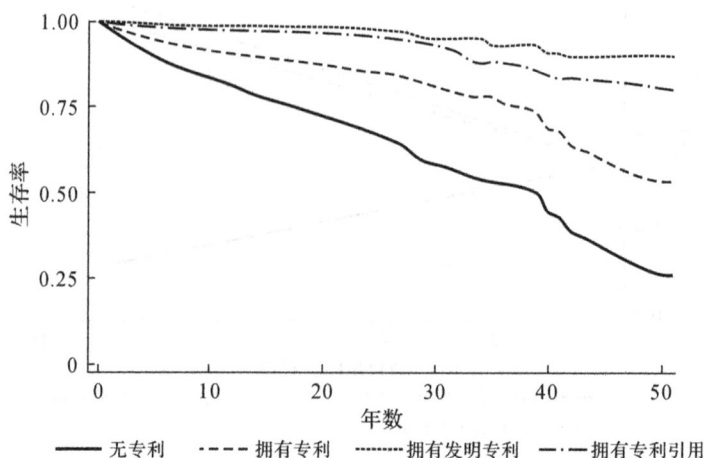

图 4-21 创新对企业累积生存率的影响

的生存率高于拥有所有专利(包括发明专利、实用新型专利、外观设计专利)的企业。这一结果表明,进行高质量创新的企业拥有更高的存活率。结合前述内容分析,可以推断出,创新绩效高的企业拥有更多的研发及金融资源,且生产率更高,有更大的机会在市场竞争中生存下来。

五、中国创新的个体特征

中国高度重视人才培养在创新强国建设中的作用,长期以来保持着较高的教育经费投入。2011—2019年,中国在教育领域的公共支出规模年均复合增长率达到10.1%,远超国内GDP增速,同时占国家财政支出的比例始终保持在16%以上,最高达到18.4%,远高于14%~15%的全球平均水平。在国家的大力推动下,中国高等教育普及率呈现出高速增长态势。中国高等教育入学率由2006年的20.22%迅速增长至2019年的53.77%,并于2013年超越全球平均水平,为我国创新发展提供了大量人才储备。与之对应的是,个人(个体)创新的重要性日益凸显,本节对此进行了初步探讨。

(一)个人创新趋势

根据中国专利数据,本节对个人专利申请进行描述。图4-22显示,

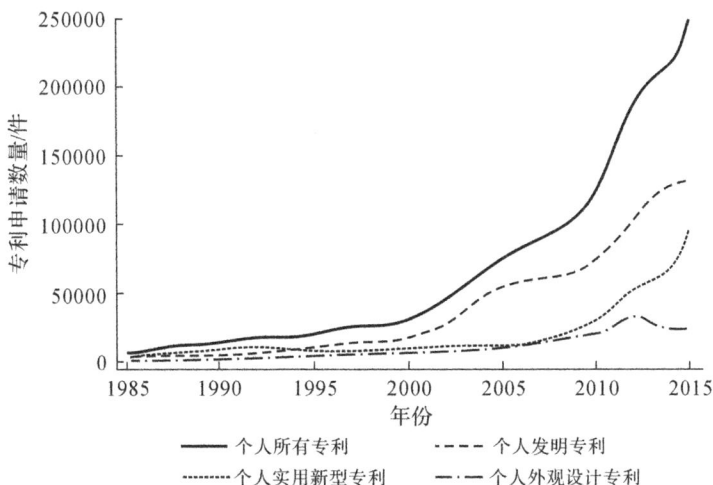

图4-22 个人创新指标趋势

中国个人专利申请数量有大幅度上升。在量级上,个人发明专利申请数量从 2000 年的 1.7 万项增长到 2015 年的 13.2 万项。在该时间区间内,个人实用新型专利申请数量从 0.8 万项增长到 9.5 万项。而个人外观设计专利申请数量在 2012 年达到顶峰,为 3.4 万项。从个人所有专利申请数量来看,2015 年比 2000 年增长了约 8 倍。虽然在数量上个人创新不及企业创新和科研机构创新,但其反映了中国个人创新不断加速的现象,也是中国人力资本持续提升的反映。

(二)团队规模

技术进步是一个知识累积的过程,由于边际收益递减,后期的创新会面临更大的来自专业知识方面的制约,创新者需要通过增加教育经历或者缩小专业领域来抵消上述知识累积带来的负面影响,故创新会越来越依赖团队合作来完成。本节使用专利发明者数量来衡量一个专利创新团队的规模,将一家企业所有的专利发明者平均数量作为衡量一家企业创新团队规模指标。由图 4-23 可以发现:首先,在三类专利中,发明专利的创新团队规模大于实用新型专利,实用新型专利团队规模大于外观设计专利。以 2010 年为例,发明专利团队平均规模为 3.0 人,实用新型专利团队平均规模为 2.4 人,外观设计专利平均团队规模为 1.4 人。其次,发明专利和实用新型专利的创新团队规模随着时间的推移有所增大,而外观设计专利创新团队规模有所缩小。具体而言,发明专利团队平均人数

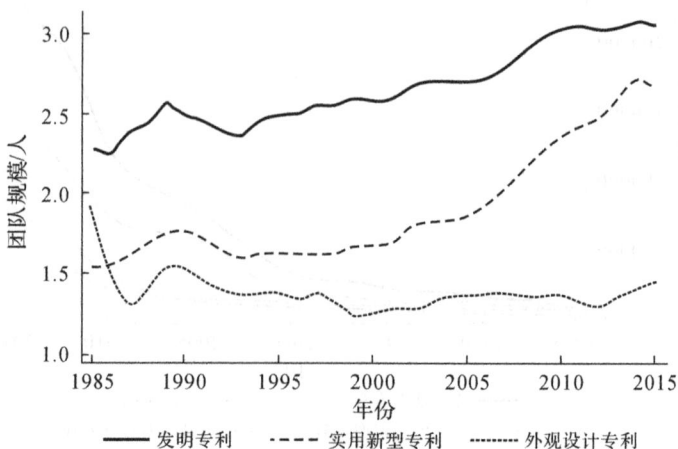

图 4-23　创新团队规模

从 2000 年的 2.6 人增加到 2015 年的 3.1 人,实用新型专利团队平均人数从 1.7 人增加到 2.7 人。这说明随着技术的发展,在后期的创新中,需要更大的创新团队投入。

六、本章小结

本章基于研发投入和专利产出数据,描述了中国创新现状及其在区域、行业、企业、个人层面的特征。主要发现有:第一,中国创新投入和产出快速提升,在国际上创新的地位愈发凸显,但研发结构需要进一步优化。第二,在区域层面,东部沿海地区的企业专利数量、专利引用数量较多,但中西部地区保持较快的增长率;区域特征中的政商关系健康程度、基础研究投资强度、市场化程度与企业创新呈正相关关系。第三,在行业层面,行业竞争程度与企业创新呈正相关关系,下游行业创新表现好于上游行业。第四,在企业层面,金融约束程度、企业规模、企业年龄、资本密集度与企业创新呈正相关关系,小部分金融约束程度高、资产规模大的企业的创新表现更为突出;出口强度与创新呈负相关关系。第五,本章以生产率与生存率作为企业绩效的衡量指标,探讨了企业创新与企业绩效的关系。发明专利数量、专利引用数量与 TFP 呈正相关关系,而所有专利数量与 TFP 呈负相关关系,也即高质量创新有利于企业全要素生产率的提高。拥有发明专利的企业累积生存率最高,而不拥有专利的企业累积生存概率最低,这表明高质量创新有利于企业生存率的提高。第六,中国个人创新的地位愈发增强。由于知识池的扩大,创新所需要的知识积累更复杂,高质量创新的团队规模也随之扩大。

第五章　研发结构变迁与经济发展

　　研发是经济发展的重要驱动力,改善研发资源配置、优化研发结构可以促进经济增长。本章利用 OECD 统计数据库的面板数据,将 R&D 投入区分为基础研究投入和应用研究投入,定义并计算了各个国家(地区)的研发结构。在实证分析中,使用动态面板回归和工具变量回归处理内生性问题来减少反向因果关系和不可观测因素带来的估计误差。研究结论表明:在经济发展过程中,研发结构与人均 GDP 存在倒 U 形关系——在经济发展的初始阶段,应用研究投入的增加速度快于基础研究投入,但随着经济的不断发展,前者的增长速度逐渐慢于后者。人均收入17000—22000 美元是倒 U 形关系的拐点区间。因为基础研究投入不足,区域经济发展不协调,所以政府应该增加基础研究投入,且根据不同地区的实际情况,调整优化研发结构,提高创新效率。

一、研究框架

　　技术研发是一个国家(地区)长期经济增长的源泉。Acemoglu 等(2003)的研究表明,随着一个国家(地区)不断接近世界技术前沿,其R&D 投入(R&D 占 GDP 的比例)不断增加。在现实中,R&D 可分为基础研究和应用研究。Gersbach 等(2018)、Prettner 和 Werner(2016)假设经济存在基础研究和应用研究两个研发部门,探讨了基础研究和应用研究投入对经济增长的影响。Gersbach 等(2018)的研究表明,基础研究与应用研究共同决定了长期的经济增长,即研发结构在经济发展中起到很重要的作用。Prettner 和 Werner(2016)的研究发现,在研发结构中,基础研究支出的增加有利于人均 GDP 水平的提高。严成樑和龚六堂

(2013)构建了一个基于研发结构的经济增长模型,并利用省级面板数据来验证其理论预测,其研究结论表明,相比于应用研究和试验发展,基础研究对我国经济增长具有显著的促进作用。Ackgit 等(2021)利用法国企业的微观数据研究了基础研究对应用研究的溢出效应及其对经济增长和社会福利的影响。

研发结构变迁与研发资源的有效配置密切相关。所以,本章研究内容与研究资源配置的文献相关。Hsieh 和 Klenow(2009)研究发现,若能减少资源错误配置,提高配置效率至美国的水平,中国制造业的 TFP 能提高 30%～50%。Song 等(2011)的研究结论表明,如果优化资源在民营企业和国有企业之间的配置,那么中国经济能够保持高速增长。König 等(2016)研究了中国 R&D 在国有企业的民营企业之间的错配,其量化分析表明,如果减少企业之间的 R&D 错配,中国制造业在 2001—2007 年的加总生产率可以提高三分之一到二分之一。Ackgit 等(2021)的研究表明,由于基础研究的外部性,不区分基础研究和应用研究的研发补贴政策会在长期内增加资源在基础研究和应用研究之间的错误配置。

上述文献都未探究在经济发展过程中研发结构如何变化的问题。在不同的经济发展阶段,经济环境和产业结构不同,只有合理配置 R&D 资源,形成与经济发展水平相适应的研发结构,才能有效促进经济增长。在经济发展的初始阶段,一个国家(地区)在基础研究上投入过多,或当经济接近世界前沿时,一国(地区)在基础研究上投入过少,都不利于生产力水平的提高。本章旨在使用 OECD 统计数据库的面板数据,识别经济发展水平与研发结构的关系。在此基础上,基于中国现实情况提出相关政策建议,以优化当前的研发结构,进而促进经济增长。本章的主要贡献在于设计了合理的实证策略,识别了经济发展水平与研发结构之间的关系,对现有研究研发结构的文献进行了补充。

本章余下部分安排如下:第二节为模型设定与数据说明,报告实证模型的设定,讨论内生性问题,介绍数据和衡量指标。第三节为实证结果分析,在基准模型的基础上,利用工具变量处理内生性问题,汇报实证分析结果,接着进行稳健性检验。第四节研究了中国经验。第五节为本章的结论。

二、实证模型设定及数据

本节利用各个经济体的面板数据,建立计量模型,分析经济发展水平与研发结构之间的关系。由于经济发展水平与研发结构可能存在相互影响,且在跨国(地区)面板数据中可能存在遗漏影响因素的问题,因此本研究设计了相应的实证策略,以减轻内生性问题。本节首先介绍计量模型的设定,再讨论内生性问题及解决方法,最后说明数据的来源和衡量指标。

(一)模型设定

根据理论模型,设定基准回归方程如下:

$$Structure_{it} = \alpha_0 + \alpha_1 y_{it} + \alpha_2 y_{it}^2 + X'_{it}\beta + \delta_i + \delta_t + \varepsilon_{it} \qquad (5\text{-}1)$$

式中,i 表示经济体,t 表示年份。$Structure_{it}$ 表示研发结构(应用研究支出与基础研究支出的比值),y_{it} 表示各经济体人均实际 GDP(取对数),反映各经济体经济发展水平。δ_i 表示国家(地区)固定效应,控制一些不随时间变化的因素,如劳动力禀赋差异、偏好差异等。δ_t 表示时间固定效应,控制一些不随国家(地区)变化的因素,如市场环境、科研设备的变化等。ε_{it} 是随机误差项。X_{it} 为控制变量,包括劳动力受教育程度、研究人员比例、进出口总额占 GDP 比重、政府部门 R&D 支出占经济体内部 R&D 支出总和比重。

在不考虑内生性的情况下,对模型进行最小二乘法和固定效应模型估计的结果将是有偏且非一致的。其中,该模型的内生性主要体现在以下几个方面:一是反向因果关系。这在本章的模型中的具体表现可能为:因为不同的研发结构可能反映了一国(地区)的产业发展政策和偏好,所以研发结构会对其人均产出产生影响。另外,根据 Gersbach 等(2018)、Prettner 和 Werner(2016)的研究,基础研究和应用研究对经济增长的影响不完全相同。因此,应用研究与基础研究的研究结构不同可能也会影响一个经济体的人均收入的变化。二是遗漏变量问题。在基准模型中可能会遗漏与研究结构相关的变量,如各国科研资源差异、研发的激励政策等。由于在实证分析中无法将所有的解释变量列出,因此遗漏变量被纳入随机误差项中,在遗漏变量与其他解释变量存在相关的情况下,便存在内生性问题。本章在基准模型的基础上使用动态面板 GMM 估计法和工具变量法进行估计,这将有效解决上述问题。

在动态面板 GMM 估计中,本章采用了差分 GMM 和系统 GMM 进行估计。工具变量回归中,本章主要通过三种方法寻找工具变量来控制和解决相关的内生性问题:第一种是通常采用的使用内生变量的滞后项作为内生变量的工具变量,人均 GDP 的滞后项与其自身存在相关性,且在很大程度上与研发结构是不相关的。第二种是模拟工具变量(simulated instrumental variable)。具体而言,对于一个给定经济体,用该年其他经济体人均实际 GDP 的水平作为该经济体人均实际 GDP 的工具变量。此模拟工具变量可以控制一个经济体内人均实际 GDP 对研发结构影响的内生性问题,本研究假设这种变化在不同经济体之间不相关。第三种是根据 Nonneman 和 Vanhoudt(1996)构建的拓展索罗模型,构造方程组进行工具变量回归。

(二)数据来源及衡量指标

本章使用的数据为 OECD 统计数据库 1998—2013 年的面板数据,数据来源为 OECD Database、OECD Country Statistics,以及 OECD Science,Technology and Patents。本章使用的样本为非平衡面板数据,该数据库关于 R&D 的分类统计起始于 1980 年,但在 1980—1997 年,许多经济体严重缺失某些变量的数据或者某些年份的数据,故本章选取了1998—2013 年这一时间段。由于 OECD 国家经济发展水平较高,为了减少样本选择带来的估计偏误,在稳健性检验中把其中发展水平最高的样本剔除后进行检验。

研发结构(用 Structure 表示):Gersbach 等(2018)将 OECD Main Science and Technology Indicator 数据库(现为 OECD Science,Technology and Patents 数据库)中 R&D 支出 4 项中的"基础研究"归为基础研究支出,将其余 3 项"应用研究""试验发展""未分类"归为应用研究支出。根据 Gersbach 等(2018)的方法,将 OECD Science,Technology and Patents 中各国科研经费支出分为基础研究支出和应用研究支出。本章定义研发结构为应用研究支出与基础研究支出的比值。

人均实际 GDP(用 y 表示):处于不同发展阶段的经济体会根据自身的发展情况来选择相应的发展战略,落后的经济体可能更多选择模仿创新,而前沿的经济体可能更偏向于自主创新,因而在基础研究方面的投入会大量增加。与许多现有文献相似,本研究用人均实际 GDP 衡量经济体的发展程度,在回归方程中同时加入人均实际 GDP(取对数)的一次项和二次项,数据以 2000 年为基期,单位为美元。

劳动力受教育程度(用 School 表示):作为经济发展的重要因素,劳动力素质与产业结构以及技术水平是相匹配的。技术水平的提升也需要更高素质的劳动力进行操作,用劳动力中受过高等教育的比例衡量人力资本。

研究人员比例(用 FTE 表示):研究人员是科技研究进程的工作者,其比例会对科研方向及侧重点产生影响,进而影响科研资源的投入。OECD Science,Technology and Patents 数据库中将全时工作当量(full time equivalent)的类别分为研究人员、技术人员和辅助人员。定义研究人员比例为研究人员全时工作当量占全体 R&D 人员全时工作当量的比例。

政府部门 R&D 支出占经济体内部 R&D 支出总和比重(用 Gov 表示):R&D 支出中同时存在公共部门和私有部门的支出,政府支配科研资源的能力会对 R&D 投资产生影响。利用政府部门 R&D 支出占经济体内部 R&D 支出总和比重来衡量政府支配 R&D 资源的能力和程度。

进出口总额占 GDP 比重(用 Trade 表示):对于技术相对落后的经济体而言,进口先进的产品会使该国的模仿创新能力提高,但出口产品的企业在国外市场的激烈竞争中会加强自身科技研发,Aghion 等(2018)的研究表明,企业的出口会使本国企业在国外学到先进的技术。用进出口占 GDP 总量比例控制经济体进出口对研发结构的影响。

主要变量的描述性统计如表 5-1 所示。

表 5-1　变量描述性统计

变　量	观测值数量	均值	标准差	最小值	中位数	最大值
Structure	228	3.959	1.741	1.046	3.491	7.657
$\ln(y)$	380	10.347	0.361	9.365	10.446	11.026
School	380	26.552	9.581	8.305	26.826	54.303

变　量	观测值数量	均值	标准差	最小值	中位数	最大值
FTE	380	107.790	128.845	0.850	57.755	574.120
Gov	378	15.352	9.191	0.736	13.741	45.458
Trade	380	0.930	0.475	0.257	0.781	2.441

三、实证结果分析

(一)基准回归结果

本节先对基准模型进行 OLS 估计。在讨论基准回归结果之后,进一步处理内生性问题,汇报工具变量回归的结果。

表 5-2 汇报了计量模型的基准回归结果,列(1)至列(4)为 OLS 回归,其中列(1)未控制国家(地区)固定效应和年份固定效应;列(2)控制了年份固定效应;列(3)控制了国家(地区)固定效应;列(4)控制了双向固定效应。从回归结果可以看出,经济发展水平一次项系数显著为正,二次项系数显著为负,这表明经济发展水平与研发结构呈倒 U 形关系。控制变量中,研究人员比例对研发结构有显著负向影响,受过高等教育的劳动力比例、政府支配 R&D 资源能力与研发结构存在负相关关系,进出口总额与研发结构无显著相关关系。为了减轻内生性问题,列(5)和列(6)汇报了基准模型的差分 GMM 和系统 GMM 回归结果,仍然发现经济发展水平一次项系数显著为正,二次项系数显著为负,与研发结构呈倒 U 形关系。

表 5-2　基准模型回归

变　量	(1) OLS Structure	(2) OLS Structure	(3) OLS Structure	(4) OLS Structure	(5) Diff-GMM Structure	(6) Sys-GMM Structure
$\ln(y)$	21.498* (11.171)	39.304*** (13.324)	40.276** (17.505)	61.359** (23.400)	76.583*** (18.046)	21.305** (10.233)
$\ln^2(y)$	−1.080* (0.552)	−1.963*** (0.656)	−2.000** (0.882)	−3.127** (1.172)	−3.919*** (0.910)	−1.041** (0.508)

续表

变　量	(1) OLS Structure	(2) OLS Structure	(3) OLS Structure	(4) OLS Structure	(5) Diff-GMM Structure	(6) Sys-GMM Structure
School	−0.003*** (0.001)	−0.003*** (0.001)	−0.007*** (0.001)	−0.007*** (0.001)	−0.001 (0.001)	−0.001* (0.000)
FTE	0.074*** (0.007)	0.101*** (0.008)	−0.042** (0.016)	−0.061 (0.041)	−0.008 (0.030)	0.018* (0.009)
Gov	−0.063*** (0.010)	−0.068*** (0.009)	−0.065*** (0.014)	−0.057** (0.023)	−0.050*** (0.015)	0.003 (0.006)
Trade	−0.052 (0.275)	−0.033 (0.273)	0.349 (0.485)	0.236 (0.822)	−0.503 (1.076)	0.196* (0.118)
Lag. Structure					0.268* (0.143)	0.868*** (0.059)
国家(地区) 固定效应	否	否	是	是	是	是
年份固 定效应	否	是	否	是	是	是
Hansen检验					0.00 (1.00)	0.00 (1.00)
R^2	0.487	0.587	0.906	0.436		
观测值数量	228	228	228	228	147	166

注:该表中,* 表示在10%水平上显著,** 表示在5%水平上显著,*** 表示在1%水平上显著。括号内的数字为稳健标准误。回归中包括常数项,但未报告。在 GMM 估计中,内生变量为 Lag. Structure、$\ln(y)$、$\ln^2(y)$,内生变量的两阶及更高阶的滞后项为工具变量,并使用 orthogonal 选项减少样本量损失,后表同。

以表 5-2 的列(4)作为工具变量回归的基准模型。前文已简要介绍了工具变量回归中所用的三种工具变量。第一种是取内生变量的滞后项作为其工具变量;第二种方法为 SIV;第三种方法为根据已有文献的模型,估计人均 GDP,构造对应的工具变量。

根据 Nonneman 和 Vanhoudt(1996)的理论和实证分析,可知人均GDP 与资本投资、人力资本以及 R&D 投入有紧密的联系,具体可以表示为以下形式:

$$\ln y = f(\text{Investment}; \text{R\&D}; \text{Human Capital}) \tag{5-2}$$

以式(5-2)作为两阶段最小二乘法(2SLS)的第一阶段回归方程式,

进行工具变量回归,处理基准回归模型的内生性问题。表 5-3 汇报了工具变量 2SLS 回归结果:列(1)至列(3)显示,工具变量一阶段回归中 F 统计量大于 10,不存在弱工具变量问题。回归结果显示,人均 GDP 的一次项在 1% 水平上显著为正,人均 GDP 的二次项在 1% 水平上显著为负,即与被解释变量研发结构呈倒 U 形关系。工具变量回归结果与前文基准模型回归结果一致。从工具变量回归可知经济体的发展阶段与研发结构存在倒 U 形关系,测算可得倒 U 形拐点在 17000—22000 美元。这意味着在这一拐点之前,OECD 国家会选择提高应用研究与基础研究的比值,之后加大力度投资基础研究,降低该比值。

表 5-3　基准模型工具变量回归

变　量	(1) Lagged variable Structure	(2) SIV Structure	(3) Equation system Structure
$\ln(y)$	114.802*** (20.706)	62.464*** (16.419)	92.262*** (28.459)
$\ln^2(y)$	−5.881*** (1.052)	−3.190*** (0.829)	−4.528*** (1.442)
School	0.001 (0.025)	−0.060** (0.025)	−0.088** (0.036)
FTE	−0.001 (0.001)	−0.007*** (0.001)	−0.008*** (0.001)
Gov	−0.074*** (0.010)	−0.057*** (0.014)	−0.078*** (0.017)
Trade	−0.063 (0.612)	0.267 (0.523)	−0.965 (0.594)
国家(地区) 固定效应	是	是	是
年份固定效应	是	是	是
Hansen 检验			5.176 (0.270)
First-stage F-statistic	122.902	218.971	12.382
R^2	0.460	0.436	0.416
观测值数量	183	226	208

注:该表中,* 表示在 10% 水平上显著,** 表示在 5% 水平上显著,*** 表示在 1% 水平上显著。括号内的数字为稳健标准误。回归中包括常数项,但未报告。工具变量回归中的内生变量为 $\ln(y)$ 和 $\ln^2(y)$。

(二)稳健性检验

基准模型回归及工具变量回归已经表明了一个经济体的发展阶段与研发结构存在倒 U 形关系。本节从数据质量、样本分类、控制变量等方面对模型进一步进行稳健性检验。在本部分稳健性检验中,报告包含基准模型中所有控制变量的双向固定效应回归、差分 GMM、系统 GMM,以及利用三种工具变量方法进行的工具变量回归结果。

所有控制变量滞后一期进行回归。不可否认,基准回归中的控制变量可能存在内生性问题,为了缓解控制变量的内生性问题对回归结果造成的影响,考虑将所有控制变量滞后一期进行回归。表 5-4 汇报了将所有控制变量滞后一期的回归结果:列(1)中的 OLS 回归在 1‰显著水平上支持了基准回归的结果;列(2)中的差分 GMM 回归在 1‰显著水平上支持了基准回归结果,系统 GMM 回归在 10‰显著水平上支持了基准回归结果。列(4)至列(6)汇报了工具变量回归结果,其中列(4)和列(5)不存在弱工具变量问题,回归结果显示,经济体的经济发展水平与研发结构的倒 U 形关系依然显著存在。列(6)中 F 统计量小于 10,说明存在弱工具变量问题,所以同时报告了 Anderson-Rubin 统计量及其 p 值显著性。根据 Andrews 和 Stock(2005)的研究,2SLS 估计在弱工具变量情况下不稳健,会造成推断结果的偏差。而 Anderson-Rubin 统计量的一个重要性质是 2SLS 估计在弱工具变量情况下仍然稳健,推断结果也更加可靠。因此,根据 Anderson-Rubin 统计量,列(6)表明,人均 GDP 水平与研发结构存在倒 U 形关系。由此可以说明在减轻控制变量的内生性问题后,基准回归的结论依然成立。

表 5-4　控制变量滞后一期回归

变量	(1) FE Structure	(2) Diff-GMM Structure	(3) Sys-GMM Structure	(4) IV-Lagged Structure	(5) IV-SIV Structure	(6) IV-Equation Structure
$\ln(y)$	92.497***	65.059***	17.545*	112.064***	98.649***	198.017***
	(26.909)	(18.524)	(9.450)	(18.511)	(15.439)	(31.898)
$\ln^2(y)$	−4.752***	−3.318***	−0.853*	−5.746***	−5.069***	−9.778***
	(1.346)	(0.937)	(0.471)	(0.936)	(0.781)	(1.585)

续表

变　量	(1) FE Structure	(2) Diff-GMM Structure	(3) Sys-GMM Structure	(4) IV-Lagged Structure	(5) IV-SIV Structure	(6) IV-Equation Structure
Lag. School	-0.017 (0.057)	-0.052^* (0.027)	0.015^{**} (0.008)	-0.003 (0.033)	-0.011 (0.039)	-0.088 (0.059)
Lag. FTE	-0.003 (0.002)	-0.004^{***} (0.001)	-0.001 (0.000)	-0.002 (0.002)	-0.002 (0.002)	-0.008^{***} (0.003)
Lag. Gov	-0.045^{**} (0.017)	-0.022 (0.014)	0.010^* (0.006)	-0.046^{***} (0.010)	-0.045^{***} (0.010)	-0.085^{***} (0.019)
Lag. Trade	0.784 (1.159)	0.032 (0.888)	0.145 (0.123)	0.750 (0.610)	0.797 (0.597)	-0.655 (0.764)
Lag. Structure		0.308^* (0.160)	0.920^{***} (0.044)			
国家(地区) 固定效应	是	是	是	是	是	是
年份固 定效应	是	是	是	是	是	是
Hansen 检验		0.00 (1.00)	0.00 (1.00)			4.488 (0.344)
First-stage F-statistic				130.837	189.944	5.267
Anderson- Rubin Wald 检验						$(85.22)^{***}$
R^2	0.406			0.401	0.405	0.170
观测值数量	188	147	166	183	183	166

注:该表中,* 表示在 10% 水平上显著, ** 表示在 5% 水平上显著, *** 表示在 1% 水平上显著。括号内的数字为稳健标准误。回归中包括常数项,但未报告。工具变量回归中的内生变量为 $\ln(y)$ 和 $\ln^2(y)$。

将所有变量以经济体为单位,每三年为一期,分别进行基准模型回归和工具变量回归。有的经济体在一些年份缺失某个或多个变量的数值,因此将变量以三年一期取平均值,在一定程度上解决了这个问题。表 5-5 汇报了将样本处理成三年为一期的回归结果。回归结果中,列(1)OLS 回归在 1% 水平上支持了基准回归的结果,差分 GMM 回归和系统 GMM 回归结果中人均 GDP 水平系数不显著。列(4)至列(6)汇报了工具变量回归结果,其中列(4)、列(5)不存在弱工具变量问题,回归结果显示,经济体的发展阶段与研发结构的倒 U 形关系依然显著存在。列(6)中 F 统计量小于 10,说明可能存在弱工具变量问题,且人均 GDP 水平系数不显著。总的来说,对样本以三年平均为一期取平均的回归结果说明基准模型回归结果稳健。

表 5-5　三年平均为一期回归

变　量	(1) FE Structure	(2) Diff-GMM Structure	(3) Sys-GMM Structure	(4) IV-Lagged Structure	(5) IV-SIV Structure	(6) IV-Equation Structure
$\ln(y)$	92.148*** (22.615)	36.053 (40.508)	5.315 (8.581)	120.689*** (34.242)	135.074*** (31.529)	57.500 (45.267)
$\ln^2(y)$	−4.680*** (1.130)	−1.761 (2.078)	−0.254 (0.423)	−6.131*** (1.754)	−6.863*** (1.586)	−2.646 (2.320)
School	−0.080* (0.042)	−0.074 (0.069)	0.011 (0.013)	−0.061 (0.040)	−0.060 (0.038)	−0.174*** (0.066)
FTE	−0.007*** (0.001)	−0.009** (0.004)	−0.001** (0.000)	−0.007*** (0.001)	−0.007*** (0.001)	−0.009*** (0.002)
Gov	0.698 (1.182)	−0.810 (1.366)	0.062 (0.179)	1.115 (1.241)	0.603 (0.907)	−1.345 (0.855)
Trade	−0.058* (0.028)	−0.087*** (0.029)	−0.002 (0.010)	−0.072*** (0.016)	−0.060*** (0.018)	−0.088*** (0.021)
Lag. Structure		0.102 (0.085)	0.848*** (0.088)			
国家(地区) 固定效应	是	是	是	是	是	是
年份固 定效应	是	是	是	是	是	是
Hansen 检验		5.96 (1.00)	8.00 (1.00)			4.527 (0.339)
First-stage F-statistic				24.084	12.586	4.582
Anderson- Rubin Wald 检验						(20.18)***
R^2	0.611			0.637	0.591	0.486
观测值数量	101	53	75	89	99	93

注:该表中,* 表示在 10％水平上显著,** 表示在 5％水平上显著,*** 表示在 1％水平上显著。括号内的数字为稳健标准误。回归中包括常数项,但未报告。工具变量回归中的内生变量为 $\ln(y)$ 和 $\ln^2(y)$。

使用美国、英国、德国、法国、日本、意大利、加拿大、俄罗斯这八个国家以外的经济体的样本进行回归。本章的解释变量为经济体的经济发展阶段，而 OECD 国家虽然都较发达，但内部依然存在发展差异。这八个国家作为世界上发达程度较高的国家的一个集合，在一定程度上会对全样本的回归结果产生影响。本部分针对样本选择的偏差，剔除样本中这八个国家的观测值，进行稳健性检验。表 5-6 汇报了回归结果：列(1)中的 OLS 回归在 1％水平上支持了基准回归的结果；列(2)中的差分 GMM 回归在 1％水平上支持了基准回归结果，系统 GMM 回归结果人均 GDP 水平系数不显著。列(4)至列(6)汇报了工具变量回归结果，F 值均大于 10，不存在弱工具变量问题，回归结果显示，经济体的发展阶段与研发结构的倒 U 形关系依然显著存在。该稳健性检验回归结果表明，基准模型在这八个国家以外的经济体依然适用。

表 5-6　剔除八个国家样本的回归结果

变　量	(1) FE Structure	(2) Diff-GMM Structure	(3) Sys-GMM Structure	(4) IV-Lagged Structure	(5) IV-SIV Structure	(6) IV-Equation Structure
ln(y)	71.479*** (22.890)	107.657*** (19.008)	20.275 (12.800)	139.930*** (24.063)	73.030*** (19.126)	106.447*** (30.902)
ln²(y)	−3.589*** (1.143)	−5.426*** (0.933)	−1.006 (0.638)	−7.040*** (1.214)	−3.681*** (0.954)	−5.235*** (1.553)
School	−0.077* (0.044)	−0.018 (0.040)	0.013 (0.009)	−0.024 (0.033)	−0.074*** (0.027)	−0.078** (0.032)
FTE	−0.007*** (0.001)	−0.002* (0.001)	−0.001** (0.000)	−0.003** (0.001)	−0.007*** (0.001)	−0.008*** (0.001)
Gov	−0.067** (0.024)	−0.070*** (0.027)	−0.002 (0.007)	−0.092*** (0.013)	−0.065*** (0.016)	−0.084*** (0.020)
Trade	−0.173 (0.867)	−0.323 (0.995)	0.458** (0.226)	−0.311 (0.604)	−0.115 (0.590)	−1.145* (0.687)
Lag. Structure		0.200 (0.129)	0.884*** (0.051)			
国家(地区) 固定效应	是	是	是	是	是	是
年份固 定效应	是	是	是	是	是	是

续表

变　量	(1) FE Structure	(2) Diff-GMM Structure	(3) Sys-GMM Structure	(4) IV-Lagged Structure	(5) IV-SIV Structure	(6) IV-Equation Structure
Hansen 检验		0.00 (1.00)	0.00 (1.00)			2.342 (0.673)
First-stage F-statistic				89.740	109.680	10.479
R^2	0.473			0.538	0.473	0.445
观测值数量	175	104	118	133	173	173

注：该表中，* 表示在 10％水平上显著，** 表示在 5％水平上显著，*** 表示在 1％水平上显著。括号内的数字为 t 统计量。回归中包括常数项，但未报告。工具变量回归中的内生变量为 $\ln(y)$ 和 $\ln^2(y)$。

　　取转型成功经济体样本进行回归。按照世界银行的划分标准，1960年全世界共有 101 个处于中等收入水平的经济体。到了约半个世纪以后的 2008 年，其中只有 13 个经济体成功地从中等收入经济体晋升为高收入经济体。这些转型成功的经济体大多数经历了从资本或劳动力驱动经济发展到科技驱动经济发展的过程。该样本回归结果可以反映基准回归结论是否适用于转型成功的经济体，以及对当今的发展中国家和地区是否有借鉴意义。表 5-7 汇报了转型成功经济体的回归结果。回归结果中，列(1)OLS 回归在 5％水平上支持了基准回归的结果，差分 GMM 和系统 GMM 回归结果人均 GDP 水平系数不显著。列(4)至列(6)汇报了工具变量回归结果，其中列(4)和列(5)不存在弱工具变量问题。回归结果显示，经济体的发展阶段与研发结构的倒 U 形关系依然显著存在。列(6)中 F 统计量小于 10，但 Anderson-Rubin 检验结果表明，推断结果依然可靠。该稳健性检验结果表明，转型成功经济体的经验说明发展阶段与研发结构存在密切的关系，支持了基准回归的结论，可为当今其他发展中国家和地区的经济发展提供借鉴。

表 5-7 转型成功经济体回归结果

变 量	(1) FE Structure	(2) Diff-GMM Structure	(3) Sys-GMM Structure	(4) IV-Lagged Structure	(5) IV-SIV Structure	(6) IV-Equation Structure
$\ln(y)$	52.627** (16.291)	−6.406 (8.311)	−11.848 (22.022)	108.155** (51.461)	60.013** (29.552)	103.753*** (38.050)
$\ln^2(y)$	−2.858** (0.816)	0.173 (0.408)	0.575 (1.087)	−5.636** (2.551)	−3.243** (1.462)	−5.283*** (1.862)
School	−0.153* (0.064)	−0.057** (0.024)	0.023** (0.010)	−0.102 (0.063)	−0.132** (0.059)	−0.165** (0.076)
FTE	−0.004 (0.002)	−0.007*** (0.001)	−0.001 (0.002)	−0.001 (0.003)	−0.003 (0.003)	−0.005 (0.003)
Gov	−0.038 (0.020)	−0.017** (0.008)	−0.040*** (0.015)	−0.035** (0.016)	−0.041** (0.017)	−0.057** (0.025)
Trade	3.768* (1.809)	2.970*** (0.989)	−0.268 (0.476)	2.872** (1.251)	3.676*** (1.168)	2.178 (1.469)
Lag. Structure		0.593*** (0.040)	0.753*** (0.049)			
国家(地区) 固定效应	是	是	是	是	是	是
年份固 定效应	是	是	是	是	是	是
Hansen 检验		0.00 (1.00)	0.00 (1.00)			8.011 (0.091)
First-stage F-statistic				23.176	150.667	4.392
Anderson- Rubin Wald 检验						(64.63)***
R^2	0.811			0.809	0.810	0.868
观测值数量	70	59	65	66	70	52

注:该表中,* 表示在 10% 水平上显著,** 表示在 5% 水平上显著,*** 表示在 1% 水平上显著。括号内的数字为稳健标准误。回归中包括常数项,但未报告。工具变量回归中的内生变量为 $\ln(y)$ 和 $\ln^2(y)$。

构造科研结构的代理变量进行回归。根据定义,本节使用的被解释变量(科研结构=应用研究支出/基础研究支出)是侧重于科研资源的投入。本节根据世界银行的数据,构造一个侧重于科研产出的被解释变量

(Structure＝Number of patent applications / Number of technical and scientific journal articles)来检验基准回归结果的稳健性。表 5-8 汇报了转型成功经济体的回归结果。回归结果中,OLS 回归、差分 GMM 和系统 GMM 回归结果的人均 GDP 水平系数均不显著。列(4)至列(6)汇报了工具变量回归结果,其中列(4)至列(5)不存在弱工具变量问题,回归结果显示,经济体的发展阶段与研发结构的倒 U 形关系依然显著存在。列(6)中的 F 统计量小于 10,但 Anderson-Rubin 检验表明,推断结果依然可靠。该使用代理变量的稳健性检验结果表明,人均 GDP 水平与科研结构存在倒 U 形关系,基准回归结果稳健。

表 5-8 构建代理变量回归

变　量	(1) FE Structure	(2) Diff-GMM Structure	(3) Sys-GMM Structure	(4) IV-Lagged Structure	(5) IV-SIV Structure	(6) IV-Equation Structure
$\ln(y)$	11.988 (7.109)	0.034 (0.638)	0.557 (0.692)	9.685 *** (3.183)	13.207 *** (4.120)	9.972 *** (2.619)
$\ln^2(y)$	−0.578 (0.340)	0.001 (0.032)	−0.029 (0.034)	−0.453 *** (0.158)	−0.640 *** (0.204)	−0.505 *** (0.132)
Lag. School	−0.022 (0.019)	−0.000 (0.001)	0.006 * (0.003)	−0.024 *** (0.008)	−0.022 *** (0.007)	−0.003 (0.002)
Lag. FTE	−0.000 (0.000)	−0.000 ** (0.000)	−0.000 (0.000)	−0.000 * (0.000)	−0.000 * (0.000)	0.000 (0.000)
Lag. Gov	−0.006 (0.006)	0.000 (0.000)	0.002 * (0.001)	−0.008 *** (0.002)	−0.006 *** (0.002)	−0.002 ** (0.001)
Lag. Trade	−0.435 (0.377)	0.001 (0.016)	−0.028 (0.021)	−0.432 *** (0.135)	−0.446 *** (0.145)	−0.072 * (0.040)
Lag. Structure		0.935 *** (0.003)	0.909 *** (0.010)			
国家(地区) 固定效应	是	是	是	是	是	是
年份固 定效应	是	是	是	是	是	是
Hansen 检验		5.41 (1.00)	0.04 (1.00)			23.853 (0.00)
First-stage F-statistic				176.879	192.753	7.346

续表

变　量	(1) FE Structure	(2) Diff-GMM Structure	(3) Sys-GMM Structure	(4) IV-Lagged Structure	(5) IV-SIV Structure	(6) IV-Equation Structure
Anderson- Rubin Wald 检验						(130.91)***
R^2	0.292			0.306	0.292	0.567
观测值数量	270	205	230	243	269	217

注:该表中, * 表示在 10％水平上显著, ** 表示在 5％水平上显著, *** 表示在 1％水平上显著。括号内的数字为稳健标准误。回归中包括常数项,但未报告。工具变量回归中的内生变量为 $\ln(y)$ 和 $\ln^2(y)$。

在稳健性检验部分,将控制变量滞后一期进一步减轻内生性问题,取不同类型经济体、构造研发结构的其他衡量指标减少测量误差,回归结果都支持了基准回归结果,即经济发展水平与研发结构存在倒 U 形关系。总体而言,稳健性检验结果表明基准回归结果是有效且可靠的。

四、中国经验

本节利用中国 2003—2020 年省级面板数据来验证基础研究、应用研究与经济发展的关系。以下部分首先介绍模型设定,接着说明变量选取,然后讨论基准模型回归结果。

(一)回归模型设定及变量选取

根据现有文献,可知基础研究对人均 GDP 的影响存在滞后效应,且滞后期的基础研究通过与当期应用研究的交互作用影响人均实际 GDP。所以,基准回归模型设定如下:

$$\ln y_{it} = \alpha_0 + \alpha_1 \ln \text{APPLIED}_{it} + \sum_{j=0}^{k} \left[\beta_j \ln \text{BASIC}_{i(t-j)} \right.$$
$$+ \gamma_j \ln \text{BASIC}_{i(t-j)} \cdot \ln \text{APPLIED}_{it} \left. \right]$$
$$+ X'_{it}\theta + \delta_i + \delta_t + \varepsilon_{it} \tag{5-3}$$

其中, $k = 0, 1, 2, \cdots$。

被解释变量 $\ln y_{it}$ 表示地区 i 在时期 t 的实际人均 GDP 取对数。解释

变量 $\ln \text{APPLIED}_{it}$ 表示地区 i 在时期 t 的应用研究费用支出，$\ln \text{BASIC}_{i(t-j)}$ 表示地区 i 在时期 $t-j$ 的基础研究费用支出，$\ln \text{BASIC}_{i(t-j)} \cdot \ln \text{APPLIED}_{it}$ 表示地区 i 当期或滞后期的基础研究对时期 t 应用研究的溢出效应。X_{it} 为控制变量，包括人均物质资本投资、受过初中以上教育的劳动力比例、人口增长率等。δ_t 为年份固定效应，用以控制一些不随地区变化的因素。δ_i 为地区固定效应，用以控制一些不随时间变化的因素。ε_{it} 为随机误差项。

本节实证分析所使用的数据源于《中国统计年鉴》《中国科技统计年鉴》《中国劳动力统计年鉴》2003—2020 年各省、自治区、直辖市的数据。将《中国科技统计年鉴》中的科研经费支出分为基础研究支出和应用研究支出。受过初中以上教育的劳动力比例（用 SCHOOL 表示）由数据加总得出。实际人均 GDP（用 lny 表示）由《中国统计年鉴》摘取相关数据，并以 2000 年为基期计算得出。人均物质资本投资（用 ln INVEST 表示）和人口增长率（用 POP 表示）数据来源于《中国统计年鉴》，部分数据由笔者手动计算得出。劳动力受过初中以上教育（用 SCHOOL 表示）的数据来源于《中国劳动力统计年鉴》。理论模型中的折旧率和外生技术进步率参照 Mankiw 等（1992），设定两者之和为固定的 5%。表 5-9 报告了回归中主要变量的描述性统计信息。

表 5-9　变量描述性统计

变量名称	观测值数量	均值	标准差	定义
ln GDP	558	9.674	0.589	实际人均 GDP 取对数
ln INVEST	558	9.398	0.744	人均资本投资取对数
SCHOOL	558	68.630	15.709	劳动力受过初中教育以上的比例
POP	558	5.435	2.845	人口增长率
ln BASIC	558	2.340	1.250	人均基础研究支出取对数
ln APPLIED	558	5.131	1.311	人均应用研究支出取对数

（二）基准回归

本节先对设定的基准模型用三种方法 OLS、LSDV、两维固定效应模型进行回归。在模型回归的过程中，发现模型存在常见的异方差、自相关

和截面相关问题,因此用 Driscoll 和 Kraay(1998)提出的方法来进行
回归。

　　表 5-10 汇报了基准回归结果。列(1)和列(2)为 OLS 回归结果,列
(3)和列(4)为 LSDV 回归结果,列(5)和列(6)为双向固定效应回归结果。
就关键解释变量而言,无论是否控制时间固定效应或者地区固定效应,当
期基础研究对人均收入的影响显著为负,而当期应用研究对人均收入的
影响显著为正,而两者当期的相互溢出效应对人均收入的影响也显著为
正,即在 R&D 投资的短期回报中,基础研究对人均收入的影响不显著甚
至为负,而应用研究与基础研究的相互溢出效应对人均收入的影响是正
向的。对基础研究的滞后项而言,列(4)和列(6)说明了基础研究的滞后
3 期对人均收入的直接影响显著为正,而其与当期应用研究的交叉项为
负,但两者的加总效应为正(两者系数相加为正)。对于控制变量,列(1)
至列(6)都表明物质资本投资对人均收入的影响显著为正,劳动力受教育
程度对人均收入的影响显著为正,而人口增长率对人均收入的影响显著
为负。总体而言,控制变量的回归结果与诸多已有文献的结论一致。基
于基准模型的回归结果,可以知道基础研究滞后作用的加总效应为正。
进一步而言,基础研究在长期过程中对经济发展起着不可忽视的作用。

表 5-10　基准回归

变　量	OLS ln GDP	OLS ln GDP	LSDV ln GDP	LSDV ln GDP	Two-way FE ln GDP	Two-way FE ln GDP
ln INVEST	0.668*** (0.022)	0.653*** (0.024)	0.381*** (0.027)	0.414*** (0.022)	0.370*** (0.040)	0.390*** (0.038)
SCHOOL	0.004*** (0.001)	0.005*** (0.001)	0.002* (0.001)	0.001 (0.001)	0.003** (0.001)	0.003* (0.001)
POP	−0.006 (0.004)	0.001 (0.004)	−0.015*** (0.002)	−0.013*** (0.004)	−0.008* (0.005)	−0.015*** (0.003)
ln BASIC	−0.075*** (0.020)	−0.203*** (0.077)	−0.002 (0.020)	−0.112** (0.044)	−0.024* (0.012)	−0.119** (0.048)
ln APPLIED	0.074*** (0.017)	0.088*** (0.022)	0.084*** (0.017)	0.052* (0.024)	0.054*** (0.016)	0.042* (0.022)
ln BASIC× ln APPLIED	0.015*** (0.003)	0.042** (0.019)	0.008** (0.004)	0.027** (0.011)	0.009** (0.003)	0.028** (0.012)

续表

变　量	OLS ln GDP	OLS ln GDP	LSDV ln GDP	LSDV ln GDP	Two-way FE ln GDP	Two-way FE ln GDP
Lag1. ln BASIC		0.081 (0.082)		0.020 (0.031)		0.015 (0.030)
Lag1. ln BASIC× ln APPLIED		−0.020 (0.022)		−0.003 (0.008)		−0.003 (0.008)
Lag2. ln BASIC		0.008 (0.072)		0.005 (0.037)		0.003 (0.044)
Lag2. ln BASIC× ln APPLIED		0.0005 (0.019)		−0.0002 (0.010)		0.0001 (0.012)
Lag3. ln BASIC		0.078 (0.079)		0.111*** (0.029)		0.103** (0.036)
Lag3. ln BASIC× ln APPLIED		−0.012 (0.019)		−0.022** (0.008)		−0.022** (0.010)
Constant	3.013*** (0.166)	2.463*** (0.226)	5.511*** (0.156)	5.419*** (0.150)	5.505*** (0.324)	5.630*** (0.457)
省份固定效应	否	否	是	是	是	是
年份固定效应	是	是	否	否	是	是
R^2	0.946	0.940	0.971	0.967	0.974	0.968
观测值数量	558	465	558	465	558	465

　　注：该表中，* 表示在 10% 水平上显著，** 表示在 5% 水平上显著，*** 表示在 1% 水平上显著。括号内的数字为 Driscoll-Kraay 标准误。对于滞后 1、2 期，以及滞后 4 期以上的回归结果，加入的解释变量的回归系数均不显著，且不影响当前结论。

五、本章小结

　　本章利用 OECD 统计数据库的面板数据，把 R&D 投入具体区分为基础研究、应用研究，定义科研投入结构为应用研究与基础研究的比值，研究了经济体的发展阶段与科研投入结构的关系。在实证分析中，首先设定基准回归模型,利用 OLS 回归得到经济发展水平与研发结构的相关关系。然后,在基准回归模型基础上,利用动态面板回归和工具变量回归处理基准回归的内生性问题,减轻反向因果关系和不可观测因素带来的估计误差。实证研究结果表明,经济发展水平与研发结构存在倒 U 形关系,即发达经济体在发展过程中应用研究与基础研究的比值存在先上升后下降的规律,拐点处于 17000—22000 美元。在稳健性检验中,通过调整控制变量、回归样本、解释变量,进一步解决了在基准回归中可能出现的问题。稳健性检验结果均支持了基准回归的相关结论。

在中国经验部分,本章利用 2003—2020 年中国省级面板数据检验了研发结构与经济绩效的关系。基准回归结果表明,短期内基础研究对人均 GDP 产生负向影响,应用研究及两者的相互溢出效应对人均 GDP 有正向影响,而长期过程中基础研究对人均 GDP 反而会产生正向影响。总的来说,基础研究与应用研究对经济绩效的影响是有差异的。应用研究在短期内就会促进经济绩效的提升,而基础研究需要长期过程以及与应用研究的相互溢出效应对经济绩效产生积极的影响。

科技是第一生产力,创新是第一驱动力。科技创新对于一个国家(地区)经济发展的重要性不言而喻。改革开放 40 余年来,中国一直保持快速的经济增长,GDP 年均增长率超过 9%。近些年来,中国在科技创新领域取得了傲人的成绩。在创新投入方面,1998—2013 年,中国基础研究经费提高了约 14 倍,应用研究经费提高了约 16 倍。在创新产出方面,中国专利数量不断增长,在 2011 年超过美国,成为全球专利申请量最多的国家。只有不断优化研发结构,合理配置研发资源,夯实基础研究,才能以科技创新驱动推进高质量发展。党的十九大报告提出,要瞄准世界科技前沿,强化基础研究,实现前瞻性基础研究、引领性原创成果重大突破。加强应用基础研究,拓展实施国家重大科技项目。

结合主要研究结论,本章的主要政策建议如下。

第一,增加基础研究投入,优化研发结构。美国国际战略研究中心曾撰文指出,中国研发资源投入的最大份额为试验发展,基础研究的投资明显不足。2000—2016 年,中国的基础研究平均占比为 5%,而同期美国将17.7%的研发经费投入基础研究。只有增加基础研究投入,提升自主创新能力,才能有效解决"卡脖子"问题,为中国经济高质量发展打下坚实的基础。

第二,结合区域发展情况,优化研发结构。根据本章研究结论,经济发展水平与研发结构存在倒 U 形关系,拐点处于 17000—22000 美元。从统计数据来看,目前中国部分城市的经济发展水平已经越过或处于这一拐点区间,如北京、上海、深圳、广州、杭州等。可以发现,这些城市都聚焦于寻找创新发展新动力和经济增长新亮点,例如做强电子商务、云计算、物联网等优势产业,大力发展集成电路等基础产业,推动数字技术与先进制造技术融合应用,等等。这些较为发达的城市已达到拐点区间,从经验研究方面来说应该调整研发结构,加强进行基础研究,为产业发展提供基础知识支持。

第三,注重科研转化,提高创新效率。在我国现有的研发体系中,研发活动类型和配置存在一定的不合理的地方。基础研究偏向于科研论文的产出,实际产业化的应用程度不高。应用研究偏向于技术的试验发展,较少对基础研究提出更高的应用需求。简而言之,基础研究和应用研究两者之间的转化效率较低。本章研究认为,应建立有效的市场发现机制,让更多的基础研究成果能及时转化为生产力,发挥其应用价值。同时,在应用研究的过程中,当需要利用基础研究来打破其瓶颈时,应大力寻求基础研究的帮助,促进两者融合发展。

第六章　中国最优研发结构：
基于中国省级面板数据的实证研究

本章基于中国 2000—2020 年省级面板数据，定义并计算了研发结构，利用专利数据衡量区域创新水平，研究了研发结构对创新的影响效应。本章发现，研发结构与创新之间存在倒 U 形关系，即创新水平随着基础研究与应用研究比值的提高呈现提高速度先变快后减慢的现象。中国创新存在最优研发结构，基础研究与应用研究比值区间约为 0.106—0.130。在研发结构达到最优区间之前，基础研究比值每增加 1 个标准差，发明专利和实用新型专利数量分别增加 68.41% 和 27.80%。目前，中国需进一步提高基础研究投入比重，以实现高水平科技自立自强。

一、研究框架

内生增长理论认为，经济增长与创新和技术进步息息相关，而研发是创新的决定性影响因素。在现实中，中国改革开放以来的快速经济增长与创新紧密联系。自 1988 年邓小平提出"科学技术是第一生产力"以来，中国出台了一系列科技发展计划，如星火计划、火炬计划，提高了诸多产业的创新能力和技术水平，促进了经济增长。21 世纪以来，随着研发投入的增加与科技实力的提升，中国的科技水平与世界技术前沿愈发接近。因此，当前中国更加强调提升自主创新能力，实现科技高水平自立自强。科技创新离不开基础研究和应用研究的推动，以及两者的转化和促进。将研发具体区分为基础研究和应用研究，一个问题是：是否存在最优研发结构以促进创新？

一个国家的研发结构与经济发展、创新水平互为基础，相互促进。在经济发展方面,潘士远和蒋海威(2020)使用 OECD 国家数据研究发现,经济发展水平与研发结构存在倒 U 形关系,即一个国家的应用研究投入与基础研究投入的比值随着经济发展呈现先上升后下降的态势。Gersbach 等(2018)的研究表明,基础研究与应用研究共同决定了长期的经济增长,若一个国家应用研究处于前沿水平,则该国的经济增长完全由基础研究决定。Prettner 和 Werner(2016)利用实证研究印证理论模型,同样发现了基础研究与经济发展水平之间的正相关关系。

在创新方面,大量证据表明,基础研究对推动创新发挥着重要作用(Adams,1990;Salter and Martin,2001;Toole,2012)。基础研究解决的是根本问题,而不是狭义定义的实际问题。基础研究活动扩大了公司在其技术发展活动中可利用的知识基础,这会带来根本性的突破,许多重要的技术发明都是基础研究带来的科学知识进步的结果(Klevorick et al.,1995)。一些研究认为,尽管困难重重,企业依然需要投入研发资源进行基础研究,原因在于:一是进行基础研究的企业可以从获取新知识的先发优势中受益,并通过对新知识的更深入理解加强其技术开发活动,从而产生更多的创新。二是基础研究投资可以帮助企业提高利用外部基础研究成果的吸收能力(Jaffe,1989;Griliches,1986)。此外,应用研究直接推动了技术的开发和应用,是创新的基础和需求来源(Lim,2004)。综合两者来看,研发对企业创新能力的益处来自基础研究和应用研究两个方面(Mansfield,1980)。Lim(2004)认为,强调基础研究的企业比强调应用研究的企业吸收更多的基础科学知识,企业在研发过程中必须仔细考虑产业背景和研发结构问题,以匹配创新活动。综上所述,基础研究和应用研究对创新均存在重要作用,但如何合理配置研发资源是一个关键问题。据此,本章尝试寻找一个最优研发结构,以更高效率促进创新。

本章使用中国 2000—2020 年省级面板数据,定义研发结构为基础研究投入与应用研究投入的比值,以专利数量作为衡量创新水平的指标,研究研发结构对创新的影响。进一步,着重讨论是否存在最优研发结构,可以更加有效地促进创新。本章余下部分安排如下:第二节介绍数据,报告基准回归模型和估计结果;第三节对实证结果进行相应检验;第四节为本章的结论。

二、数据及基准回归

(一)数据及变量

专利申请能够反映创新活动的有效产出,专利活动在现有研究中被普遍认为能较好地衡量企业创新(Chen et al.,2022;Jiang et al.,2022)。因此,本章使用2000—2020年省级所有专利数量(Allpatent)衡量省份创新水平。由于中国专利具体分为三类,相对应使用发明专利数量(Invention)、实用新型专利数量(Utility)、外观设计专利数量(Design)衡量创新水平,数据来源于各年份《中国科技统计年鉴》。为了解决样本分布右偏的问题,按照现有文献一般做法,将创新指标取自然对数。

本章使用的2000—2020年省级研发数据来源于各年份《中国科技统计年鉴》。基础研究可以被定义为不具有特定目标,而致力于对物质世界知识的普遍发展的活动,这些活动扩大了技术开发活动中可利用的知识库(Nelson,1959)。而应用研究指的是围绕特定目的,为解决实际问题而展开的科学探索。将《中国科技统计年鉴》中的科研经费支出分为基础研究投入和应用研究投入,获得各省、自治区、直辖市的基础研究投入和应用研究投入(潘士远和蒋海威,2020)。定义研发结构(Structure)为基础研究投入与应用研究投入的比值。

本章所使用的2000—2020年省级宏观经济数据来源于各年份《中国统计年鉴》,以及各省、自治区、直辖市统计数据。根据现有文献选取影响区域创新的控制变量(Jiang et al.,2022),包括:经济发展水平(GDP)、人口数量(Population)、贸易数额(Trade)、外商投资情况(FDI)、财政支出费用(Fiscal)。

本章所使用和构造的变量的定义和描述性统计信息详见表6-1。

表6-1　变量描述性统计

变量名	观测值数量	均值	标准差	变量定义
Allpatent	651	9.481	1.916	所有专利数量取对数
Invention	651	8.187	2.001	发明专利数量取对数

续表

变量名	观测值数量	均值	标准差	变量定义
Utility	651	7.887	1.873	实用新型专利数量取对数
Design	651	8.680	1.962	发明专利数量取对数
Structure	651	0.078	0.058	基础研究经费与应用研究经费之比
GDP	651	8.991	1.256	国内生产总值取对数
Population	651	8.086	0.861	人口数量取对数
Trade	651	16.80	1.915	进出口总额取对数
FDI	651	8.481	1.501	外商直接投资数额取对数
Fiscal	651	7.416	1.177	财政支出费用取对数

（二）基准回归模型

本章设定的回归模型如下：

$$\text{Innovation}_{pt} = \alpha + \beta_1 \cdot \text{Structure}_{pt} + \beta_2 \cdot \text{Structure\_squared}_{pt}$$
$$+ \lambda' \text{Controls}_{pt} + \zeta_t + \varepsilon_{pt} \tag{6-1}$$

式中，下标 p 表示省份，t 表示年份。Innovation_{pt} 表示省份 p 在年份 t 的创新情况，包括省份所有专利数量、发明专利数量、实用新型专利数量、外观设计专利数量。为了研究是否存在最优研发结构，模型加入解释变量研发结构指标 Structure_{pt} 及该指标的二次项 $\text{Structure\_squared}_{pt}$。其对应的系数 β_1 和 β_2 是研究的重点。Controls_{ipt} 表示省份层面创新影响因素，包括经济发展水平、人口数量、贸易数额、外商投资情况、财政支出费用。模型控制了时间固定效应 ζ_t，以控制宏观层面的时间冲击因素，如不同年份全国性的创新政策、创新补贴等因素。ε_{pt} 为随机误差项，使用省份层面聚类标准误以允许序列相关。

对基准模型进行 OLS 回归，估计结果报告见表 6-2。列（1）至列（4）被解释变量分别为所有专利数量、发明专利数量、实用新型专利数量、外观设计专利数量。列（1）回归结果显示，研发结构与所有创新数量呈显著正相关关系，研发结构二次项与所有创新数量呈显著负相关关系，即研发结构与所有创新数量呈倒 U 形关系。也就是说，区域创新数量会随着研发结构中基础研究的增加呈现先上升后下降的趋势，其最高点约为

0.114。在研发结构达到最优区间之前,基础研究比值每增加 1 个标准差,所有专利数量增加 31.40%(7.267×0.058-31.964×0.058×0.058=31.40%)。列(2)和列(3)的估计结果表明,研发结构与发明专利数量、实用新型专利数量呈倒 U 形关系,其最高点分别为 0.130 和 0.106。在研发结构达到最优区间之前,基础研究比值每增加 1 个标准差,发明专利和实用新型专利数量分别增加 68.41% 和 27.80%。列(4)估计结果显示,研发结构与外观设计专利数量的关系在统计意义上不显著。外观设计专利是对产品形状、图案等方面做出工业应用的设计,与研发并无直接关系,该回归结果与现实相一致。在控制变量中,经济发展水平与创新水平呈显著正相关关系,与现有研究一致(Jiang et al.,2022)。其他控制变量的估计系数不显著,这可能是由于控制变量存在多重共线性。综合以上,基准回归结果表明,研发结构与创新存在倒 U 形关系,最优研发结构(基础研究与应用研究比值)区间约为 0.106—0.130。在达到最优研发结构之前,基础研究的投入将促进创新;而在超过最优研发结构之后,基础研究投入对创新的正向作用会开始下降。

表 6-2　基准回归估计结果

变　量	(1) OLS Allpatent	(2) OLS Invention	(3) OLS Utility	(4) OLS Design
Structure	7.267** (3.012)	15.181*** (3.605)	6.607** (2.904)	−1.919 (5.094)
Structure_ squared	−31.964*** (11.413)	−58.397*** (13.348)	−31.264*** (11.108)	1.101 (19.759)
GDP	1.483*** (0.313)	1.569*** (0.401)	1.699*** (0.381)	0.981* (0.489)
Population	−0.319 (0.235)	−0.444 (0.273)	−0.232 (0.231)	−0.215 (0.321)
Trade	0.075 (0.116)	0.039 (0.146)	0.046 (0.117)	0.074 (0.149)
FDI	0.177* (0.094)	0.226 (0.142)	0.092 (0.089)	0.318** (0.131)
Fiscal	−0.208 (0.280)	−0.220 (0.344)	−0.439 (0.324)	0.248 (0.359)

续表

变　量	(1) OLS Allpatent	(2) OLS Invention	(3) OLS Utility	(4) OLS Design
常数项	−2.750** (1.054)	−3.904*** (1.298)	−3.238*** (1.074)	−4.828*** (1.218)
年份固定效应	是	是	是	是
R^2	0.954	0.940	0.953	0.887
观测值数量	651	651	651	651

注:表中括号内的数字为省份聚类标准误。*、**、***分别表示在10%、5%、1%水平上显著。

三、相关实证检验

本节针对基准回归模型的相关问题进行检验,首先处理内生性问题,其次对模型设定进行相关讨论。

(一)内生性问题

在基准回归中,可能存在的一个问题是研发结构与随机误差项可能存在相关关系,从而出现内生性问题。本节选择研发结构及其平方项的滞后期作为解释变量的工具变量,使用2SLS方法进行回归。选择工具变量的思路为滞后期解释变量与当期解释变量存在序列相关关系,但不直接影响当期创新情况。工具变量回归结果报告在表6-3中,一阶段估计结果F统计值大于10,表明不存在弱工具变量问题。此外,可以发现研发结构与所有专利数量、发明专利数量、实用新型专利数量存在显著相关关系,呈倒U形关系,基础研究与应用研究的最优比值分别为0.116、0.132和0.109。在研发结构达到最优区间之前,基础研究比值每增加1个标准差,所有专利、发明专利和实用新型专利数量分别增加36.40%、77.66%和33.30%。

表 6-3 工具变量回归

变 量	(1) 2SLS Allpatent	(2) 2SLS Invention	(3) 2SLS Utility	(4) 2SLS Design
Structure	8.373** (3.700)	17.154*** (3.898)	7.828** (3.328)	−2.074 (6.517)
Structure_ squared	−36.145** (14.787)	−64.912*** (15.366)	−35.970** (13.581)	0.676 (25.576)
GDP	1.526*** (0.303)	1.641*** (0.375)	1.725*** (0.370)	0.987* (0.504)
Population	−0.338 (0.235)	−0.457* (0.261)	−0.244 (0.228)	−0.234 (0.332)
Trade	0.064 (0.117)	0.028 (0.148)	0.036 (0.117)	0.058 (0.152)
FDI	0.185* (0.100)	0.235 (0.150)	0.108 (0.087)	0.329** (0.141)
Fiscal	−0.219 (0.281)	−0.257 (0.338)	−0.455 (0.315)	0.289 (0.373)
First-stage F-statistic	501.424	501.424	501.424	501.424
年份固定效应	是	是	是	是
R^2	0.928	0.897	0.923	0.858
观测值数量	620	620	620	620

注：表中括号内的数字为省份聚类标准误。*、**、*** 分别表示在 10%、5%、1% 水平上显著。内生变量为 Structure 和 Structure_squared，工具变量为 Lag1. Structure 和 Lag1. Structure_squared。

此外，控制变量可能也存在内生性问题，需要对其进行滞后处理。据此，将控制变量滞后一期，再次进行估计。表 6-4 所示的回归结果表明，在处理控制变量内生性问题以后，基准回归的结论依然存在，即研发结构与创新存在倒 U 形关系。

表 6-4　控制变量滞后一期

变　量	(1) OLS Allpatent	(2) OLS Invention	(3) OLS Utility	(4) OLS Design
Structure	7.855** (3.219)	16.213*** (3.651)	6.982** (2.924)	−1.701 (5.411)
Structure_ squared	−34.208*** (12.271)	−61.993*** (13.536)	−32.701*** (11.345)	−0.315 (20.873)
Lag1.GDP	1.508*** (0.324)	1.636*** (0.378)	1.701*** (0.375)	0.945* (0.535)
Lag1. Population	−0.336 (0.253)	−0.482* (0.282)	−0.247 (0.243)	−0.186 (0.349)
Lag1.Trade	0.063 (0.132)	0.010 (0.160)	0.045 (0.127)	0.072 (0.170)
Lag1.FDI	0.181* (0.105)	0.237 (0.154)	0.092 (0.089)	0.327** (0.139)
Lag1.Fiscal	−0.186 (0.278)	−0.193 (0.311)	−0.407 (0.293)	0.266 (0.390)
常数项	−2.700** (1.147)	−3.855*** (1.379)	−3.227*** (1.090)	−4.774*** (1.391)
年份固定效应	是	是	是	是
R^2	0.953	0.940	0.953	0.882
观测值数量	620	620	620	620

注:表中括号内的数字为省份聚类标准误。*、**、*** 分别表示在 10%、5%、1%水平上显著。

(二)模型设定问题讨论

在基准回归中,使用专利申请信息作为被解释变量。一般而言,专利申请通过主动披露技术信息以获得一定的垄断权利,能够准确地反映创新行为。但专利申请不一定能通过专利审查,且存在一定的审查时限。在创新产出维度上,专利授权信息能够更好地衡量创新。因此,本节使用专利授权数据构造被解释变量进行回归,结果报告在表 6-5 中。从中可以看到,研发结构与所有专利授权数量、发明专利授权数量、实用新型专利授权数量存在显著倒 U 形关系,最优研发结构区间为 0.104—0.133,与基准回归结果接近。

表 6-5 专利授予信息

变 量	(1) OLS Allpatent_grant	(2) OLS Invention_grant	(3) OLS Utility_grant	(4) OLS Design_grant
Structure	6.094** (2.776)	15.881*** (4.023)	7.271** (2.967)	−0.852 (4.816)
Structure_squared	−28.336** (10.591)	−59.597*** (13.176)	−34.932*** (11.313)	−0.935 (18.910)
GDP	1.382*** (0.301)	1.488*** (0.473)	1.690*** (0.373)	0.895 (0.544)
Population	−0.235 (0.226)	−0.385 (0.320)	−0.215 (0.227)	−0.100 (0.288)
Trade	0.111 (0.106)	0.096 (0.155)	0.064 (0.112)	0.171 (0.142)
FDI	0.160* (0.082)	0.147 (0.157)	0.081 (0.086)	0.258* (0.146)
Fiscal	−0.212 (0.250)	−0.185 (0.351)	−0.445 (0.327)	0.105 (0.422)
常数项	−3.505*** (0.980)	−5.663*** (1.376)	−3.864*** (1.098)	−5.552*** (1.291)
年份固定效应	是	是	是	是
R^2	0.961	0.935	0.959	0.893
观测值数量	651	650	651	651

注:表中括号内的数字为省份聚类标准误。*、**、*** 分别表示在10%、5%、1%水平上显著。

基准回归使用省份层面聚类标准误,本节使用省份和年份二维聚类标准误以处理自相关问题。表 6-6 回归结果表明,在处理自相关问题后,估计系数显著性提高,列(1)至列(3)核心解释变量均在1%水平上显著。同样,该估计结果支持了基准回归结论,即研发结构与创新存在倒 U 形关系,且存在最优研发结构。

表 6-6 二维聚类标准误

变　量	(1) OLS Allpatent	(2) OLS Invention	(3) OLS Utility	(4) OLS Design
Structure	7. 267 ***	15. 181 ***	6. 607 ***	−1. 919
	(1. 293)	(1. 464)	(1. 290)	(1. 970)
Structure_ squared	−31. 964 ***	−58. 397 ***	−31. 264 ***	1. 101
	(5. 309)	(5. 847)	(5. 451)	(7. 944)
GDP	1. 483 ***	1. 569 ***	1. 699 ***	0. 981 ***
	(0. 128)	(0. 149)	(0. 145)	(0. 183)
Population	−0. 319 ***	−0. 444 ***	−0. 232 ***	−0. 215 **
	(0. 074)	(0. 087)	(0. 077)	(0. 107)
Trade	0. 075 *	0. 039	0. 046	0. 074
	(0. 045)	(0. 049)	(0. 046)	(0. 063)
FDI	0. 177 ***	0. 226 ***	0. 092 **	0. 318 ***
	(0. 037)	(0. 046)	(0. 040)	(0. 055)
Fiscal	−0. 208 **	−0. 220 *	−0. 439 ***	0. 248 *
	(0. 103)	(0. 113)	(0. 121)	(0. 147)
常数项	−2. 750 ***	−3. 904 ***	−3. 238 ***	−4. 828 ***
	(0. 345)	(0. 420)	(0. 384)	(0. 496)
年份固定效应	是	是	是	是
R^2	0. 954	0. 940	0. 953	0. 887
观测值数量	651	651	651	651

注:表中括号内的数字为省份和年份二维聚类标准误。*、**、*** 分别表示在 10%、5%、1% 水平上显著。

四、本章小结

近年来,中国创新能力不断提高,在诸多科技领域取得重大成绩,例如干细胞、量子信息、类脑芯片等成果。在国家创新体系中,目标导向与自由探索相结合的基础研究格局正在形成。科技创新的顶层设计和系统布局更加合理,基础研究的地位越来越重要,研发结构持续优化,科研资源得以高效配置。

本章使用中国省级面板数据,定义了研发结构为基础研究与应用研究比值,利用专利数据衡量区域创新水平。研究发现,研发结构与创新之间存在倒 U 形关系，创新水平的提高速度随着基础研究与应用研究比值的提高呈现速度先变快后减慢的态势。中国创新存在最优研发结构，基础研究与应用研究比值的区间为 0.106—0.130。在研发结构达到最优区间之前，基础研究比值每增加 1 个标准差，所有专利、发明专利和实用新型专利数量分别增加 31.40％、68.41％ 和 27.80％。对内生性问题和模型设定问题进行了讨论和检验，结论均支持基准回归结果。

　　"十四五"规划在科技创新方面明确提出，全社会研发经费投入年均实际增速超过 7％，以及基础研究经费投入占研发经费投入的比重提高到 8％ 以上。因此，本章研究认为，中国需要基于现有科技水平，适当加大研发投入，合理分配研发资源，以保证各项创新活动的有序开展。更为重要的是，应优化研发结构，提高基础研究的投入比重，填补一些基础研究领域短板，以确保关键技术领域的先进性。从本章描述性统计中可以得知，2000—2020 年中国各地区研发结构均值为 0.078。若基础研究比重增长到 8％，则该指标将达到约 0.087。根据研究结论，在完成 8％ 的目标后，中国可以进一步结合科技发展水平和战略目标需求，适当提高基础研究投入使其处于最优研发结构区间，以促进创新水平不断提升。

　　基础研究是整个科学体系的源头，是所有技术问题的总机关。中国要想实现科技的自立自强，必须不断提高基础研究能力。目前，中国遇到的产业链、供应链的短板，归根结底是基础研究能力存在薄弱环节。基础研究能带来重大发现，帮助解决关键技术问题，推动前沿技术发展，是国家核心竞争力的一个重要部分。综上所述，本章研究提出以下政策建议：第一，坚持把创新作为引领发展的第一动力，面向世界科技前沿、经济主战场和国家重大需求，紧紧围绕基础科学研究和关键核心技术全面发力，不断增强源头创新能力、技术引领能力。第二，加强基础研究、应用研究统筹规划，做到研发资源合理布局。第三，持续深化科技体制改革，提高研发资源使用效率，解决影响创新发展的瓶颈问题。第四，加大基础研究和应用研究转化力度，做到高精尖产业发展有支撑、关键科技研发有依靠。

第 三 篇

中国外商直接投资与创新

第七章　外商直接投资与创新：文献综述

从本书第四章可以了解到，中国创新在 20 世纪 90 年代后期以来，取得了巨大的进步。自主创新水平不断提高，高新技术发展在国际上的地位不断攀升。同时，可以看到中国在不同层面的不同特征和诸多因素对创新会产生重要影响。在此期间，中国对外开放是中国经济发展最重要的特征之一。吸引外商投资，促进各种所有制经济活力竞相迸发成为这一时期对外开放的重要工作。根据理论研究和实证经验，外商直接投资与创新存在紧密联系。因此，本书以外商直接投资作为研究视角，探讨其对中国创新的影响。本书接下来三章将对该问题进行详细讨论。本章从外商直接投资与创新、外商直接投资与经济增长、企业绩效和创新影响因素三个方面详细整理并评述了相关文献。

一、外商直接投资与创新

(一)外商直接投资与区域创新

Cooke(1992)提出了区域创新的概念并进行了探索性的研究。该研究借鉴了日本、德国、法国、英国的实证证据，认为区域创新体系主要是由地理上相互分工与关联的企业、研究机构等组织形成的区域性系统。区域创新能力是区域中各个创新主体之间相互作用的整体能力。此后，学者开始从不同角度切入，对区域创新的概念进行深入研究。Furman 等(2002)发现，在发达国家之间研发强度和创新能力也存在很大的差异，尝试在实证研究中寻找造成这种差异的影响因素。该研究认为，一个经济体的创新能力由其在长期过程中生产和销售创新产品的能力构成。研究结果表明，内部因素(包括创新投入、研发人员、研发资金)、外部因素(包括知识产权政策、国际贸易开放度、技术专业化程度、知识资本存量）都对区域创新能力存在影响。Riddel 和 Schwer（2003）利用拓展的内生增长模型，识别了影响区域创新能力的因素。其研究发现，就业增长与区域创新之间存在关系，随后利用高科技行业的数据进行实证检验。回归结果表明，知识存量、研发投入、行业中劳动力数量、人力资本是区域创新的重要影响因素。Tura 和 Harmaakorpi（2005）研究了社会资本和区域创新的关系，认为区域创新环境是由该地区内旨在提高创新能力的组织网络构成的。相比于个体创新，区域创新的构成结构比较宽松，需要社会资本和文化环境的参与才能更好地促进区域创新。

　　关于外商直接投资对区域创新的影响，学术研究尚未达成共识。一些研究认为，外商直接投资促进了区域创新。Ford 和 Rork（2010）利用美国州级面板数据，使用工具变量回归方法处理内生性问题，研究发现，外商直接投资提高了美国州级层面的创新能力。Cheung 和 Lin（2004）使用 1995—2000 年中国省级面板数据研究发现，外商直接投资通过溢出效应提高了本土区域创新能力，对区域创新中的不同类型专利数量存在正向影响。Zhang（2017）同样发现外商直接投资提高了中国省级层面创新能力，并强调由于地区差异和政策偏好，中国的研发活动在区域层面表现出较大异质性。若分别以专利数量、专利引用数量来衡量企业创新数量、创新质量，则可以发现在区域层面，东部沿海地区的专利数量、专利引用数量远多于中西部地区，但后者保持较高的增长率，存在向前者收敛的态势。王鹏和张建波（2012）将中国地区分为高创新能力地区和低创新能力地区，研究发现外商直接投资对两类地区的创新能力均有显著的促进作用。

　　一些研究认为，外商直接投资对区域创新的促进作用是有条件的。冉光和等（2013）利用省级面板数据进行门槛模型估计，研究发现金融发展在外商直接投资对区域创新能力的促进作用中起到较大作用，只有当地区金融发展到一定的水平以后，外商直接投资才会产生正向的技术溢出效应。金融发展结构和效率与区域创新能力存在正相关关系，但金融发展绝对规模与区域创新无显著关系。靳巧花和严太华（2017）利用 2003—2013 年中国省级面板数据，使用门槛回归模型，在实证分析中基于知识产权保护视角,探究外商直接投资对区域创新能力的影响。研究发现,当知识产权保护程度较低时,外商直接投资对区域创新的促进作用较小,而当知识产权保护超过阈值时,外商直接投资对区域创新的正向影响显著增大。陈丰龙和徐康宁(2014)使用1999—2010年23个转型国家的跨国面板数据,研究经济转型在外商直接投资与创新关系中的作用。研究结果表明,在市场化程度较高的国家,经济转型对于外商直接投资对创新的提升没有显著影响。但是在对市场化程度较低的国家,经济转型在外商直接投资对创新的提升中起到促进作用。

另外,有一些研究认为外商直接投资抑制了区域创新。徐亚静和王华(2011)研究发现,外商直接投资对中国全国的专利数量不存在显著影响。进一步的研究发现,外商直接投资对区域创新的影响存在区域差异性,分析结果显示,外商直接投资对东部地区区域创新无显著影响,促进了中部地区的区域创新,而对西部地区甚至存在显著的负向影响。

区域创新存在异质性的原因是多样的,包括金融发展、文化背景、人力资本、技术背景等的不同。从产业集聚的视角来看,产业在同一空间的集聚可能在很大程度上导致创新的地区差异。由于知识传播会随着距离的增加而减弱,因此技术转移在不同地区之间的传播和转移中会逐渐减弱,甚至在过程中会被扭曲。特别是对于先进的技术,传播和掌握也需要大量的资本累积,这种知识的传播受限于地区之间的距离。产业集聚将关联的主体聚集到同一个地区,拉近了传播距离,为知识传播提供了便利。Baptista和Swann(1998)认为,产业集聚增加了知识传播的强度,降低了创新的不确定性,为地区中的创新提供了良好的环境。产业集聚将来自不同产业的劳动力聚集到同一地区,利用知识在人与人之间的快速传播,改善创新环境,从而促进当中的创新者通过知识传播进行创新。

(二)外商直接投资与企业创新

关于外商直接投资对创新能力的影响,现有研究尚未达成共识。一种观点认为,外商直接投资的技术溢出效应,能够提升东道国企业的创新能力(Javorcik and Spatareanu,2008)。Crescenzi等(2015)利用英国企业层面的数据研究发现,外商直接投资显著促进了本土企业的创新表现。现有研究认为,外商直接投资主要通过三种途径将知识和技术转移到东道国。一是外商直接投资将技术直接授予本土供应商建立起生产网络，或者通过正式签订合约的方式将知识提供给本土企业（Liu and Qiu，2016）。二是通过相对非正式的方式，比如日常沟通或者学习模仿，本土企业逐渐掌握技术并进行改善（Hubert and Pain，2001）。三是外商直接投资通过向本土供应商提供技术培训和技术咨询提高本土企业的创新能力。例如，Craig 和 DeGregori（2000）的研究估计结果认为，日本本田公司在 1982 年进入美国市场，在之后的数十年中，让美国福特公司和克莱斯勒公司的技术创新速度提高了 3%。另一种观点认为，外商直接投资的溢出效应有限，并没有显著促进本土企业的创新能力，甚至抑制了本土企业创新能力的提高。Romer（1990）指出，外商直接投资的流入会导致本土市场劳动力从研发部门转移到生产部门。长此以往，这种情况可能会导致本土研发部门难以开展研发活动，无法提高创新能力。

通过对外开放，吸收引进并学习国外技术是中国早期创新的重要途径，即利用外商直接投资的技术转移和知识溢出，提高本土企业创新能力，这对中国近几十年的经济增长起到了至关重要的作用。改革开放以来，尤其是在改革开放初期，由于自主创新能力不足，我国通过吸引外商直接投资的方式，在很大程度上提升了本土企业的创新能力。国内学者就外商直接投资与企业创新也进行了一些研究。部分研究认为，外商直接投资提升了中国的创新能力。唐宜红等（2019）利用 1998—2009 年中国工业企业数据库，使用专利申请数量衡量企业创新，利用汇率变化构造外商直接投资的工具变量，运用工具变量回归方法研究发现，外商直接投资显著提高了中国企业的创新能力。从企业性质来看，外商直接投资对民营企业、出口企业、资本密集型企业的创新提升更加显著。从地区差异来看，地区市场开放程度越高，越有利于企业从外商直接投资中获得创新能力的提高。牛泽东和张倩肖（2011）利用 1998—2008 年高技术产业的行业面板数据，检验了外商直接投资的溢出效应和门槛效应，研究结果表明，外商直接投资对创新的影响效应在不同产业之间存在差异。当企业的技术水平和人力资本超过阈值，外商直接投资对创新的溢出效应会显著提升。

也有一些研究认为，外商直接投资对中国企业创新无影响，甚至存在负面影响。成力为等(2010)将外商直接投资分为低技术数量扩张特征的外商直接投资和高技术知识密集型特征的外商直接投资,使用动态面板数据模型进行研究,研究结果表明,这两种类型的外商直接投资对高技术产业的自主创新不存在显著影响,甚至存在负向影响。石大千和杨咏文(2018)关注外商直接投资的双边效应,实证研究发现,外商直接投资的溢出效应和挤出效应在样本中同时存在,并且挤出效应大于溢出效应,导致了负向的净效应,即外商直接投资抑制了企业的创新。

二、外商直接投资与经济增长、企业绩效

(一)外商直接投资与经济增长

大量研究发现,外商直接投资促进了经济增长。Balasubramanyam等(1996)利用46个发展中国家的截面数据,在新增长理论的框架下检验了外商直接投资对经济发展的影响,发现外商直接投资促进了这些国家的经济增长,这种影响效应在采用外向型贸易政策的国家表现得更明显。Borensztein等(1998)使用了69个国家的截面数据,实证研究发现,相比对国内投资,外商直接投资在技术转移方面起到了更大的作用,因此促进了当地的经济增长。该研究也发现,只有当一个国家对先进的技术有足够的吸收能力时,外商直接投资才能表现出这种效应。Alfaro等(2004)利用1975—1995年的国家层面截面数据,研究了国家的金融发展和金融体系在外商直接投资对经济增长影响中的作用。该研究发现,在金融市场发达的国家,外商直接投资显著促进了经济增长。Christian(2013)认为,外商直接投资是经济增长的决定性因素,许多国家采取了有力的政策和手段吸收外商直接投资以促进经济增长。其利用55个处于不同发展阶段的国家的面板数据研究发现,外商直接投资一方面促进了地区经济增长,另一方面扩大了经济发展的不平等。外商直接投资的流入加大了中低收入国家的地区经济发展差异,但这种不平等效应在高收入国家中不明显。

在关于中国的研究中,大部分文献也认为外商直接投资促进经济增长。沈坤荣(1999)研究发现,外商直接投资占国内生产总值的比重每增

加1个单位,可以带来0.37个单位的综合要素生产率的增长。Hsiao和Shen(2003)利用中国省级面板数据研究了这一关系,发现外商直接投资与经济增长存在相互的正向影响关系。无论从短期还是长期来看,外商直接投资的流入都促进了经济增长,外商直接投资每增加1%,最终在长期会使GDP增长7.55%。Ouyang和Fu(2012)利用中国1996—2004年城市面板数据进行了研究,发现中国沿海地区的外商直接投资向内陆地区转移表现出了类似的效应,即这种外商直接投资促进了内陆地区的经济增长。并且,内陆城市的工业发展水平影响了地区对外商直接投资的吸收能力。许冰(2010)利用1985—2004年中国省级面板数据,使用路径收敛设计模型的研究支持了不平等效应存在的结论。研究发现,外商直接投资对东部地区和中西部地区存在不同的效应,分别存在资本挤入效应和挤出效应,从而导致区域之间经济发展出现不协调的情况。Su和Liu(2016)使用中国1991—2010年城市面板数据研究了外商直接投资、人力资本与经济增长的关系。研究发现,外商直接投资提高了人均GDP,并且这种效应在人力资本高的城市表现得更强。钟昌标(2010)使用中国1986—2008年省级空间面板数据,通过空间计量模型估计发现,外商直接投资通过地区内和地区间的溢出效应,显著提高了地区的生产率,促进了经济增长。

(二)外商直接投资与企业绩效

在经济全球化的背景下,外商直接投资为促进全球经济的融合和协调发展起到了很大的作用。外商直接投资不仅为发展中国家带来资金支持,同时带来了先进的生产技术。外商直接投资的增长,成为先进技术在全球范围内扩散的重要渠道之一。现有文献对外商直接投资与企业绩效之间关系的研究主要有以下三个方面:一是论证外商直接投资是否存在知识溢出效应。大多数观点认为,外商直接投资促进了本土企业技术的进步和生产率的提升。也有部分研究发现,外商直接投资对本土企业表现存在负面作用。二是探讨外商直接投资溢出效应的作用机制。较多文献发现,外商直接投资通过市场竞争、提供培训、技术转移等途径影响了本土企业绩效。三是研究影响外商直接投资溢出效应的因素。相关研究主要集中于讨论知识产权保护、人力资本、专利政策、吸收能力等主题。

外商直接投资对本土企业生产率的影响并非一个崭新的话题,有较多的文献已经对此展开研究。许多经济学家认为,外商直接投资对企业生产率有正面影响,如 Sjöholm(1999)对印度尼西亚的研究、Javorcik(2004)对立陶宛的研究。这些研究认为,外商直接投资的技术溢出效应可以促进国内企业吸收先进技术,并且提高国内企业自主研发能力。外商直接投资的溢出效应可能来自外资企业在产品生产上的示范效应,即跨国公司给本土企业带来的先进技术和管理方法,以及在生产环节中对上下游企业的技术溢出。通过模仿外商直接投资所带来的国外先进生产技术,可以有效地促进国内企业的技术进步,并提高国内企业的自主研发能力,从而间接提高国内企业的生产率。Cohen 和 Levinthal(1989)认为,自主研发包含了学习和创新两个方面,自主研发本身可以提高企业向外商直接投资企业吸收知识的能力。自主研发能力越强的企业,向外商直接投资学习先进技术的能力也越强,从而提高了外商直接投资为国内生产率增长所带来的溢出效应。因此,自主研发增强了企业对先进技术的吸收能力,即存在吸收效应。吸收效应会导致国内企业通过外商直接投资得到更多的技术转移,从而间接提升生产率。而另一些研究发现,外商直接投资对企业生产率有负面影响(Haddad and Harrison,1993;Aitken and Harrison,1999;Lu et al.,2017)。这些研究认为,外商直接投资的流入扭曲了国内市场,造成的负向竞争效应大于溢出效应,从而降低了本土企业的生产率。

外商直接投资对企业生产率的影响有直接效应和间接效应之分。直接效应是指位于东道国的跨国公司通过从母公司直接获取资金支持、技术转移、人员培训等途径所带来的生产率效应。Davies 和 Lyons(1991)采用英国数据进行分析,指出相比于本土企业,外商直接投资在经营能力、技术水平、企业规模等方面具有优势,因此拥有更高的生产率。但是外商直接投资的高生产率也受产业结构效应的影响,即产业分布和产业发展战略对其存在影响。也有学者不同意以上观点(García et al.,2013)。他们认为,技术研发和创新一般来说由母公司主导,但外商直接投资设立的子公司并不能完全享用这些创新成果,因而其生产率与本土企业生产率差距不大。间接效应是指外商直接投资通过技术培训、技术咨询等方式,间接地给本土企业生产率带来的知识溢出效应。行业内及行业间的水平溢出效应主要有以下三种:第一,学习效应(如 Javorcik,2004)。这些研究认为,本土企业通过观察外商直接投资设立企业的生产技术进行学习和完善,从而提高自身的企业生产率。第二,市场竞争效应。Aitken 和 Harrison(1999)认为,外商直接投资的流入加剧了市场竞争,扭曲了市场资源的配置,对企业生产效率产生了负向作用。但也有观点认为市场竞争效应可能带来正向影响。Chung 等(2003)利用 1979—1991 年美国汽车零部件制造业数据研究认为,外商直接投资提高了美国企业的生产率。一是美国本土供应商由于提供中间产品,也从合资企业中学习到先进的技术。二是外商直接投资的进入带来适当的竞争压力,促使本土企业提高生产率。第三,劳动力流动效应产生了正向作用。一些文献认为,外商直接投资将先进的管理经验和技术转移到了本土企业。Markusen 和 Trofimenko(2009)构建了一个理论模型,预测了劳动力可以向技术专家学习,并提高本土劳动力的工资和生产力,该研究的实证研究证实了这一说法。但也有文献认为,由于外商直接投资提供更高的工资,吸引了更多高质量的劳动力,从而不利于本土企业生产力的提高(如 Sinani and Meyer,2004)。

随着研究的深入,学者不仅关注外商直接投资的宏观层面效应,而且逐渐转向更细致地探讨微观层面的效应和作用机制。并且,随着微观企业数据可得性的提高,学者们从更多的研究视角切入,研究外商直接投资对本土企业绩效的影响。通过利用外商直接投资的流入,本土企业不仅可以获得先进的生产经验,还可以提高经营理念和管理水平,进而增强企业的竞争力,提高企业的经营水平,在市场竞争中获得更好的表现。影响企业经营水平的因素很多,由于改变了外部经营环境,外商直接投资就是其中比较重要的一个影响因素(张杰等,2011)。一方面,本土企业从外商直接投资的溢出效应中获益。另一方面,本土企业也因受到外商直接投资的挤出效应的影响而表现受损(Aitken and Harrison,1999)。基于 Melitz(2003)的异质性理论,许多文献研究了外商直接投资产生效应的异质性。Sinani 和 Meyer(2004)以爱沙尼亚为样本进行研究,发现企业吸收能力、企业规模和企业管理模式会影响外商直接投资带来的效应。

Girma(2005)研究发现,外商直接投资的溢出效应在不同生产率企业以及不同规模企业之间存在差异。路江涌(2008)使用1998—2005年制造业企业样本研究发现,国有企业和民营企业在外商直接投资参与的市场竞争中表现不同。钟昌标等(2015)研究发现,国有企业与民营企业由于企业性质不同,表现出对外商直接投资吸收的差异,导致外商直接投资的正向溢出效应对民营企业的影响更大。Javorcik和Spatareanu(2011)使用罗马尼亚企业微观数据研究发现,外商直接投资的来源与其溢出效应程度存在相关关系。Lu等(2017)利用商务部的数据对进入中国的外商直接投资按照来源地进行分类,发现来自发达国家和发展中国家的外商直接投资对本土企业的溢出影响存在差异。马林和章凯栋(2008)的研究为此提供了解释,由于不同国家拥有各自的比较优势,在对外投资中不同国家将不同的产业转移到其他国家,造成了不同来源的外商直接投资存在溢出效应的差异。一般而言,外商直接投资的比较优势可以分为两类,一类是用以生产的技术优势,另一类是用于管理等间接提升企业生产力的非技术优势。陈涛涛(2003)使用行业数据研究发现,技术差距和市场竞争是影响外商直接投资溢出效应的重要因素。在合资企业和本土企业技术差距较小的行业中,两者的竞争促进了外商直接投资的正向溢出效应。

一些研究对外商直接投资的垂直溢出效应进行讨论。垂直溢出为上下游产业之间,外商直接投资通过垂直联系,对本土企业产生影响。在前向外商直接投资的溢出效应中,跨国公司向下游本土企业出售高质量的中间产品,这些下游本土企业可以用这些中间产品生产高质量最终产品,从而提高生产效率(Lin et al.,2009)。在后向外商直接投资的溢出效应中,外商直接投资向上游本土供应商提供技术支持,以获取更便宜且质量更高的中间产品,这让上游企业直接获得先进技术,提升了本土企业的生产率水平(Liu and Qiu,2016)。但是也有研究认为,后向外商直接投资会使上游的本土供应商逃避自主研发,而更加依赖直接使用外商直接投资提供的技术,不利于本土企业自主创新能力的提高。

三、创新影响因素

本研究主要关注的对象是外商直接投资对创新的影响。因此,与创新相关的研究也是本章文献综述的重要组成部分。诸多因素影响了区域创新或者企业创新的表现,整理并分析这些现有文献能为本研究提供更广泛的研究思路和更完整的研究框架。这些影响因素主要包括金融、政府补贴、知识产权保护等。本节将回顾相关文献,探讨这些影响因素与创新的关系。

(一)金融与创新

He 和 Tian(2018)详细调查并综述了金融与企业创新的关系。近年来,企业创新相关主题的研究变得愈发重要,特别是在公司金融领域。该研究整理了影响创新的企业层面特征,并阐述了相应的影响机制。企业创新活动需要大量的科研经费、设备和人员的投入,其中科研经费的来源分为内部融资和外源融资。内部融资主要指企业使用内部现金流来进行支持企业的生产经营及研发活动;外源融资形式多样,包括如股权融资、风险投资、债券融资等。由于企业研发活动所需经费数额较大,内部融资很难满足需求,所以外源融资成为企业研发活动重要的资金来源渠道(Hall and Lerner,2010)。同时,由于创新活动具有很大的不确定性,企业的研发活动更受限于融资问题。金融的相关因素与创新活动息息相关,许多研究对金融与创新的关系展开了研究。早期文献(如Schumpeter,1942)认为,拥有更多金融资源的企业会进行更多的创新,因为这些企业不容易受到融资约束的影响而减少研发经费支出。当然,企业拥有充足的金融资源可能导致严重的代理问题,尤其是自由现金流的代理问题。因为不确定性和信息不对称的存在,代理问题的存在会对企业创新造成较大的损害。但是,受到资源约束的企业也有可能会变得更具有创造力,因为它们需要在面临资源约束的条件下选择最优化策略,以提高资源利用率,Sonenshein(2017)的研究支持了这一观点。

一些研究发现,融资约束不利于企业创新。Howell(2016)使用中国企业数据研究发现,融资约束减少了企业的研发投资,且不利于私有企业的新产品生产强度。Gorodnichenko 和 Schnitzer(2013)发现融资约束降低了欧洲本土企业的创新能力。当企业创新活动所获得的收益低于外部融资成本时,企业会由于融资成本过高而搁置创新。周开国等(2017)、张璇等(2017)分别使用 2012 年和 2005 年世界银行对中国企业的调查数据研究发现,融资约束不利于企业创新。相反,有一些研究发现,融资约束有利于企业创新。Almeida 等(2013)利用美国上市公司数据开展研究,发现融资约束有利于企业提高创新效率,有利于企业的创新活动。Almeida 等(2021)的研究结论表明,外部金融宽松(短期内大量的现金流流入)会降低企业的创新性,即融资宽松不利于企业创新。顾夏铭等(2018)利用中国上市公司数据研究发现,当经济政策不确定性上升时,融资约束小的企业能灵活调整创新活动的资金分配而增加研发投入。鞠晓生等(2013)研究发现,企业受到的融资约束越严重,营运成本对创新的平滑作用越突出。Hottenrott 和 Peters(2012)认为,制约企业创新的因素不仅在于缺乏融资,更重要的是在于企业的创新能力。他们研究发现,创新能力强但是资金不充足的企业最有可能受到融资约束。关于融资成本对企业创新的研究较少,Hall 和 Lerner(2010)认为,在企业创新过程中,如果外源融资成本过高,创新者难以获取足够的资源进行创新。

部分相关文献还研究了其他金融资源与企业创新的关系。Fang 等(2014)使用美国上市公司数据,以企业研发支出和专利衡量企业创新,利用管理规定的外生变化构建双重差分模型,研究了股票流动性对企业创新的影响。研究发现,流动性的增加阻碍了企业创新,这主要是因为流动性的提高同时增加了企业在敌意收购和监管者面前的曝光。Hsu 等(2014)利用 1976—2006 年 32 个发达国家和新兴经济体的数据,研究了股权市场和信贷市场对企业创新的影响。研究发现,在股权市场发达的国家,依赖外源融资的高科技企业的创新表现更好,而一个国家的信贷市场发达程度存在相反的效应。Brav 等(2018)研究发现,避险基金的干预使企业的研发投入减少,但是产出的专利数量和质量都增加了,说明这些企业在创新上变得更有效率。他们认为,企业将研发中心集中于企业自身的专业领域、对创新资源的高效配置、采用更好的激励手段,进而产生了这种效应。Chemmanur 等(2014)研究发现,企业风险基金和独立风险基金对企业创新产生不同的影响。在使用专利产出衡量企业创新方面，研究结果表明，虽然企业风险基金投资的公司相对而言更加年轻、风险高、收益低，但这些企业在创新方面表现得更好。子母公司之间的匹配程度高以及企业风险基金对失败的忍受度高可能导致了以上结果。Chemmanur 和 Tian(2018)使用美国 1990—2006 年上市公司数据研究了反收购规定对企业创新的影响，断点回归结果表明，反收购规定对企业创新存在正向因果效应，并且当企业受到信息不对称约束，或者处于竞争程度更高的市场中时，这种效应更大。该研究指出，反收购规定让企业经理人减少了短期的融资压力，转向专注于创造长期的企业价值。Gu 等(2017)通过使用债务违约数据，使用断点回归方法研究了银行干预对企业创新的影响。研究发现，银行干预对企业创新数量有负向影响，但对企业创新质量无显著影响。进一步的研究发现，这些减少的创新数量多与企业主业无关，即外部的干预让创新企业更加专注于特定领域的创新。温军和冯根福(2018)利用 2004—2013 年深圳中小板公司数据，研究发现风险投资与企业创新呈 U 形关系，整体上降低了中小企业的创新水平。

（二）政府补贴与创新

政府补贴也被认为是激励和促进企业创新的一种方式。现有文献分别从理论和实证方面，研究了研发补贴与企业创新活动之间的关系，但目前没有达成一致的看法。Rotemberg(2019)认为，补贴对于企业创新有两种相反的效应：获得补贴的企业受益，而未得到补贴的企业产生间接损失。研究使用印度的补贴评定标准变化进行估计，发现宽松的补贴认定标准提高了企业生产率。Wallsten(2000)使用美国企业面板数据，构建结构方程模型处理内生性问题，研究发现研发补贴挤出了企业自身的研发投入。更多研究发现，补贴提高了企业创新表现。Howell(2017)使用美国能源局项目授予数据设计准自然实验，研究发现，早期的补贴在很大程度上提高了企业创新水平，尤其是对于受到融资约束的企业。González 等(2005)利用西班牙工业企业数据研究发现，补贴会增加企业的研发活动，并且补贴也更多流向了创新企业。González 和 Pazó(2008)使用数据匹配方法处理内生性问题，发现补贴对企业研发不存在挤出效应，即补贴不会减少企业自身的研发投资。

一些文献针对中国的情况也展开了研究。陆国庆等(2014)指出,补贴对战略性新兴产业、民营企业、中小企业的研发投入与创新均有显著正向促进效应。Dang 和 Motohashi(2015)指出,专利补贴是中国专利数量激增的重要原因之一,但是这些创新刺激政策并没有显著提高中国创新质量(黎文靖和郑曼妮,2016;龙小宁和王俊,2015)。另外,一些研究如陈林和朱卫平(2008)、安同良等(2009)、周亚虹等(2015)指出,政府补贴的创新促进效应具有阶段性与异质性特征,即补贴对创新的影响在不同情况下存在差异。

(三)知识产权保护与创新

有关知识产权保护与补贴对创新的影响,一直以来都是学术界关注的话题。在经济增长理论中,企业通过创新可以获得垄断利润,而知识产权保护通过防止企业创新被竞争对手模仿,在一定程度上增加了这种垄断利润,提高了企业创新的意愿。Wright(1983)的理论模型支持了这一说法,认为专利权人因拥有专利的使用权而获得超额利润,而专利保护将显著促进创新活动。

在产业组织理论中,一般认为知识产权保护对企业创新活动的总体影响是不确定。一方面,知识产权保护通过创新的超额利润促进了企业的创新(O'Donoghue,1998)。另一方面,知识产权保护阻碍了知识的传播,加强了产品市场的竞争,从而减少了企业的收益(Aghion et al.,2005)。Horowitz 和 Lai(1996)的理论研究认为,在较强的知识产权保护环境下,创新企业的垄断地位获得了一定的加强,从而挤出了市场上的竞争对手,而这一效应进而降低了企业的创新动机。也有研究认为,市场中的企业会进行应对市场竞争的防御性创新。Ziedonis(2004)利用美国1980—1994年半导体生产企业的数据研究发现,在法律保护更强的环境中,企业出于防御性目的的创新活动会更剧烈。

知识产权保护在不同国家之间对创新可能存在不同的效应。Grossman 和 Lai(2004)的理论研究考虑了不同国家之间的市场规模和创新能力因素,认为最优专利制度与市场结构存在关联性。如果创新产品的市场更大,通常而言,政府会加强知识产权保护力度。Chen 等(2014)的研究发现,更强的专利保护对后续创新的影响并不是单一的,正向效应和负向效应均存在。Chen 和 Puttitanun(2005)研究发现,在发展中国家,知识产权保护的增强增加了这些国家的创新,并且经济发展水平与知识产权保护强度呈 U 形关系。由于经济发展水平的差异,一些学者基于不同视角,研究了知识产权保护对创新的影响,包括国际贸易、知识传播与扩散、外商直接投资、技术转移等主题(Grossman and Helpman,1990;Glass and Saggi,2002)。

在实证研究中,Hall 和 Ziedonis(2001)对美国 20 世纪 80 年代半导体企业的研究表明,专利保护的增强是这些企业专利激增的原因。Qian(2007)利用跨国面板数据进行研究,发现在经济发展水平较高的国家,专利保护会促进本土创新。而一些实证研究却得到不同的结论。Williams(2013)研究发现,企业知识产权保护力度的增强,显著减少了后续创新。Galasso 和 Schankerman(2015)搜集了美国联邦巡回法院的相关数据,以专利的法律效力衡量了知识产权保护,研究发现知识产权保护力度的增强会减少关联企业的创新。另外,Kortum 和 Lerner(1997)对美国的研究、Sakakibara 和 Branstetter(2001)对日本的研究等发现知识产权保护与创新没有显著关联。Ang 等(2014)、吴超鹏和唐菂(2016)利用不同的实证样本均发现知识产权保护力度的增强促进了中国企业研发投入的增加。相反,史宇鹏和顾全林(2013)指出,知识产权保护与创新之间的关系是负向的或非线性的。

四、本章小结

综合以上相关文献,可以发现外商直接投资与创新存在紧密的联系,影响社会中各种创新主体的创新活动。但是,现有文献对该主题的研究也存在不足之处。

第一,在外商直接投资的相关研究中,现有文献主要关注外商直接投资对企业生产率和东道主国家区域经济的直接影响效应,而较少研究其对创新的影响。由于技术进步是生产率提高的必要前提条件,因此在影响机制上,应该是外商直接投资影响了本土创新,进而对其他经济发展因素产生影响。本书从外商直接投资与创新的关系切入,从实证分析角度进行了研究。

第二,关于外商直接投资与创新的探讨,该主题在中国本土的相关研究中不够深入,且缺乏因果关系的实证证据。现有文献大部分只提供了相应的相关关系,并未设计合理的实证策略进行因果识别。本书在实证研究中,设计了相应的实证策略,识别了外商直接投资与创新的因果关系。

第三,在中国问题的研究中,缺乏微观层面的证据。由于受到数据或其他原因的限制,现有研究多停留在省级层面。创新是由经济社会中各个创新主体组成的,缺乏微观层面的证据难以全面了解创新情况。本书利用中国城市统计数据、中国工业企业数据库和中国专利数据库,将研究对象拓展到了城市层面和企业层面。

第四,现有研究对创新的衡量较为片面。现有文献多使用不同类别的专利申请数量作为创新的衡量,但这些指标不能全面衡量创新情况。本书在参考现有文献的基础上,利用专利引用数据构造了一系列指标,衡量了创新数量和创新质量。并且,在微观层面,不仅测度了企业的增量创新,也衡量了企业的突破性创新。

第五,在相关研究中,缺乏对影响机制的探讨。大部分现有文献不能全面地提供实证证据,且未进一步深入挖掘影响机制。这些研究未对外商直接投资与创新的影响效应进行相应的解释,不利于对该问题的深入理解。本书将理论研究与实证研究相结合,检验了可能的影响机制。

第六,现有文献的研究视角较为单一。现有文献多从宏观层面切入,研究外商直接投资的加总效应,但较少关注产业之间外商直接投资对创新的影响。本书在企业层面实证研究中,将外商直接投资分为水平外商直接投资和垂直外商直接投资,其中垂直外商直接投资分为前向外商直接投资和后向外商直接投资。基于这一视角,本书研究了不同性质的外商直接投资对企业创新的影响。

第八章 外商直接投资与创新：
来自中国城市层面的证据

　　发展中国家吸引外商直接投资的核心目的之一就是从技术前沿的境外投资者那里吸收先进的技术。由于外商直接投资的存在，境内的创新者可以通过在本土学习跨国公司的技术，迅速地提高自身的创新能力和创新表现。作为世界上最大的发展中国家，近年来中国努力克服科技研发的困难，缩小技术差距，积极推动高新技术产业的发展。改革开放以来，特别是 2001 年加入 WTO 以来，中国市场不断提高对外开放程度，吸引更多的境外投资者。随着我国市场化进程的深入和投资环境的改善，外商直接投资在我国的流入量迅速增加。根据联合国的数据，2018 年上半年，中国成为外商直接投资的最大接受国，估计吸引了 700 亿美元的外商直接投资流入。在改革开放早期，进入中国的外商直接投资主要集中于经济发达地区，之后逐渐扩散到众多地区。与此同时，自 20 世纪 90 年代以来，中国区域创新水平不断提高，在创新投入和创新产出方面都取得了令人瞩目的成绩。从机制上说，外商直接投资为所在区域带来先进技术，如果这些技术存在知识溢出，会提高区域创新能力。本章实证分析旨在利用城市层面面板数据，分析外商直接投资对区域创新的影响。

一、研究框架

　　在现有研究中，有较多文献研究了外商直接投资对发展中国家的生产力、经济增长和创新的影响。一些研究发现，外商直接投资对企业生产率有负面影响。这些研究发现，外商直接投资没有表现出更高的生产率，甚至生产率低于本土企业。这些研究认为，本土市场存在保护主义，扭曲了市场的力量，不利于跨国公司生产率的提高。而另一些研究发现，外商直接投资对企业生产率有正面影响。这些研究认为，跨国公司与本土厂商之间存在知识溢出效应，促进了生产率的提高。在经济增长方面，许多论文发现外商直接投资对经济增长有积极的影响。尽管学界对外商直接投资如何影响企业生产率和区域经济增长进行了广泛的研究，但针对外商直接投资对创新的影响的研究相对较少。在与中国相关的研究中，一些文献研究发现，外商直接投资与中国专利申请的增加有关。Hu 和Jefferson(2009)认为，外资企业在中国工业附加值中所占份额的增长促使中国企业申请更多专利以提高创新能力。Cheung 和 Lin（2004）、Zhang(2017)利用中国省级层面的专利面板数据，研究发现外商直接投资与中国的省级研究创新活动呈正相关关系，且该影响关系存在异质性。综合以上文献，可以发现在中国当前关于该主题的研究中存在一些缺陷：一是目前的研究多停留在相关关系研究上，较少有文献设计了合理的实证策略，识别外商直接投资对创新的影响。二是由于数据的限制，现有文献对创新的衡量多停留在专利数量上，即只衡量了创新数量，而未对创新质量进行进一步的考察。三是较少有文献对外商直接投资与区域创新之间的效应进行机制探讨。

　　本章的实证研究使用了一个利用中国专利数据构建的城市面板数据，衡量了区域创新水平，研究了外商直接投资对中国区域创新的影响。具体而言，本章将《中国城市统计年鉴》中的市级统计数据与中国国家知识产权局(China National Intellectual Property Administration,CNIPA)的专利数据进行合并，得到每座城市的专利数量和专利引用数量，能够综合地衡量区域创新活动。现有文献普遍认为，专利数量是创新产出的一个较好的衡量指标，而专利引用数量是衡量创新质量的一个较好的指标(Hall et al.,2001)。因此，本章的实证研究使用专利数量来衡量区域创新的数量，用专利引用数量来衡量区域创新的质量。本章构建的数据库样本区间为 1995—2015 年，该样本区间涵盖了外商直接投资和区域创新快速增长的时期，因此该样本可以较好地用以研究两者之间的数量关系。

在实证分析中,OLS 回归结果表明,外商直接投资与区域创新数量之间存在正相关关系。为了解决可能存在的内生性问题,实证分析基于 He 等(2017)和 Zheng 等(2010)的工作,构建了一个外商直接投资的工具变量(IV),进行工具变量回归。除了使用工具变量回归方法,实证分析还采用了动态面板广义矩估计方法(GMM)方法,以处理潜在的内生性问题。此外,实证分析在 GMM 回归中加入了外部工具变量,进一步缓解 GMM 回归存在的一个问题,即在一阶差分中,内生变量的滞后期可能不是有效的工具变量。工具变量回归和 GMM 回归的结果一致表明,外商直接投资在区域创新中发挥着至关重要的作用,促进了区域创新数量的增长。除了创新数量,本章也关注区域创新质量。利用专利引用数量衡量创新质量,工具变量回归和 GMM 回归的结果表明,外商直接投资显著提高了区域创新质量。由于专利的绝对数量指标可能存在衡量偏差,本章利用 Hall 等(2001)提出的方法,将专利数量和专利引用数量进行缩减调整,回归结果表明,上述结论仍然是稳健的,即外商直接投资的流入显著增加了区域创新的数量,提高了区域创新的质量。此外,基于现有研究,本章也考虑到其他因素可能影响外商直接投资在区域创新中的作用。对此,实证分析进行了若干稳健性检验,稳健性回归结果证明了基准回归结果的可靠性。

由于外商直接投资的数量在城市之间呈现出分布差异,整体上较集中于经济发达地区或沿海地区,本章认为,外商直接投资对区域创新数量和质量的影响可能存在不同类型的异质性。进一步研究发现:一是中西部地区城市比东部地区城市在区域创新方面从外商直接投资流入中获益更多;二是基础设施建设更完善的城市更有能力利用外商直接投资促进区域创新;三是在国有企业占比较低的城市,外商直接投资对创新数量和创新质量的影响更大;四是在工业化程度更高的城市,外商直接投资对区域创新的影响更大。

基于上述结论,为了更好地理解外商直接投资对区域创新数量和创新质量的正向作用,本章提出并检验了外商直接投资促进区域创新数量和创新质量的四种可能的解释:竞争效应、溢出效应、制度因素、替代金融发展。第一,影响机制检验结果表明,外商直接投资可以通过提高市场竞争力,对区域创新产生正向影响。第二,外商直接投资流入通过知识溢出效应促进了区域创新。具体而言,本章使用高等教育水平衡量城市对外商直接投资的吸收能力。回归结果表明,一座城市对外商直接投资的吸收能力的提高增强了外商直接投资的知识溢出,从而促进了区域创新。第三,使用地方治理作为制度的代理变量研究发现,外商直接投资通过制度因素影响区域创新,地方制度水平的提高能促进对外商直接投资的创新溢出效应。第四,外商直接投资水平可以在一定程度上替代金融发展带来的融资资本,提供创新必需的资本。

　　本章实证研究有以下四个方面的创新点。第一,将中国国家知识产权局1995—2015年的专利数据和专利引用数据与城市统计数据合并,构建中国城市层面创新数据库,衡量了区域创新数量和质量。该数据库提供了研究关于外商直接投资对区域创新的影响的面板数据,使研究能更深入解释中国专利激增的现象。第二,基于现有文献构造了区域层面外商直接投资的工具变量,在实证策略中采用工具变量回归方法,准确识别了外商直接投资对区域创新的影响。为了进一步减轻内生性问题带来的估计偏误,本章还使用GMM方法估计了外商直接投资对区域创新的效应。第三,较为系统地探讨了外商直接投资对区域城市创新的异质性影响。第四,提出并检验了外商直接投资对区域创新的影响机制,发现外商直接投资通过竞争效应、溢出效应、制度因素、替代金融发展影响区域创新。

二、制度背景

(一)中国对外开放

　　利用外资是我国对外开放基本国策和构建开放型经济新体制的重要内容。过去几十年中国经济高速增长和转型升级过程中,外商直接投资发挥了积极作用。在较早时期,中国各级政府以减税和补贴土地使用等优惠政策,大力吸引境外投资者。同时,由于本土市场的劳动力成本较低,大量外商直接投资涌入中国。现阶段,中国进一步贯彻全面开放新格局的决策部署,实行高水平投资自由化便利化政策,各地区加快营造更加公平、透明、便利,更有吸引力的投资环境和营商环境,促进外商投资稳定增长,实现以高水平开放推动经济高质量发展。这些政策全方面地服务于外商直接投资,包括放宽市场准入条件、提升投资保护水平、优化区域开放布局等。这些政策的落实带来了积极的结果,中国的外商直接投资流入迅速增长。

中国在经济发展中存在区域差异,因此外商直接投资流入也存在区域分布差异。首先,在静态分布的呈现上,使用 1995—2015 年各城市外商直接投资流入总数额作为衡量指标。Jiang 等(2022)展示了 1995—2015 年中国城市层面的外商直接投资流入的区域分布,结果表明,东部城市和沿海城市的外商直接投资流入数额较大,中部地区相对较小,西部地区的外商直接投资流入非常少。其次,利用样本期间的外商直接投资平均增长率,衡量外商直接投资的动态区域分布。外商直接投资平均增长率的区域分布表明,中部地区外商直接投资流入的平均增长率明显高于东部和沿海城市,而西部地区的增长率也较低。总体而言,在外商直接投资流入方面,在静态分布上,东部城市表现出较大的数量优势;在动态分布上,中部城市表现出较大的增长速度优势。

(二)中国式创新

近年来,中国的创新表现和创新发展受到全球越来越多的关注。在改革开放初期,引进消化吸收再创新是中国创新的主要路径,其中较为常见的是以"市场换技术"的方式引进境外的先进设备和生产技术,家电制造、汽车制造是其中很典型的行业。但这种模仿创新方式在一定程度上也导致原创性创新和前沿研究较少。诚然,模仿创新和自主创新对发展中国家的经济发展都起到重要的作用,两种创新方式都存在相应的优点和缺点。自主创新在激烈的市场竞争中可使企业占据有利地位,甚至可以使创新者获得高额的垄断利润。而进行模仿创新的企业可以投入较少的研发资源,通过模仿市场中的创新产品,从而提高自身的生产技术,这在很大程度上缩短了产品从研发到上市的时间,降低创新投资风险。然而,模仿创新的劣势也是显而易见的。首先,由于知识产权保护环境和体系的完善,以及外资企业技术保护意识的提高,模仿创新的难度加大。其次,随着经济的高速发展和技术的不断进步,中国一些产业领域的技术逐渐接近世界前沿水平,难以依靠模仿取得长足的技术进步。因此,中国各界逐渐认识到自主创新的重要性,提出了制造业向自主创新转型的发展战略。此后,中国创新的制度环境不断完善,通过全球化的创新要素获取,将创新路径转向更加依靠以科技为核心的全面创新。

在这一发展时期,中国无疑在创新方面投入许多资源,也取得了巨大的成绩。例如,科学实验卫星"墨子号"开启了全球化量子通信的大门,北斗卫星导航系统成为世界一流的全球卫星导航系统,单口径射电望远镜开创了建造巨型望远镜的新模式,等等。就具体数字而言,1991 年,中国研发投资支出只占 GDP 的 0.7%。而 2012 年,中国研发投资支出占比已经达到 OECD 国家的平均水平,占 GDP 的 1.88%(Wei et al.,2017)。与此同时,中国的专利申请量呈爆炸式增长。1995—2015 年,国内专利申请量以每年约 20% 的速度增长。

同样,由于经济发展的区域差异,区域创新也展现出不同的分布。首先,在静态分布的呈现上,使用 1995—2015 年各城市所有专利总数量作为创新数量的衡量指标。Jiang 等(2022)展示了 1995—2015 年各城市专利数量的分布情况,结果表明,专利主要分布在中国东部经济发达城市,以及部分中部城市,西部地区城市拥有较少的专利。接着,利用样本期间的专利数量平均增长率,衡量创新数量的动态区域分布。专利数量平均增长率的区域分布情况表明,西部地区专利数量的平均增长率高于东部和中部地区城市。总体而言,在创新数量方面,在静态分布上,东部城市表现出较大的数量优势;在动态分布上,西部城市表现出较大的增长速度优势。

继续考察创新质量的区域分布情况。首先,在静态分布的呈现上,使用 1995—2015 年各城市所有专利引用总数量作为创新质量的衡量指标。Jiang 等(2022)展示了 1995—2015 年各城市专利引用数量的分布情况,结果表明,专利引用数量主要集中于东部经济发达城市,以及少量中部城市,西部地区城市拥有很少的专利引用数量。再利用样本期间的专利引用数量平均增长率,衡量创新质量的动态区域分布。专利引用数量平均增长率的区域分布情况表明,中部、西部地区专利引用数量的平均增长率高于东部地区城市。总体而言,在创新质量方面,在静态分布上,东部城市表现出绝对的数量优势;在动态分布上,中部和西部城市表现出较大的增长速度优势。

三、数据及衡量指标

(一)区域创新衡量指标

本章在国家知识产权局专利数据库的基础上,构建了中国城市专利数据集。1985年,中国开始实施专利法,并分别于1992年、2000年和2008年进行了三次修订。随着知识产权保护水平的逐步提高、知识产权保护体系的不断完善,中国专利制度逐步与国际接轨。中国的专利分为三种:发明专利、实用新型专利和外观设计专利。在1995—2015年的样本期间内,该专利数据库记录了约1460万条专利信息,涵盖了在国家知识产权局的所有专利申请,包括约575万条发明专利、515万条实用新型专利和370万条外观设计专利。

为了衡量区域创新,本章利用专利信息中的地理位置信息测度了中国各个城市的创新情况。具体而言,专利信息中包含该专利对应的行政区划代码,本研究利用城市和年份,对专利数据进行加总,获取城市层面的创新面板数据。由于在数据库中存在三类专利,在数据处理中进行分类统计,最后分别使用所有专利数量、发明专利数量、实用新型专利数量和外观设计专利数量来衡量城市层面的创新数量。同时,在数据处理中将每一条专利的引用信息进行匹配,得到每个专利的引用数量。用相同的方法进行加总,得到城市的专利引用数量,研究中使用该指标来衡量区域创新质量。区域创新的概念比较宽泛,除了技术进步,还包括研发、技术扩散、模式创新等。本研究基于现有文献(Cheung and Lin,2014;Zhang,2017),主要讨论以专利为代表的区域创新情况。本研究的数据工作从两个方面拓展了现有研究:一方面,将区域创新的研究拓展到城市层面。另一方面,除了关注创新数量,还使用专利引用数量衡量了区域创新质量。

(二)城市层面统计数据

《中国城市统计年鉴》是全面反映中国城市经济与社会发展情况的资

料性年刊，收录了超过 300 个地级市的统计数据，主要包括城市人口、就业、劳动力、综合经济、农业、工业、固定资产投资、利用外资、财政、教育、交通运输等方面的数据。本章实证研究中，使用的城市统计信息来源于1995—2015 年的《中国城市统计年鉴》。表 8-1 报告了实证分析中所使用的变量的定义和描述性统计。

表 8-1　变量描述性统计

变　　量	观测值数量	均值	标准差	定义
Allpatent	5455	5.882	1.780	所有专利（发明、实用新型、外观设计）数量加 1 后取自然对数
Invention	5455	4.333	1.909	发明专利数量加 1 后取自然对数
Utility	5455	5.154	1.699	实用新型专利数量加 1 后取自然对数
Design	5455	4.284	1.990	外观设计专利数量加 1 后取自然对数
Citation	5455	4.832	1.824	专利引用数量加 1 后取自然对数
FDI stock	5448	10.76	1.854	外商直接投资存量取自然对数
Population	5454	5.837	0.697	人口数量取自然对数
GDP	5452	6.231	1.195	城市生产总值取自然对数
Wage	5436	9.703	0.800	劳动力平均工资取自然对数
SecondInd	5445	47.22	10.90	城市生产总值中第二产业占比
TertiaryInd	5444	35.87	8.195	城市生产总值中第三产业占比

四、实证分析

本章首先介绍实证模型的设定，接着讨论实证策略的设计，即工具变量的构建。最后，汇报基准回归的结果。

（一）计量模型设定

本节通过建立计量模型来检验城市层面外商直接投资存量与区域创新之间的关系。计量模型的设定如下：

$$\text{Innovation}_{i,t} = \alpha + \beta \times \text{FDI stock}_{i,t-1} + \gamma' \text{Controls}_{i,t-1} + \delta_i$$
$$+ \delta_t + \varepsilon_{i,t} \tag{8-1}$$

式中，i 代表城市，t 代表年份。为了刻画城市创新数量和创新质量，采用了不同的变量来衡量区域创新，包括所有专利数量，不同类型的专利数量，以及专利引用数量。外商直接投资存量 FDI stock$_{i,t-1}$ 是模型的解释变量，回归中的解释变量滞后一年，采用永续盘存法进行计算，其对应的系数 β 是本章研究的重点。在计算中，设定外商直接投资的折旧率为 10%（Bitzer and Görg，2009）。根据现有的文献（如 Tian and Xu，2022），搜集了可能影响区域创新的城市层面的控制变量并在回归中进行控制，包括人口数量、GDP、平均工资、第二产业产出占 GDP 的比例，以及第三产业产出占 GDP 的比例。回归中所有控制变量滞后 1 期，以减轻内生性问题。α 为模型中的常数项。$\varepsilon_{i,t}$ 为随机误差项。另外，回归模型还控制了城市固定效应和年份固定效应，以控制不随时间变化的城市特征和可能影响外商直接投资与区域创新关系的时间冲击。在本章回归中，标准误均聚类到城市层面。

（二）识别策略

在基准回归模型中，获得系数 β 无偏估计的一个关键假设是，在控制所有控制变量的情况下，解释变量与随机误差项不相关。但是，这个识别假设在现实环境中成立的难度较大。例如，在模型设定中，可能忽略了某些不可观测的变量，而这些变量会导致估计偏误。为了解决内生性问题，本章构建了一个外商直接投资的工具变量。

He 等（2017）使用涉外婚姻数量占总婚姻数量的比例作为外商直接投资的工具变量。他们认为，与当地人联姻建立人际网络，让境外投资者在中国投资时更加了解当地的情况，同时也让境外投资者的投资受到保护的程度更高。基于该文献，本研究认为：第一，中国涉外婚姻数量在一定程度上与外商直接投资数额有关；第二，对于研究城市创新而言，与某一特定城市的涉外婚姻相比，全国层面的涉外婚姻数量更具外生性。此外，出于数据可得性考虑，中国城市层面统计数据未报告涉外婚姻信息，即无法获得城市层面的涉外婚姻数量数据。

此外，本研究试图寻找一个基于外生地理因素的外商直接投资的工具变量。中国不同地区由于地貌不同，在运输和对外贸易上表现出极大的差异。大型的航运港口大多位于东部及东南区域，而内陆尤其是西部地区航运不便，其参与全球贸易的份额较小。Zheng 等（2010）把一座城市到其最近的港口的距离作为外商直接投资的工具变量。根据他们的研究，到港口的距离是外商直接投资流入的一个重要决定因素。Wu 和 Heerink（2016）指出，到港口的距离是外商直接投资的一个常用的工具变量，在现有研究中接受程度较高。此外，本研究认为，该地理因素是区域创新的外生因素，即不直接影响区域创新。因此，基于城市的经纬度信息，本研究计算了每座城市到主要港口的距离。根据《中国港口年鉴》2017 年的数据，中国处理货运量最大的五个港口分别为宁波港、上海港、天津港、广州港、青岛港，其处理货运量总和超过 5000 万吨。本研究分别计算了每座城市到这五个港口的距离，使用其中最短的一个距离作为城市到主要港口的距离。

基于上述讨论，本研究构建了一个外商直接投资的工具变量 FMOD，表达式如下：

$$FMOD_{i,t} = \text{Foreign marriage}_t / \text{Distance to port}_i \qquad (8\text{-}2)$$

式中，Foreign marriage$_t$ 为全国层面涉外婚姻数量，Distance to port$_i$ 为一座城市到主要港口最短的距离。

一个有效的工具变量需要满足两个条件：该工具变量与外商直接投资存量相关（有效性要求），但与回归中的残差无关（排他性约束）。本研究构造的工具变量是一个较好的工具变量，主要原因如下：首先，该工具变量满足了有效性要求。通过分析可以发现，该工具变量中，涉外婚姻的数量与外商直接投资流入呈正相关，而城市和主要港口间的距离与外商直接投资呈负相关，因此变量 FMOD 在理论上与外商直接投资流入量呈正相关。图 8-1 证实了该工具变量和外商直接投资存在显著的正相关关系。其次，该工具变量也满足排他性约束。基于 He 等（2017）和 Zheng 等（2010）的研究，本国涉外婚姻数量、城市与主要港口的距离是相对外生的因素，因为它们除了通过外商直接投资渠道，对区域创新影响较小。综上所述，可以认为变量 FMOD 是一个有效且外生的工具变量。

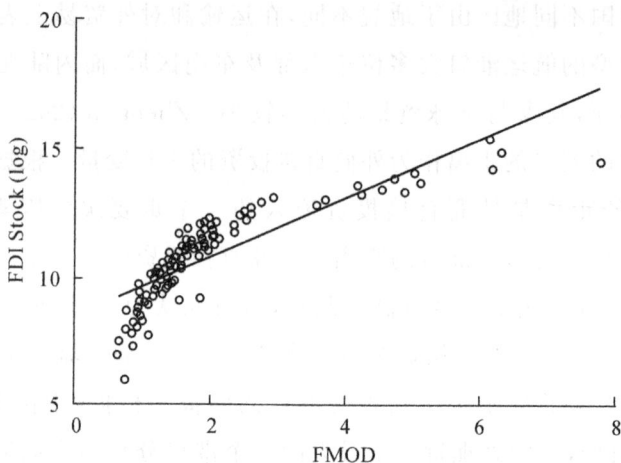

图 8-1　工具变量与解释变量的相关关系

注:本图空心点为实际数据点,直线为线性拟合线。数据从小到大按分位数处理成 100 个等分的数据点,图中展示了该 100 个等分点的数据。

在实证分析中,为了获得更加有效且可靠的结果,本研究使用动态面板 GMM 方法以进一步解决内生性问题。在 OLS 回归和 IV 回归中,可能存在一个问题,即城市以往的创新表现和城市层面的不可观测因素可能同时对估计结果产生影响,而动态面板 GMM 估计方法能同时处理滞后期区域创新和城市固定效应的问题。但是,GMM 估计也存在局限性,即内生变量的滞后期可能存在弱工具变量问题而不是好的工具变量。如果在回归中存在这种问题,那么通过使用解释变量滞后期作为工具变量来解决内生性问题是不合理的。为了解决这个潜在的问题,本研究在 GMM 估计中,进一步加入了外部工具变量 FMOD。增加外部工具变量是解决 GMM 估计中存在弱工具变量问题的较为有效的方法(Ang et al.,2014)。在 GMM 估计中,使用解释变量的滞后 3~10 期作为内生变量的工具变量。

(三)基准回归

在现有文献中,使用专利数量衡量区域创新是最为常见的做法。本节基准回归从所有专利数量的分析开始。

表 8-2 报告了基准回归结果,包含 OLS 回归、工具变量回归和 GMM 回归结果,以及工具变量回归一阶段的回归结果和 GMM 回归的 Hansen

检验结果。在回归结果中,被解释变量为所有专利数量,即 Allpatent。列(1)至列(4)显示了 OLS 回归结果,无论是加入控制变量还是加入年份固定效应,解释变量的估计系数均在 1% 水平上显著为正。虽然在加入控制变量和固定效应后,估计系数变小,但其经济效应仍然较大。OLS 模型估计列(4)估计结果意味着一座城市的外商直接投资存量每增加 1%,所有专利数量会增加 0.12%。

表 8-2 外商直接投资对所有专利数量的影响

变 量	(1) OLS Allpatent	(2) OLS Allpatent	(3) OLS Allpatent	(4) OLS Allpatent	(5) IV Allpatent	(6) GMM Allpatent	(7) GMM- External IV Allpatent
FDI stock	1.019***	0.128***	0.132***	0.119***	0.895***	0.072*	0.036**
	(0.030)	(0.037)	(0.042)	(0.038)	(0.225)	(0.041)	(0.015)
Population			−0.522***	0.009	0.406***	0.075**	0.050***
			(0.102)	(0.099)	(0.138)	(0.034)	(0.018)
GDP			0.863***	0.138	−0.476**	−0.074	−0.040
			(0.118)	(0.109)	(0.186)	(0.078)	(0.034)
Wage			0.396***	0.035	−0.190	0.029	0.027
			(0.126)	(0.040)	(0.125)	(0.033)	(0.034)
SecondInd			−0.002	0.009*	0.015***	0.003***	0.002***
			(0.005)	(0.005)	(0.003)	(0.001)	(0.001)
TertiaryInd			0.013**	0.018***	0.027***	0.001	0.001
			(0.006)	(0.006)	(0.004)	(0.002)	(0.001)
Lag. Allpatent						0.946***	0.971***
						(0.040)	(0.019)
First-stage coefficient					0.058***		
					(0.011)		
Wald F-statistic					27.376		
AR(2)检验 (p-value)						(0.008)	(0.009)
AR(3)检验 (p-value)						(0.786)	(0.797)
Hansen 检验 (p-value)						(0.119)	(0.220)
年份固定效应	否	是	否	是	是	是	是

续表

变 量	(1) OLS Allpatent	(2) OLS Allpatent	(3) OLS Allpatent	(4) OLS Allpatent	(5) IV Allpatent	(6) GMM Allpatent	(7) GMM- External IV Allpatent
城市固定效应	是	是	是	是	是	是	是
R^2 / Wald chi square	0.696	0.871	0.850	0.873	0.785	230666***	298199***
观测值数量	5074	5074	5046	5046	5044	5046	5046

注：列(1)至列(4)为 OLS 回归，列(5)为 IV 回归。为了简洁明了，未报告一阶段估计中的其他控制变量的回归系数。列(6)和列(7)为稳健两阶段动态面板 GMM 回归。其中，列(7)包含外部工具变量。在 GMM 回归中，把解释变量和被解释变量视作潜在的内生变量，使用对应变量的滞后 3~10 期作为工具变量。回归中包含常数项，但未报告。括号内的数字为稳健标准误差。*、**、*** 分别表示在 10%、5%、1% 水平上显著。

工具变量回归缓解了内生性问题带来的估计偏误，有助于更准确识别外商直接投资存量对被解释变量的影响。列(5)报告了工具变量回归的结果。工具变量回归的一阶段估计结果显示，工具变量 FMOD 与外商直接投资存量存在显著正相关关系，符合预期。并且，一阶段估计的 F 统计量为 27.376，拒绝工具变量 FMOD 是弱工具变量的假设。工具变量回归二阶段估计结果显示，外商直接投资存量的系数在 1% 水平上显著为正。回归系数表明，一座城市的外商直接投资存量每增加 1%，所有专利数量会增加 0.90%。工具变量回归结果表明，外商直接投资对所有专利数量存在较大的影响。对 OLS 回归和 IV 回归进行比较，可以发现工具变量回归的估计系数较大。本研究认为原因如下：当处理效应存在异质性，即变量 FMOD 对城市外商直接投资的影响不完全相同（例如可能存在部分距离港口更远的城市有更多的外商直接投资流入）时，工具变量回归估计的是局部平均处理效应。这意味着本研究的工具变量回归估计了子样本（外商直接投资受到变量 FMOD 影响的城市）中外商直接投资对创新的影响。由于 OLS 回归中可能存在内生性问题，使用工具变量回归更精确地反映了外商直接投资与创新之间的关系。因此，在基准回归中，本研究更倾向于使用工具变量回归结果进行解释。

列(6)和列(7)为 GMM 估计结果，其中列(7)包含外部工具变量。回归结果表明，外商直接投资存量对所有专利数量存在显著的正向影响。

Hansen 检验表明,不能拒绝 GMM 回归中使用的所有工具变量都有效的假设,即 GMM 估计的模型设定较为合理。总体而言,GMM 估计结果也支持了 OLS 回归和 IV 回归的结论。

由于不同类别专利的申请难度不同,外商直接投资对不同类别专利的影响可能存在差异。本节分别使用三类专利(发明专利、实用新型专利、外观设计专利)的数量作为被解释变量进行回归,结果报告在表 8-3中。回归结果显示,外商直接投资的效应在不同类别专利之间确实存在差异。具体来说,列(1)、列(4)和列(7)显示,外商直接投资对外观设计专利的影响大于对发明专利和实用新型专利的影响。工具变量回归结果表明,外商直接投资存量每增加 1%,发明专利会增加 0.45%,实用新型专利会增加 0.55%,外观设计专利会增加 1.22%,其中列(1)的系数不显著。GMM 回归结果表明,外商直接投资对三类专利数量的影响系数都显著为正,并且对发明专利和实用新型专利的影响都弱于外观设计专利。分类专利数量的回归结果表明,外商直接投资对发明专利、实用新型专利、外观设计专利都存在显著的正向影响,且对外观设计专利的影响最大。

被引用的专利推动了后续创新活动的开展,被认为具有更高的价值,其数量是一个较好的衡量创新质量的指标。另外,被引用在一定程度上反映了该创新的原创性和新颖性。本研究使用专利引用数量衡量区域创新质量,检验外商直接投资存量对专利质量的影响,结果如表 8-4 所示。列(1)至列(3)结果表明,外商直接投资存量对专利质量有显著的正向影响。工具变量回归的估计系数为 0.638,表明外商直接投资存量每增加 1%,专利引用次数会增加 0.64%。GMM 回归结果也表明,外商直接投资存量在 1% 水平上与专利引用数量呈显著正相关关系。

表 8-3　外商直接投资对三类专利数量的影响

变　量	(1) IV Invention	(2) GMM Invention	(3) GMM-External IV Invention	(4) IV Utility	(5) GMM Utility	(6) GMM-External IV Utility	(7) IV Design	(8) GMM Design	(9) GMM-External IV Design
FDI stock	0.448 (0.326)	0.095*** (0.035)	0.091*** (0.020)	0.552** (0.224)	0.040* (0.024)	0.046*** (0.017)	1.222*** (0.264)	0.118** (0.048)	0.188*** (0.049)
Population	0.095 (0.177)	0.059* (0.033)	0.054* (0.026)	0.309** (0.126)	0.034 (0.025)	0.038* (0.020)	0.572*** (0.177)	0.170*** (0.057)	0.226*** (0.055)
GDP	0.003 (0.260)	-0.081 (0.063)	-0.073 (0.050)	-0.289 (0.179)	0.041 (0.048)	0.032 (0.040)	-0.851*** (0.228)	-0.002 (0.094)	-0.177** (0.085)
Wage	-0.270* (0.141)	-0.055 (0.037)	-0.056 (0.037)	-0.181 (0.128)	0.046*** (0.017)	0.046*** (0.017)	-0.151 (0.135)	0.118* (0.062)	0.122* (0.066)
SecondInd	0.008** (0.004)	0.003*** (0.001)	0.003*** (0.001)	0.012*** (0.003)	0.003*** (0.001)	0.003*** (0.001)	0.020*** (0.004)	0.007*** (0.002)	0.007*** (0.002)
TertiaryInd	0.024*** (0.005)	0.001 (0.002)	0.001 (0.002)	0.025*** (0.004)	0.002* (0.001)	0.002* (0.001)	0.029*** (0.006)	0.009*** (0.003)	0.006* (0.003)
Lag. Invention		0.945*** (0.024)	0.947*** (0.021)						
Lag. Utility					0.912*** (0.026)	0.911*** (0.026)			
Lag. Design								0.787*** (0.036)	0.821*** (0.035)

续表

变　量	(1) IV Invention	(2) GMM Invention	(3) GMM-External IV Invention	(4) IV Utility	(5) GMM Utility	(6) GMM-External IV Utility	(7) IV Design	(8) GMM Design	(9) GMM-External IV Design
AR(2)检验（p-value）		(0.000)	(0.000)		(0.002)	(0.002)		(0.001)	(0.001)
AR(3)检验（p-value）		(0.911)	(0.910)		(0.302)	(0.302)		(0.992)	(0.981)
Hansen检验（p-value）		(0.524)	(0.516)		(0.127)	(0.137)		(0.193)	(0.218)
年份固定效应	是	是	是	是	是	是	是	是	是
城市固定效应	是	是	是	是	是	是	是	是	是
R^2/Wald chi square	0.829	132521***	144787***	0.822	149818***	145995***	0.578	30778***	29574***
观测值数量	5044	5046	5046	5044	5046	5046	5044	5046	5046

注：列（1）、列（4）和列（7）为 IV 回归。列（2）、列（5）和列（8）为稳健两阶段动态面板 GMM 回归。列（3）、列（6）和列（9）为包含外部工具变量的稳健两阶段面板 GMM 回归。在 GMM 回归中，解释变量和被解释变量被视作内生变量，使用对应变量的滞后 3～10 期作为工具变量。回归中包含常数项，但未报告。括号内的数字为稳健标准误。*、**、*** 分别表示在 10%、5%、1%水平上显著。

表 8-4　外商直接投资对专利引用数量的影响

变　量	(1) IV Citation	(2) GMM Citation	(3) GMM-External IV Citation
FDI stock	0.638 *	0.149 ***	0.110 ***
	(0.352)	(0.050)	(0.033)
Population	0.374 *	0.103 **	0.070 *
	(0.197)	(0.052)	(0.041)
GDP	−0.348	−0.020	0.031
	(0.284)	(0.099)	(0.084)
Wage	−0.268 *	−0.038	−0.041
	(0.161)	(0.073)	(0.071)
SecondInd	0.024 ***	0.008 ***	0.007 ***
	(0.005)	(0.002)	(0.002)
TertiaryInd	0.035 ***	0.009 **	0.009 **
	(0.006)	(0.004)	(0.004)
Lag. Citation		0.803 ***	0.823 ***
		(0.041)	(0.037)
AR(2)检验 (p-value)		(0.000)	(0.000)
AR(3)检验 (p-value)		(0.843)	(0.846)
Hansen 检验 (p-value)		(0.237)	(0.240)
年份固定效应	是	是	是
城市固定效应	是	是	是
R^2 / Wald chi square	0.614	37273 ***	46845 ***
观测值数量	5044	5046	5046

注:列(1)为 IV 回归。列(2)为稳健两阶段动态面板 GMM 回归。列(3)为包含外部工具变量的稳健两阶段动态面板 GMM 回归。在 GMM 回归中,把解释变量和被解释变量视作潜在的内生变量,使用对应变量的滞后 3~10 期作为工具变量。回归中包含常数项,但未报告。括号内的数字为稳健标准误。*、**、*** 分别表示在 10%、5%、1%水平上显著。

　　以上基准结果表明,外商直接投资对区域创新数量和创新质量存在显著的正向影响。由于专利数量和专利引用数量会随着时间和专利类别的变化而变化,即存在时间趋势和技术类别差异,因此基准回归结果可能存在一定的衡量偏差。为了更准确地衡量创新数量和创新质量，本研究按照 Hall 等(2001)的方法，对创新指标进行调整，构造缩减的创新指标。具体而言，将每座城市在全国同一年份和同一专利分类(International Patent Classification，IPC)的城市平均专利申请数量作为权重，来调整创新指标。相类似地，将每项专利的专利引用数量按照全国同一年份和同一专利分类的平均被引用次数作为权重，进行缩减处理。因此，缩减指标的含义为该城市创新水平与全国城市同一时期同一类别平均创新水平的比值。

　　接着，使用缩减创新变量作为被解释变量来进行回归，结果如表 8-5 所示。虽然在回归结果中，部分外商直接投资存量的系数不具有统计显著性，但总体上回归结果支持基准回归结果。具体而言，列(1)至列(3)表明，外商直接投资存量对缩减的所有专利数量存在显著正向影响。列(4)至列(6)表明，外商直接投资存量对缩减的发明专利数量存在正向影响，其中列(4)和列(5)回归系数不显著。列(7)至列(9)展示了外商直接投资存量对缩减的实用新型专利数量的影响，其中列(7)IV 回归结果和列(9)GMM 回归结果都支持外商直接投资存量对缩减的实用新型专利数量存在显著的正向影响。列(10)至列(12)的回归结果表明，外商直接投资存量对缩减的外观设计专利数量存在正向影响，其中列(11)的回归系数不显著。列(13)至列(15)的回归结果表明，外商直接投资存量对缩减的专利引用数量存在正向影响，其中列(13)的回归系数不显著。总的来说，将创新指标进行缩减处理，回归结果也支持基准回归结果，即外商直接投资能显著促进区域创新数量的增加和创新质量的提高。

表 8-5　缩减创新指标

变量	(1) IV Scaled allpatent	(2) GMM Scaled allpatent	(3) GMM-External IV Scaled allpatent	(4) IV Scaled invention	(5) GMM Scaled invention	(6) GMM-External IV Scaled invention	(7) IV Scaled utility	(8) GMM Scaled utility	(9) GMM-External IV Scaled utility	(10) IV Scaled design	(11) GMM Scaled design	(12) GMM-External IV Scaled design	(13) IV Scaled citation	(14) GMM Scaled citation	(15) GMM-External IV Scaled citation
FDI stock	0.799*** (0.188)	0.066* (0.036)	0.115*** (0.032)	-0.092 (0.226)	0.017 (0.015)	0.039*** (0.011)	0.481*** (0.186)	-0.004 (0.031)	0.093** (0.041)	0.927*** (0.213)	0.028 (0.057)	0.148** (0.060)	0.465 (0.338)	0.152*** (0.049)	0.117*** (0.033)
Population	0.526*** (0.125)	0.058* (0.035)	0.108*** (0.034)	-0.234** (0.117)	0.005 (0.016)	0.022 (0.013)	0.266** (0.104)	-0.061 (0.039)	0.014 (0.044)	0.600*** (0.146)	-0.121 (0.076)	0.009 (0.072)	0.279 (0.185)	0.095* (0.054)	0.066 (0.043)
GDP	-0.685*** (0.160)	0.055 (0.066)	-0.071 (0.052)	0.369** (0.179)	-0.016 (0.029)	-0.050** (0.024)	-0.246* (0.147)	0.177*** (0.055)	0.038 (0.068)	-0.885*** (0.185)	0.256** (0.115)	-0.104 (0.111)	-0.211 (0.270)	-0.037 (0.097)	0.006 (0.084)
Wage	-0.132 (0.098)	0.035 (0.039)	0.027 (0.038)	-0.084 (0.070)	-0.018 (0.028)	-0.017 (0.029)	-0.176** (0.103)	0.130** (0.052)	0.118** (0.053)	-0.132 (0.112)	0.102 (0.074)	0.101 (0.064)	-0.239* (0.145)	-0.044 (0.083)	-0.049 (0.082)
SecondInd	0.020*** (0.003)	0.006*** (0.001)	0.007*** (0.001)	-0.007*** (0.002)	0.001** (0.001)	0.002*** (0.001)	0.010*** (0.002)	0.001 (0.002)	0.003 (0.002)	0.022*** (0.004)	0.003 (0.003)	0.005* (0.003)	0.018*** (0.004)	0.005** (0.002)	0.005*** (0.002)
TertiaryInd	0.024*** (0.004)	0.007*** (0.002)	0.006*** (0.002)	0.005* (0.003)	-0.000 (0.001)	-0.000 (0.001)	0.019*** (0.003)	0.006** (0.002)	0.006** (0.003)	0.024*** (0.005)	0.012*** (0.004)	0.006 (0.004)	0.031*** (0.006)	0.008** (0.004)	0.008** (0.003)
Lag. Scaled allpatent		0.834*** (0.032)	0.856*** (0.030)												
Lag. Scaled invention					1.009*** (0.015)	0.998*** (0.014)									
Lag. Scaled utility								0.650*** (0.033)	0.619*** (0.033)						

续表

变量	(1) IV Scaled allpatent	(2) GMM Scaled allpatent	(3) GMM-External IV Scaled allpatent	(4) IV Scaled invention	(5) GMM Scaled invention	(6) GMM-External IV Scaled invention	(7) IV Scaled utility	(8) GMM Scaled utility	(9) GMM-External IV Scaled utility	(10) IV Scaled design	(11) GMM Scaled design	(12) GMM-External IV Scaled design	(13) IV Scaled citation	(14) GMM Scaled citation	(15) GMM-External IV Scaled citation
Lag. Scaled design											0.683*** (0.043)	0.770*** (0.042)			
Lag. Scaled citation														0.800*** (0.042)	0.819*** (0.037)
AR(2)检验 (p-value)		(0.000)	(0.000)		(0.000)	(0.000)		(0.073)	(0.058)		(0.004)	(0.004)		(0.000)	(0.000)
AR(3)检验 (p-value)		(0.032)	(0.031)		(0.887)	(0.895)		(0.096)	(0.118)		(0.104)	(0.120)		(0.791)	(0.795)
Hansen稳健 (p-value)		(0.325)	(0.432)		(0.380)	(0.377)		(0.183)	(0.138)		(0.212)	(0.166)		(0.165)	(0.172)
年份固定效应	是	是	是	是	是	是	是	是	是	是	是	是	是	是	是
城市固定效应	是	是	是	是	是	是	是	是	是	是	是	是	是	是	是
R^2/Wald chi square	−0.304	37529***	32723***	0.239	146282***	99256***	−0.377	3917***	3507***	−0.248	4395***	4534***	0.805	44316***	58944***
观测值数量	5044	5046	5046	5044	5046	5046	5044	5046	5046	5044	5046	5046	5044	5046	5046

注:列(1)、列(4)、列(7)、列(10)和列(13)为IV回归。列(2)、列(5)、列(8)、列(11)和列(14)为稳健两阶段动态面板GMM回归。列(3)、列(6)、列(9)、列(12)和列(15)为包含外部工具变量的稳健两阶段动态面板GMM回归。在GMM回归中,解释变量和被解释变量被视作潜在的内生变量,使用对应变量的滞后3~10期作为稳健工具变量。回归中包含常数项,但未报告。括号内的数字为稳健标准误。*、**、***分别表示在10%、5%、1%水平上显著。

五、稳健性检验及异质性检验

基准回归结果表明,外商直接投资对区域创新数量和创新质量存在显著的正向影响。本节对基准回归进行相应的检验,进一步检验基准回归的稳健性,探讨其异质性。

(一)稳健性检验

在本节中进行相关稳健性检验来验证基准回归结果。为了简洁起见,本节主要关注所有专利数量和专利引用数量,即本节回归中使用这两个区域创新指标作为被解释变量进行回归。

验证工具变量的有效性。为了进一步验证在基准回归中使用的工具变量的有效性,本节构建了另一个外商直接投资的工具变量,使用过度识别检验来检验工具变量的有效性和外生性。Coughlin 和 Segev(2000)指出,在中国的外商直接投资中,流入第二产业的数额占到约一半的比例。因此,外商直接投资在第二产业的就业数量占外商直接投资就业总量的很大一部分。基于此,本节根据全国层面的外商直接投资就业数据,以及每座城市第二产业的劳动力占比,构建了另一个工具变量,表达式如下:

$$\text{FDI employ}_{i,t} = \text{FDI employment}_t \times \text{Share of secondary labor}_{i,t}$$

$$(8\text{-}3)$$

式中,FDI employment_t 是国家层面外商直接投资的就业总人数,$\text{Share of secondary labor}_{i,t}$ 是在每座城市的第二产业的劳动力就业占比。在稳健性检验中,同时使用两个工具变量,并进行过度识别检验,回归结果报告在表 8-6 中。回归结果显示,过度识别检验 J 统计量不能拒绝满足过度识别检验的原假设(所有工具变量都是外生的),即表明基准回归中使用的工具变量 FMOD 满足外生性条件。并且,工具变量一阶段估计的 F 统计量表明不存在弱工具变量问题。综上所述,表 8-6 回归结果进一步证实,基准回归中使用的工具变量是有效的,且验证了外商直接投资对区域创新存在显著的正向影响的结论。

表 8-6 稳健性检验——额外的工具变量

变 量	(1) IV Allpatent	(2) GMM Allpatent	(3) GMM- External IV Allpatent	(4) IV Citation	(5) GMM Citation	(6) GMM- External IV Citation
FDI stock	0.813 *** (0.222)	0.020 (0.022)	0.032 ** (0.014)	0.937 ** (0.371)	0.149 *** (0.050)	0.106 *** (0.029)
Lag. Allpatent		0.971 *** (0.020)	0.964 *** (0.017)			
Lag. Citation					0.803 *** (0.041)	0.835 *** (0.032)
控制变量	是	是	是	是	是	是
年份固定效应	是	是	是	是	是	是
城市固定效应	是	是	是	是	是	是
Wald F-statistic	14.624			14.624		
Overidenti- fication J- 检验(p-value)	0.535			0.185		
AR(2)检验 (p-value)		(0.009)	(0.013)		(0.000)	(0.000)
AR(3)检验 (p-value)		(0.807)	(0.720)		(0.843)	(0.908)
Hansen 检验 (p-value)		(0.229)	(0.261)		(0.237)	(0.403)
R^2 / Wald chi square	0.806	311563 ***	332098 ***	0.558	37273 ***	62883 ***
观测值数量	4865	5046	4865	4865	5046	4865

注:列(1)和列(4)为 IV 回归。列(2)和列(5)为稳健两阶段动态面板 GMM 回归。列(3)和列(6)为包含外部工具变量的稳健两阶段动态面板 GMM 回归。在 GMM 回归中,解释变量和被解释变量被视作潜在的内生变量,使用对应变量的滞后 3～10 期作为工具变量。回归中包含常数项,但未报告。括号内的数字为稳健标准误。*、**、*** 分别表示在 10%、5%、1%水平上显著。

使用外商直接投资流量指标。在基准回归中,解释变量为外商直接投资存量。在稳健性检验中,使用外商直接投资流量(取自然对数)作为解释变量,验证基准回归的稳健性。表 8-7 的回归结果表明,外商直接投资流量也表现出与外商直接投资存量一致的效应,即外商直接投资显著增加了区域创新数量,提高了区域创新质量。

表 8-7 稳健性检验——外商直接投资流量指标

变　量	(1) IV Allpatent	(2) GMM Allpatent	(3) GMM- External IV Allpatent	(4) IV Citation	(5) GMM Citation	(6) GMM- External IV Citation
FDI inflows	0.628*** (0.181)	0.029* (0.016)	0.040*** (0.013)	0.456* (0.255)	0.070** (0.031)	0.069** (0.027)
Lag. Allpatent		0.950*** (0.020)	0.961*** (0.019)			
Lag. Citation					0.818*** (0.042)	0.818*** (0.041)
控制变量	是	是	是	是	是	是
年份固定效应	是	是	是	是	是	是
城市固定效应	是	是	是	是	是	是
Wald F-statistic	20.506			20.506		
AR(2)检验 (p-value)		(0.015)	(0.015)		(0.000)	(0.000)
AR(3)检验 (p-value)		(0.952)	(0.953)		(0.503)	(0.502)
Hansen 检验 (p-value)		(0.284)	(0.258)		(0.209)	(0.222)
R^2 / Wald chi square	0.695	283526***	303496***	0.549	45280***	47903***
观测值数量	5019	5023	5023	5019	5023	5023

注:列(1)和列(4)为 IV 回归。列(2)和列(5)为稳健两阶段动态面板 GMM 回归。列(3)和列(6)为包含外部工具变量的稳健两阶段动态面板 GMM 回归。在 GMM 回归中,解释变量和被解释变量被视作潜在的内生变量,使用对应变量的滞后 3~10 期作为工具变量。回归中包含常数项,但未报告。括号内的数字为稳健标准误。*、**、*** 分别表示在 10%、5%、1%水平上显著。

国家级高新技术区。Tian 和 Xu(2022)研究发现,地区设立高新技术区能够提高区域创新水平。为了控制这一影响因素,本研究收集了样本中每座城市设立国家级高新区的信息。在稳健性检验中,本节构造了一个虚拟变量来表示一座城市是否设立了国家级高新技术区(如果观测值时间是在设立国家级高新技术区之后,则该虚拟变量赋值为 1;否则,该虚拟变量赋值为 0),并加以控制。表 8-8 中的回归结果表明,高新技术区确实对区域创新存在正向影响,验证了 Tian 和 Xu(2022)的观点。在控制了高新技术区的影响后,外商直接投资仍然对区域创新数量和质量存在显著的正向效应。

表 8-8　稳健性检验——国家级高新技术区

变　量	(1) IV Allpatent	(2) GMM Allpatent	(3) GMM- External IV Allpatent	(4) IV Citation	(5) GMM Citation	(6) GMM- External IV Citation
FDI stock	0.924*** (0.236)	0.020 (0.022)	0.036** (0.016)	0.691* (0.371)	0.156*** (0.049)	0.124*** (0.033)
High- tech zone	0.120* (0.067)	0.000 (0.013)	0.000 (0.013)	0.221*** (0.085)	0.150*** (0.040)	0.143*** (0.037)
Lag. Allpatent		0.971*** (0.019)	0.971*** (0.019)			
Lag. Citation					0.799*** (0.041)	0.814*** (0.038)
控制变量	是	是	是	是	是	是
年份固定效应	是	是	是	是	是	是
城市固定效应	是	是	是	是	是	是
Wald F- statistic	25.862			25.862		
AR(2)检验 (p-value)		(0.009)	(0.000)		(0.000)	(0.000)
AR(3)检验 (p-value)		(0.806)	(0.796)		(0.861)	(0.861)
Hansen 检验 (p-value)		(0.229)	(0.222)		(0.274)	(0.283)
R^2 / Wald chi square	0.779	311837***	301594***	0.605	39220***	46145***
观测值数量	5044	5046	5046	5044	5046	5046

　　注:列(1)和列(4)为 IV 回归。列(2)和列(5)为稳健两阶段动态面板 GMM 回归。列(3)和列(6)为包含外部工具变量的稳健两阶段动态面板 GMM 回归。在 GMM 回归中,解释变量和被解释变量被视作潜在的内生变量,使用对应变量的滞后 3~10 期作为工具变量。回归中包含常数项,但未报告。括号内的数字为稳健标准误。*、**、*** 分别表示在 10%、5%、1% 水平上显著。

　　使用授权专利指标。不同地区的发展水平和发展目标存在差异,所以各个地区制定的区域创新政策也会不同,这会导致地区之间申请专利的动力存在差异。但是,中国境内专利申请是由国家知识产权局以统一的标准进行审查并授予。因此,为了解决地区专利申请动力差异而导致的估计偏误,本研究使用授权专利进行相关计算,利用授权专利构建创新指标作为被解释变量进行稳健性检验。表 8-9 中的回归结果表明,排除地区之间专利申请动力差异之后,基准回归结果依然稳健。

表 8-9　稳健性检验——授权专利指标

变　量	(1) IV Allpatent Allpatent (Granted)	(2) GMM Allpatent Allpatent (Granted)	(3) GMM-External IV Allpatent Allpatent (Granted)	(4) IV Citation Citation (Granted)	(5) GMM Citation Citation (Granted)	(6) GMM-External IV Citation Citation (Granted)
FDI stock	0.909 *** (0.224)	0.022 (0.025)	0.043 ** (0.018)	0.938 ** (0.413)	0.228 *** (0.061)	0.114 *** (0.038)
Lag. Allpatent		0.948 *** (0.022)	0.949 *** (0.021)			
Lag. Citation					0.557 *** (0.054)	0.612 *** (0.048)
控制变量	是	是	是	是	是	是
年份固定效应	是	是	是	是	是	是
城市固定效应	是	是	是	是	是	是
Wald F-statistic	27.376			27.376		
AR(2)检验 (p-value)		(0.015)	(0.015)		(0.004)	(0.003)
AR(3)检验 (p-value)		(0.747)	(0.759)		(0.041)	(0.042)
Hansen 检验 (p-value)		(0.228)	(0.234)		(0.376)	(0.309)
R^2 / Wald chi square	0.769	252183 ***	241384 ***	0.579	16142 ***	20136 ***
观测值数量	5044	5046	5046	5044	5046	5046

注:列(1)和列(4)为 IV 回归。列(2)和列(5)为稳健两阶段动态面板 GMM 回归。列(3)和列(6)为包含外部工具变量的稳健两阶段动态面板 GMM 回归。在 GMM 回归中,解释变量和被解释变量被视作潜在的内生变量,使用对应变量的滞后 3～10 期作为工具变量。回归中包含常数项,但未报告。括号内的数字为稳健标准误。*、**、*** 分别表示在 10%、5%、1% 水平上显著。

（二）异质性检验

这一部分重点探讨在中国区域创新中外商直接投资效应的异质性。第一,外商直接投资对区域创新的影响因地区差异而有所不同。第二,基础设施建设完善程度差异可能导致外商直接投资对区域创新的影响不同。第三,考虑到政策偏好,城市产业所有权结构差异也可能导致外商直接投资对区域创新的影响不同。第四,由于不同区域的产业结构和制造能力不同,外商直接投资的效应可能也存在差异。

地区划分异质性。Zhang(2017)研究发现,外商直接投资对中国区域创新的影响存在地区差异。为了检验外商直接投资对区域创新影响的异质性,本节将回归样本按东部、中部、西部划分为三个子样本,子样本回归结果报告在表 8-10 中。列(1)至列(4)表明,在东部地区,外商直接投资对区域创新数量和质量的影响不显著。但是,中部地区和西部地区的情况完全不同。列(9)至列(12)表明,在西部地区,外商直接投资对专利数量和专利引用数量有正向影响,其中 OLS 回归的系数显著。列(5)至列(8)的结果表明,中部地区的区域创新在更大程度上受益于外商直接投资。OLS 回归和 IV 回归结果显示,外商直接投资对专利数量和专利引用数量在 1% 水平上存在显著正向影响。外商直接投资每增加 1%,中部地区所有专利数量将增加 3.87%,专利引用数量增加 4.19%。

基础设施建设异质性。Wheeler 和 Mody(1992)研究指出,基础设施的质量是影响外国投资者决定海外投资地点的重要因素。Cheng 和 Kwan(2000)研究证实,良好的基础设施对中国吸引外商直接投资存在正向影响。基于此,本节研究了外商直接投资对区域创新的影响在不同基础设施建设程度上的异质性。Cole 等(2006)使用电话主线的数量(每 1000 人)作为基础设施建设水平的衡量标准,认为该指标刻画了通信网络的覆盖能力。参照该做法,在异质性检验中收集了每座城市每 100 人的电话数量(包括固定电话和移动电话),衡量地区基础设施建设程度,将该变量及其与外商直接投资的交叉项加入回归。表 8-11 回归结果表明,外商直接投资存量与基础设施之间的交叉项系数都在 1% 水平上显著为正。这一结果表明,在基础设施建设水平较高的城市,外商直接投资对区域创新具有更大的影响。

表 8-10 异质性检验——地区划分

变量	(1) 东部地区 OLS Allpatent	(2) 东部地区 IV Allpatent	(3) 东部地区 OLS Citation	(4) 东部地区 IV Citation	(5) 中部地区 OLS Allpatent	(6) 中部地区 IV Allpatent	(7) 中部地区 OLS Citation	(8) 中部地区 IV Citation	(9) 西部地区 OLS Allpatent	(10) 西部地区 IV Allpatent	(11) 西部地区 OLS Citation	(12) 西部地区 IV Citation
FDI stock	0.113 (0.078)	5.439 (6.604)	−0.073 (0.084)	6.005 (8.348)	0.172** (0.071)	3.871*** (1.149)	0.307*** (0.101)	4.189*** (1.304)	0.101** (0.041)	0.294 (0.249)	0.181*** (0.058)	0.286 (0.424)
Population	−0.187 (0.167)	3.760 (4.934)	−0.278 (0.220)	4.227 (6.228)	0.329* (0.173)	0.174 (0.405)	0.503** (0.249)	0.341 (0.444)	0.109 (0.132)	0.168 (0.136)	0.271 (0.215)	0.304 (0.219)
GDP	0.398** (0.178)	−4.239 (5.761)	0.568** (0.232)	−4.724 (7.274)	−0.397** (0.187)	−2.428*** (0.693)	−0.590** (0.268)	−2.722** (0.782)	0.204 (0.131)	0.127 (0.151)	−0.089 (0.146)	−0.131 (0.224)
Wage	−0.019 (0.053)	−1.290 (1.870)	−0.208 (0.143)	−1.659 (2.349)	0.416* (0.240)	−1.048* (0.617)	0.847** (0.337)	−0.690 (0.686)	0.030 (0.030)	0.038 (0.031)	−0.039 (0.043)	−0.035 (0.045)
SecondInd	0.010 (0.007)	0.082 (0.090)	0.010 (0.010)	0.092 (0.113)	0.009 (0.008)	−0.011 (0.016)	0.032** (0.013)	0.012 (0.017)	0.004 (0.006)	0.005 (0.004)	0.006 (0.011)	0.007 (0.008)
TertiaryInd	0.032*** (0.011)	0.071 (0.054)	0.026* (0.014)	0.071 (0.067)	−0.001 (0.010)	−0.047* (0.022)	0.019 (0.016)	−0.030 (0.025)	0.022*** (0.008)	0.022** (0.006)	0.017 (0.015)	0.017* (0.010)
年份固定效应	是	是	是	是	是	是	是	是	是	是	是	是
城市固定效应	是	是	是	是	是	是	是	是	是	是	是	是
R^2	0.881	−2.040	0.748	−3.202	0.863	−0.767	0.611	−1.308	0.919	0.912	0.670	0.668
观测值数量	2213	2213	2213	2213	1758	1758	1758	1758	833	831	833	831

注：列(1)、列(3)、列(5)、列(7)、列(9)和列(11)为OLS回归，列(2)、列(4)、列(6)、列(8)、列(10)和列(12)为IV回归。东部地区包括辽宁省、北京市、天津市、河北省、山东省、江苏省、上海市、浙江省、福建省、广东省、广西壮族自治区、海南省。中部地区包括山西省、内蒙古自治区、吉林省、黑龙江省、江西省、安徽省、河南省、湖北省。西部地区包括陕西省、甘肃省、宁夏回族自治区、新疆维吾尔自治区、青海省、四川省、重庆市、云南省、贵州省、西藏自治区。回归中包含常数项，但未报告。括号内的数字为稳健标准误。***、**、*分别表示在10%、5%、1%水平上显著。

表 8-11　异质性检验——基础设施建设

变　量	(1) OLS Allpatent	(2) OLS Invention	(3) OLS Utility	(4) OLS Design	(5) OLS Citation
FDI stock	0.114***	0.063	0.079**	0.225***	0.083
	(0.039)	(0.047)	(0.037)	(0.048)	(0.051)
Infrastructure	−0.008***	−0.013***	−0.006**	−0.008**	−0.010***
	(0.003)	(0.004)	(0.003)	(0.004)	(0.004)
FDI stock× Infrastructure	0.001***	0.001***	0.001***	0.001***	0.001***
	(0.000)	(0.000)	(0.000)	(0.000)	(0.000)
Population	0.043	0.035	0.172	0.008	0.236
	(0.107)	(0.148)	(0.108)	(0.149)	(0.161)
GDP	0.066	0.074	−0.083	−0.008	−0.145
	(0.117)	(0.156)	(0.111)	(0.157)	(0.165)
Wage	0.092*	−0.027	0.040	0.142**	0.010
	(0.047)	(0.059)	(0.043)	(0.060)	(0.067)
SecondInd	0.012**	0.014**	0.014***	0.011*	0.027***
	(0.005)	(0.006)	(0.005)	(0.006)	(0.007)
TertiaryInd	0.016***	0.015**	0.017***	0.017**	0.025***
	(0.006)	(0.008)	(0.006)	(0.008)	(0.008)
年份固定效应	是	是	是	是	是
城市固定效应	是	是	是	是	是
R^2	0.877	0.854	0.866	0.711	0.678
观测值数量	5025	5025	5025	5025	5025

注：回归中包含常数项，但未报告。括号内的数字为稳健标准误。*、**、*** 分别表示在 10%、5%、1% 水平上显著。

所有权结构异质性。对于不同所有制的企业而言，产业政策存在不同的偏好，这可能会影响企业开展创新活动的动力。例如，在 2000 年第二次修订之前，《中华人民共和国专利法》中规定，禁止国有企业在市场上交易专利。为了研究每个地区因企业所有制结构不同导致的外商直接投资对区域创新的影响差异，本节使用中国工业企业数据库，计算每座城市的国有企业平均资本份额进行检验。具体而言，回归中加入该变量及其与外商直接投资的交叉项。表 8-12 回归结果表明，国有企业份额对创新产出具有显著的正向影响，但是外商直接投资与国有企业份额的交叉项系数都显著为负，这意味着外商直接投资对区域创新的影响在国有企业占比较高的城市较小。

表 8-12 异质性检验——所有权结构

变 量	(1) OLS Allpatent	(2) OLS Invention	(3) OLS Utility	(4) OLS Design	(5) OLS Citation
FDI stock	0.244***	0.247***	0.198***	0.290***	0.230***
	(0.046)	(0.055)	(0.041)	(0.061)	(0.060)
SOE share	2.727***	4.194***	2.841***	1.385**	3.080***
	(0.447)	(0.552)	(0.398)	(0.674)	(0.596)
FDI stock× SOE share	−0.246***	−0.353***	−0.215***	−0.130*	−0.262***
	(0.045)	(0.057)	(0.040)	(0.067)	(0.061)
Population	0.292	0.602**	0.318	−0.258	0.771**
	(0.217)	(0.278)	(0.210)	(0.280)	(0.311)
GDP	0.059	0.144	−0.054	−0.042	−0.082
	(0.109)	(0.154)	(0.108)	(0.148)	(0.168)
Wage	0.098**	−0.006	0.074**	0.142**	0.036
	(0.042)	(0.053)	(0.035)	(0.060)	(0.062)
SecondInd	0.013***	0.018***	0.013***	0.008	0.033***
	(0.005)	(0.007)	(0.005)	(0.007)	(0.008)
TertiaryInd	0.014**	0.019**	0.016***	0.010	0.031***
	(0.006)	(0.008)	(0.006)	(0.009)	(0.009)
年份固定效应	是	是	是	是	是
城市固定效应	是	是	是	是	是
R^2	0.873	0.848	0.868	0.675	0.634
观测值数量	3321	3321	3321	3321	3321

注：回归中包含常数项，但未报告。括号内的数字为稳健标准误。*、**、*** 分别表示在10%、5%、1%水平上显著。

工业化程度异质性。在现实中，由于工业企业吸引了大量的外商直接投资，并掌握了先进的生产技术，因此工业化程度较高的城市可能会经历更快的技术升级，导致专利申请也会更多。为了考察地区工业化程度的异质性，使用城市中工业企业数量（取自然对数）衡量城市工业化程度，将工业化程度指标及其与外商直接投资的交叉项加入回归。表8-13回归结果表明，工业化程度本身不存在显著影响。外商直接投资与工业化程度的交叉项系数都显著为正，这意味着外商直接投资对区域创新的影响在工业化程度较高的城市更大。

表 8-13　异质性检验——工业化程度

变　量	(1) OLS Allpatent	(2) OLS Invention	(3) OLS Utility	(4) OLS Design	(5) OLS Citation
FDI stock	0.256***	0.267***	0.180***	0.349***	0.159**
	(0.054)	(0.063)	(0.050)	(0.077)	(0.066)
Industrialization	−0.201	−0.340**	−0.072	−0.116	0.100
	(0.138)	(0.168)	(0.134)	(0.193)	(0.179)
FDI stock× Industrialization	0.052***	0.077***	0.045***	0.040**	0.040**
	(0.013)	(0.016)	(0.012)	(0.018)	(0.017)
Population	−0.055	−0.199	−0.043	0.016	−0.084
	(0.094)	(0.123)	(0.099)	(0.139)	(0.140)
GDP	0.004	0.146	−0.045	−0.206	−0.073
	(0.099)	(0.136)	(0.100)	(0.133)	(0.154)
Wage	0.102**	−0.058	0.031	0.187***	−0.023
	(0.047)	(0.064)	(0.044)	(0.066)	(0.071)
SecondInd	0.007*	0.003	0.005	0.010*	0.014**
	(0.004)	(0.006)	(0.004)	(0.006)	(0.006)
TertiaryInd	0.015***	0.015**	0.016***	0.014*	0.023***
	(0.005)	(0.007)	(0.006)	(0.008)	(0.008)
年份固定效应	是	是	是	是	是
城市固定效应	是	是	是	是	是
R^2	0.884	0.858	0.875	0.717	0.683
观测值数量	4834	4834	4834	4834	4834

注:回归中包含常数项,但未报告。括号内的数字为稳健标准误。*、**、*** 分别表示在 10%、5%、1%水平上显著。

六、影响机制检验

在识别了外商直接投资对区域创新具有正向影响的基础上,本节探讨了这一效应可能的影响机制。本节认为,外商直接投资对区域创新的影响可能有四种途径。第一,竞争效应,市场竞争加剧可能促使城市中的创新者开展创新(Aghion et al.,2005)。第二,溢出效应,而这又取决于城市对外商直接投资的吸收能力(Girma,2005)。第三,制度因素是区域创新的重要影响因素,外商直接投资对区域创新的影响可能通过制度因素产生作用。第四,引进外资,外商直接投资直接带来资本,这可能促进了当地金融发展,也在一定程度上替代了当地投资资本(Lin et al.,2009)。

根据理论研究结论,本节首先检验了市场竞争在外商直接投资对区域创新影响中起到的作用。其次,考察了城市吸收能力如何影响外商直接投资溢出效应。一座城市的吸收能力通常由当地教育水平来决定,本节研究了吸收能力是否提高了外商直接投资对本土创新的知识溢出效应。接着,使用地方治理水平衡量了制度因素,研究了制度水平是否提高了对外商直接投资的创新溢出效应。最后,一方面,外商直接投资引进了境外资本,从而促进当地金融发展。另一方面,外商直接投资也可能取代当地资本,从而阻碍当地金融发展。因此,本节研究了外商直接投资是否通过改善地方金融发展来促进创新,抑或外商直接投资是否替代了地区金融发展,进而阻碍了外商直接投资对区域创新的正向影响。

（一）竞争效应

本研究的理论研究发现,外商直接投资流入可能会加剧市场竞争,而外商直接投资可能通过加强当地市场竞争来影响市场中创新主体的创新。本节检验了竞争效应在外商直接投资与创新之间的作用。一般而言,市场化程度越高,市场竞争越激烈。因此,市场化程度是衡量区域市场竞争水平的重要指标。本节使用省级市场化指数来衡量市场竞争水平。市场化程度指数数据来源于王小鲁等(2018)。该指标由 5 个评价维度构成:①政府与市场的关系、②非国有经济发展、③产品市场发育程度、④要素市场发育程度、⑤市场中介组织的发育和法律制度环境。由于使用的市场化程度指数是一个省级层面变量,为了减轻其他省级不可观测因素在回归中的影响,本节在回归中进一步控制了省份—年份交叉固定效应。表 8-14 回归结果表明,外商直接投资对区域创新仍然存在正向影响。外商直接投资与市场化指数的交互性回归系数为正,这表明外商直接投资通过市场竞争来增加区域创新数量和提升区域创新质量。

表 8-14　机制检验——竞争效应

变　量	(1) OLS Allpatent	(2) OLS Invention	(3) OLS Utility	(4) OLS Design	(5) OLS Citation
FDI stock	0.070** (0.032)	0.029 (0.046)	0.073** (0.032)	0.102* (0.056)	0.039 (0.053)
FDI stock× Marketization	0.008** (0.004)	0.013** (0.005)	0.001 (0.004)	0.018*** (0.006)	0.020*** (0.006)
Population	−0.127 (0.090)	−0.219* (0.124)	−0.094 (0.101)	−0.185 (0.141)	−0.177 (0.139)
GDP	0.249*** (0.078)	0.482*** (0.129)	0.286*** (0.088)	−0.015 (0.116)	0.320** (0.144)
Wage	0.078** (0.034)	−0.068 (0.053)	0.050 (0.037)	0.166*** (0.062)	0.024 (0.057)
SecondInd	−0.003 (0.004)	−0.016*** (0.005)	−0.003 (0.004)	0.004 (0.006)	−0.005 (0.006)
TertiaryInd	0.002 (0.005)	−0.007 (0.006)	0.002 (0.005)	0.007 (0.007)	−0.000 (0.006)
城市固定效应	是	是	是	是	是
省份一年份 固定效应	是	是	是	是	是
R^2	0.941	0.921	0.929	0.804	0.816
观测值数量	4559	4559	4559	4559	4559

注：回归中包含常数项，但未报告。括号内的数字为稳健标准误。*、**、*** 分别表示在 10%、5%、1% 水平上显著。

（二）溢出效应

本节对理论模型中的溢出效应进行检验。Girma（2005）指出，外商直接投资的溢出程度取决于国内吸收技术的能力。人力资本是吸收能力的一个重要因素（Aghion and Howitt，1992）。基于以上研究，本节检验了吸收能力是否提高外商直接投资的知识溢出效应，从而提高区域创新。具体而言，使用大学的数量和大学生的数量衡量一座城市的吸收能力，回归结果报告在表 8-15 中。回归结果中，外商直接投资与两项教育发展指标之间的交叉项系数显著为正，这表明吸收能力提高了城市吸收外商直接投资带来的先进技术的能力。由于外商直接投资的溢出效应在一定程度上取决于一座城市的吸收能力，以上结果表明，外商直接投资通过溢出效应促进区域创新。

表8-15　机制检验——溢出效应

变量	(1) OLS Allpatent	(2) OLS Invention	(3) OLS Utility	(4) OLS Design	(5) OLS Citation	(6) OLS Allpatent	(7) OLS Invention	(8) OLS Utility	(9) OLS Design	(10) OLS Citation
FDI stock	0.124*** (0.042)	0.020 (0.051)	0.072* (0.040)	0.270*** (0.052)	0.057 (0.054)	-0.129** (0.057)	-0.380*** (0.072)	-0.167*** (0.058)	0.153* (0.082)	-0.338*** (0.075)
College	-0.414*** (0.159)	-0.830*** (0.202)	-0.362** (0.153)	0.012 (0.226)	-0.518** (0.215)					
FDI stock× College	0.042*** (0.014)	0.086*** (0.018)	0.039*** (0.013)	-0.002 (0.020)	0.059*** (0.019)					
College student						-0.260*** (0.072)	-0.479*** (0.092)	-0.172** (0.071)	-0.163 (0.101)	-0.407*** (0.101)
FDI stock× College student						0.032*** (0.006)	0.054*** (0.007)	0.029*** (0.006)	0.014 (0.008)	0.050*** (0.008)
Population	0.194 (0.196)	0.399 (0.247)	0.225 (0.188)	-0.242 (0.261)	0.551** (0.278)	0.076 (0.103)	0.024 (0.138)	0.107 (0.102)	0.114 (0.148)	0.187 (0.148)
GDP	0.036 (0.116)	0.096 (0.151)	-0.018 (0.113)	-0.112 (0.158)	-0.075 (0.164)	0.043 (0.113)	0.149 (0.153)	0.016 (0.115)	-0.118 (0.155)	-0.041 (0.163)
Wage	0.052 (0.038)	-0.085 (0.060)	0.005 (0.045)	0.095* (0.052)	-0.036 (0.063)	0.031 (0.038)	-0.152** (0.074)	-0.032 (0.056)	0.105** (0.050)	-0.093 (0.072)
SecondInd	0.014*** (0.005)	0.019*** (0.007)	0.013** (0.005)	0.011 (0.007)	0.032*** (0.008)	0.012** (0.005)	0.013* (0.007)	0.011** (0.005)	0.016** (0.007)	0.025*** (0.007)
TertiaryInd	0.017*** (0.006)	0.022*** (0.008)	0.019*** (0.007)	0.015* (0.009)	0.034*** (0.009)	0.018*** (0.006)	0.020** (0.008)	0.018*** (0.006)	0.020** (0.009)	0.027*** (0.009)

续表

变　量	(1) OLS Allpatent	(2) OLS Invention	(3) OLS Utility	(4) OLS Design	(5) OLS Citation	(6) OLS Allpatent	(7) OLS Invention	(8) OLS Utility	(9) OLS Design	(10) OLS Citation
年份固定效应	是	是	是	是	是	是	是	是	是	是
城市固定效应	是	是	是	是	是	是	是	是	是	是
R^2	0.873	0.852	0.867	0.676	0.676	0.881	0.858	0.870	0.713	0.693
观测值数量	4397	4397	4397	4397	4397	4795	4795	4795	4795	4795

注：回归中包含常数项，但未报告。括号内的数字为稳健标准误。*、**、*** 分别表示在 10%、5%、1% 水平上显著。

（三）制度因素

制度因素是中国技术创新的重要影响因素，并且外商直接投资的流入与地方治理有关（Gorodnichenko et al.，2014）。本节检验了制度因素在外商直接投资对区域创新影响中的作用。城市统计数据中没有指标可以直接衡量城市制度因素，本节使用了两个变量作为区域制度因素的代理变量。（1）中国省级政府治理指数。政府治理指数数据来源于王小鲁等（2018），使用政府与市场的关系作为衡量政府治理的指标。该指标由5个评价维度构成：市场分配经济资源的比重、减轻农民的税费负担、减少政府对企业的干预、减轻企业的税外负担、缩小政府规模。由于使用的政府治理指数是一个省级层面变量，为了减轻其他省级不可观测因素在回归中的影响，本节在回归中控制了省份—年份交叉固定效应。（2）城市是否设立行政审批中心。毕青苗等（2018）收集了中国市级层面的行政审批中心数据。设立行政审批中心是政府行政管理改革的代表性产物之一，在一定程度上反映了地区制度水平。回归结果报告在表 8-16 中。回归结果显示，外商直接投资与制度因素（省级政府治理指数和城市行政审批）的交叉项系数均显著为正，表明地方制度水平的提高能促进对外商直接投资对区域创新的影响。这一结果表明，外商直接投资通过制度因素影响区域创新。

表 8-16 机制检验——制度因素

变 量	(1) OLS Allpatent	(2) OLS Invention	(3) OLS Utility	(4) OLS Design	(5) OLS Citation	(6) OLS Allpatent	(7) OLS Invention	(8) OLS Utility	(9) OLS Design	(10) OLS Citation
FDI stock	−0.166*** (0.045)	−0.284*** (0.058)	−0.147*** (0.040)	−0.107* (0.064)	−0.273*** (0.061)	0.065* (0.038)	−0.034 (0.047)	0.014 (0.037)	0.219*** (0.048)	−0.017 (0.051)
FDI stock× Governance (provincial index)	0.051*** (0.005)	0.061*** (0.006)	0.040*** (0.004)	0.061*** (0.007)	0.063*** (0.006)					
Governance (city index)						−1.330*** (0.209)	−2.267*** (0.268)	−1.362*** (0.207)	−0.631* (0.323)	−2.170*** (0.297)
FDI stock× Governance (city index)	0.122*** (0.020)	0.203*** (0.025)	0.123*** (0.019)	0.058* (0.030)	0.190*** (0.027)					
Population	0.158 (0.111)	0.342** (0.168)	0.209* (0.123)	−0.090 (0.172)	0.610*** (0.195)	0.079 (0.098)	0.016 (0.132)	0.128 (0.105)	0.093 (0.143)	0.196 (0.145)
GDP	0.087 (0.093)	0.282* (0.147)	0.031 (0.111)	−0.147 (0.133)	0.069 (0.164)	0.084 (0.109)	0.218 (0.159)	0.043 (0.122)	−0.092 (0.147)	0.012 (0.170)
Wage	0.022 (0.035)	−0.144** (0.073)	−0.043 (0.054)	0.101* (0.051)	−0.093 (0.075)	0.054 (0.042)	−0.119 (0.075)	−0.019 (0.060)	0.140** (0.058)	−0.064 (0.080)
SecondInd	0.003 (0.005)	0.000 (0.006)	0.004 (0.005)	0.003 (0.006)	0.015** (0.007)	0.012** (0.004)	0.011* (0.006)	0.011** (0.005)	0.013** (0.006)	0.024*** (0.007)
TertiaryInd	0.014*** (0.005)	0.018** (0.008)	0.016** (0.006)	0.010 (0.008)	0.028*** (0.008)	0.019*** (0.006)	0.021*** (0.008)	0.020*** (0.006)	0.019*** (0.008)	0.029*** (0.008)

续表

变　量	(1) OLS Allpatent	(2) OLS Invention	(3) OLS Utility	(4) OLS Design	(5) OLS Citation	(6) OLS Allpatent	(7) OLS Invention	(8) OLS Utility	(9) OLS Design	(10) Citation
年份固定效应	否	否	否	否	否	是	是	是	是	是
城市固定效应	是	是	是	是	是	是	是	是	是	是
省份－年份固定效应	是	是	是	是	是	否	否	否	否	否
R^2	0.875	0.849	0.858	0.693	0.698	0.878	0.854	0.865	0.709	0.677
观测值数量	4559	4559	4559	4559	4559	4961	4961	4961	4961	4961

注：回归中包含常数项，但未报告。括号内的数字为稳健标准误。*、**、***分别表示在10%、5%、1%水平上显著。

（四）替代金融发展

创新活动需要大量的科研经费投入。创新者只有得到足够的资金支持,才能开展相应的创新活动(Wallsten,2000)。一方面,外商直接投资直接为一座城市带来更多的外资,从而可能减轻地方金融制约,促进地方金融发展,从而促进创新。由于金融市场的发展对创新起到至关重要的作用,本研究认为,外商直接投资可能通过完善金融发展的机制促进创新。在这种情况下,预计在回归中,外商直接投资与金融发展程度的交叉项回归系数为正。另一方面,当地创新者可以从当地金融机构获得创新资金,而不依赖外商直接投资。在这种情况下,外商直接投资与金融发展之间可能存在一种替代关系。地方金融的发展有可能排挤外商直接投资,削弱外商直接投资在促进创新方面的作用。如果该假说成立,外商直接投资与金融发展程度的交叉项为负。为了检验这两个假说,本节使用两个指标来衡量城市的金融发展程度:①金融关联比率(financial interelation ratio,FIR),用城市的金融资产占 GDP 比例衡量。②存贷比率(loan deposit ratio,LDR),用城市的贷款总额占存款总额比例衡量。在回归中加入金融发展指标,及其与外商直接投资的交叉项,回归结果报告在表 8-17 中。回归结果显示,外商直接投资对区域创新存在显著正向影响。但是,外商直接投资与两个金融发展指标的交叉项回归系数均显著为负。这一结果验证了后一个研究假说,即外商直接投资带来创新所需的资本,在一定程度上替代了区域金融发展的作用。

表8-17　机制检验——替代金融发展

变　量	(1) OLS Allpatent	(2) OLS Invention	(3) OLS Utility	(4) OLS Design	(5) OLS Citation	(6) OLS Allpatent	(7) OLS Invention	(8) OLS Utility	(9) OLS Design	(10) Citation
FDI stock	0.129**	0.085	0.095**	0.220***	0.092	0.186***	0.121**	0.119***	0.331***	0.112*
	(0.046)	(0.058)	(0.044)	(0.061)	(0.061)	(0.043)	(0.056)	(0.045)	(0.058)	(0.058)
FIR	0.347**	0.420**	0.259*	0.438*	0.495**					
	(0.169)	(0.193)	(0.136)	(0.252)	(0.238)					
FDI stock ×FIR	−0.026**	−0.031**	−0.019*	−0.033*	−0.037**					
	(0.013)	(0.014)	(0.010)	(0.019)	(0.018)					
LDR						1.976***	1.782**	1.102**	3.163***	1.689**
						(0.514)	(0.677)	(0.546)	(0.788)	(0.791)
FDI stock ×LDR						−0.167***	−0.142**	−0.092**	−0.279***	−0.134*
						(0.044)	(0.058)	(0.047)	(0.069)	(0.068)
Population	0.807**	0.954*	0.896**	0.087	0.827	0.777**	0.919*	0.875**	0.048	0.793
	(0.365)	(0.536)	(0.394)	(0.283)	(0.614)	(0.373)	(0.542)	(0.397)	(0.264)	(0.626)
GDP	0.316**	0.165	0.229	0.296	−0.063	0.297**	0.124	0.202	0.291	−0.114
	(0.151)	(0.201)	(0.145)	(0.199)	(0.199)	(0.147)	(0.196)	(0.144)	(0.196)	(0.194)
Wage	0.059*	−0.066	0.053*	0.120**	−0.035	0.069*	−0.056	0.058*	0.135*	−0.026
	(0.034)	(0.047)	(0.032)	(0.060)	(0.057)	(0.038)	(0.045)	(0.034)	(0.070)	(0.055)
SecondInd	0.013**	0.019**	0.010	0.010	0.035***	0.015**	0.022**	0.012*	0.012	0.039***
	(0.007)	(0.009)	(0.007)	(0.009)	(0.010)	(0.007)	(0.009)	(0.007)	(0.009)	(0.009)
TertiaryInd	0.006	0.015	0.007	−0.003	0.028**	0.008	0.018*	0.009	−0.001	0.031***
	(0.008)	(0.010)	(0.008)	(0.011)	(0.011)	(0.008)	(0.010)	(0.008)	(0.011)	(0.011)

续表

变 量	(1) OLS Allpatent	(2) OLS Invention	(3) OLS Utility	(4) OLS Design	(5) OLS Citation	(6) OLS Allpatent	(7) OLS Invention	(8) OLS Utility	(9) OLS Design	(10) OLS Citation
年份固定效应	是	是	是	是	是	是	是	是	是	是
城市固定效应	是	是	是	是	是	是	是	是	是	是
R^2	0.852	0.808	0.853	0.597	0.601	0.853	0.809	0.853	0.599	0.601
观测值数量	3199	3199	3199	3199	3199	3201	3201	3201	3201	3201

注:回归中包含常数项,但未报告。括号内的数字为稳健标准误。*、**、*** 分别表示在 10%、5%、1% 水平上显著。

七、本章小结

本章使用 1995—2015 年中国城市层面的专利数据,用专利数量和专利引用数量衡量区域创新数量和质量,研究了外商直接投资对区域创新的影响。为了处理内生性问题,利用涉外婚姻数量和城市距离港口的距离,构造了外商直接投资的工具变量。研究发现,外商直接投资对区域创新数量和创新质量存在显著正向影响。另外,使用内生变量的滞后期作为外商直接投资的工具变量进行动态面板 GMM 回归,结果也表明,外商直接投资对区域创新数量和创新质量存在显著正向影响。

为了验证外商直接投资对区域创新存在正向影响的结论的可靠性,本研究进行了相应的稳健性检验,利用外商直接投资就业构造了另一个工具变量,进行了过度识别检验,进一步验证基准回归中工具变量的有效性和外生性。另外,控制高新技术区的影响,以及使用外商直接投资流量作为解释变量,使用授权专利信息构造创新指标作为被解释变量。这些稳健性检验结果都支持了外商直接投资对区域创新存在正向影响的结论。

本章还讨论了外商直接投资对区域创新影响的异质性。异质性检验回归结果表明:与东部和西部地区相比,中部地区的区域创新从外商直接投资中获益更大。在基础设施较好、国有资本比例较低、工业化程度更高的城市,外商直接投资对区域创新的影响更大。

本章进一步探讨了外商直接投资对区域创新影响的机制。基于理论研究结论和现有文献,提出相应的假说并进行检验:第一,外商直接投资通过增强市场竞争来刺激创新。第二,吸收能力促进了外商直接投资对区域创新的正向影响。由于外商直接投资的溢出效应取决于一座城市的吸收能力,该结果表明,外商直接投资通过知识溢出的转移和吸收影响区域创新。第三,外商直接投资通过制度因素影响区域创新,外商直接投资对制度水平较高的城市的创新影响较大。第四,外商直接投资带来创新资本,在一定程度上替代了金融发展,进而影响区域创新。

对外开放是我国的基本国策,坚持对外开放不仅是基于对时代潮流的深刻洞察,顺应了我国经济深度融入世界经济的趋势,同时也蕴含着深刻的经济学逻辑。基于本书的研究结论,在中国,外商直接投资起到了重要作用,促进了我国的创新和技术进步,最终会作用于经济增长。本章提出的政策建议如下。

第一,深化改革,全方位提升对外开放水平。目前,我国提出"对外开放要继续往更大范围、更宽领域、更深层次的方向走"。基于外商直接投资增加了创新数量和提升了创新质量的结论,本研究认为,要推动形成全面开放新格局,需要适当加大开放力度。深化"放管服"改革,优化营商环境,促进外商投资的便利化。同时,应该优化与对外开放相关规则,创造有利于推动创新的制度环境,促进构建国内国际双循环相互促进的新发展格局。

第二,强调教育,提高技术吸收能力。基于区域创新中外商直接投资的影响机制,本研究认为,在国外先进技术进入我国以后,应提高自身对技术的吸收能力,能够学习吸收这些先进技术,并进行相应的完善和升级。同时,由于教育发展有助于提升区域对外商直接投资的技术吸收,应加大力度发展教育,强化人力资本的"增长引擎"功能,为加速区域创新提供重要支撑。

第三,协调区域发展,打造创新新格局。吸引外商直接投资,根本目的在于提高本土创新能力,进而提高生产效率,促进经济增长。由于区域之间经济发展存在差异,引入外资的水平和区域的技术吸收能力也不同,应推进区域协调发展,打造区域协调发展新格局。在制度因素方面,应该提高地方治理水平,推进治理能力现代化,促成外商直接投资与地区创新之间的紧密联系。

第四,完善市场竞争规则,激发创新活力。外商直接投资加强了本土的市场竞争,适当的市场竞争有利于激发市场创新活力。本研究认为,应提高市场监管的透明度,强化市场执法与监管,促进有序竞争。完善市场竞争的相关法律法规,保障市场竞争环境,提高市场中创新主体的良性竞争,从而激发其创新意愿,提高创新水平。疏通技术转移和发展的微观渠道,增强外商直接投资对企业创新的积极作用。

第五,优化创新环境,增强创新动力。优良的创新环境有利于各项创新活动的开展。应该给予创新者奖励,以鼓励企业中的创新团队及个人积极从事创新的相关工作。给予优质创新企业政策优惠,支持高科技企业加大创新力度,以起到创新的带头示范作用。制定和落实鼓励企业技术创新的相关政策,为创新企业提供多元化融资渠道,加强对技术创新的支持力度。

第九章　外商直接投资与创新：
来自中国企业层面的证据

在现有的关于外商直接投资的研究中,大多关注外商直接投资与经济增长的关系。但是,外商直接投资与经济增长之间还隔着一层关系,即外商直接投资带来了先进的科学技术,提高了东道主国家的创新能力和生产率,进而促进了经济增长。第八章研究了外商直接投资对创新的直接效应,研究结果表明,外商直接投资的流入增加了区域创新数量和提升了区域创新质量,对现有文献进行了补充。然而,整体创新是由各个创新个体组合而成的。一般而言,企业是创新中最重要的微观主体(Liu and Qiu,2016)。本章以企业作为研究对象,研究外商直接投资对企业创新的影响,更深入地探讨外商直接投资对创新产生影响的微观作用机制。

一、研究框架

本章基于企业层面的匹配数据,研究外商直接投资对中国企业创新的影响。该匹配数据是将中国工业企业数据库与来自中国国家知识产权局的专利数据库进行匹配而得到的。利用专利数量和专利引用数量等指标,衡量企业创新数量和创新质量。在实证分析中,采用 Lu 等(2017)设计的实证策略,识别外商直接投资对企业创新数量和质量的因果关系。具体而言,利用外商直接投资管制中的外生政策变化,构建外商直接投资的工具变量。在外生政策变化中,一些行业对外商直接投资更加开放,而另一些行业则没有发生变化。基于此,通过比较实验组(即更加鼓励外商直接投资的行业)与控制组(即外商直接投资开放程度不改变的行业)在政策变化前后的企业创新表现,可以识别外商直接投资对企业创新的因果效应。研究发现,外商直接投资增加了企业的创新数量和提升了企业的创新质量。在增量创新的基础上,本章构建了若干指标,衡量企业的突破性创新,发现外商直接投资也促进了企业的突破性创新。基于现有文献和基准回归中的一些问题,进行了一系列的稳健性检验,检验结果均支持基准回归的结论。此外,将外商直接投资分为水平外商直接投资和垂直外商直接投资两个维度进行探讨,回归结果表明,水平外商直接投资和后向外商直接投资对企业创新存在正向影响,而前向外商直接投资对企业创新存在负向影响。通过构造后向溢出效应和前向溢出效应的变量,检验发现后向溢出效应起到了作用。同时,高质量中间产品的供给会降低下游企业的创新能力。

由于外商直接投资在具有不同特征的企业之间表现出相应的差别,外商直接投资对创新的影响效应在不同特征的企业之间存在异质性。研究发现,对于规模较大的企业和国有企业,外商直接投资对创新的影响较小。相比于内资企业,合资企业在外商直接投资促进创新方面的收益更小。对于技术差距较大的企业而言,外商直接投资对创新的作用也较弱。来自我国港澳台地区直接投资的合资企业的创新能力显著低于非港澳台地区投资的企业。另外,无论是本地外商直接投资还是非本地的外商直接投资,都对企业创新存在正向影响。

为了解释外商直接投资对企业创新的正向影响,本章根据前文的理论研究和现有文献,检验了几种可能的影响机制:竞争效应和溢出效应。第一,发现外商直接投资的流入加剧了市场竞争,进而促使本土企业进行技术创新。第二,检验结果表明,外商直接投资对企业创新的溢出效应不显著。整体来说,正向的竞争效应起到了主要作用,即外商直接投资通过竞争效应对企业创新产生了加总的正向影响。第三,本章研究发现外商直接投资通过激励效应、示范效应、监督效应、缓解融资约束,促进了企业创新。

有较多的文献研究了外商直接投资对发展中国家生产力的影响及影响机制。Havranek 和 Irsova(2011)指出,关于外商直接投资溢出效应的研究,因为研究方法和研究样本问题,研究结果差异很大。其中,一些研究发现外商直接投资对企业生产率有负面影响,而也有一些研究发现外商直接投资对企业生产率有正向影响。Burstein 和 Monge-Naranjo (2009)研究发现,当消除政策障碍以更好地获取外商直接投资的知识时,东道国平均获得 12%的产出提高和 5%的社会福利提高。Blomström 和 Sjöholm(1999)利用印度尼西亚的微观数据进行研究,结果表明,由于外商直接投资具有相对较高的劳动生产率水平,本土企业可以从其溢出效应中受益。Kugler(2006)利用哥伦比亚的数据,研究发现外商直接投资存在行业间溢出效应。在关于中国的研究中,外商直接投资的溢出效应是该研究主题的重点之一。Lin 等(2009)研究发现,我国港澳台地区投资企业存在负向的水平溢出效应,而非港澳台地区投资企业在中国产生正向的水平溢出效应,这两种相反的水平溢出效应总体上相互抵消。该研究还发现了垂直外商直接投资存在显著的溢出效应。

尽管对外商直接投资如何影响企业生产率的研究很多,但针对外商直接投资对创新影响的研究相对较少。Bai 等(2020)认为,外商直接投资流入受到行业层面不可观测因素影响,如需求变动、政策出台等,这可能对行业中的本土企业绩效产生直接的影响。另外,许多研究使用全要素生产率作为主要变量,而这一变量本身混合了溢出效应和竞争效应的共同影响。本研究直接衡量了企业层面的创新情况,进一步理解了全要素生产率变动的可能作用机制。Javorcik 和 Spatareanu(2008)认为,水平外商直接投资提高了本土企业的知识吸收能力,让其可以更好地获得知识和技术。García 等(2013)使用西班牙的数据研究发现,外商直接投资与制造业企业的后续创新存在负相关关系。Luong 等(2017)使用 2000—2010 年 26 个经济体的企业层面数据,研究发现,境外投资对企业创新存在正向因果效应,他们认为外商直接投资促进了知识溢出的正向作用。Crescenzi 等(2015)利用英国企业层面的数据研究发现,在外商直接投资更密集的行业,本土企业表现出更强的创新绩效。在中国关于该问题的研究,一些文献指出,外商直接投资与中国专利申请的增加有关(Hu and Jefferson,2009;Cheung and Lin,2004;Zhang,2017)。

本章研究主要创新点有以下六个方面:第一,将中国国家知识产权局的专利数据与中国工业企业数据匹配,构建了一个中国企业层面的创新数据库。该数据库提供关于中国工业企业创新的全面信息,为深入研究中国专利激增的相关问题提供了可靠的样本。第二,基于匹配数据,衡量了企业创新数量和质量,并且构建指标衡量了企业突破性创新。第三,基于 Lu 等(2017)的实证策略,识别了外商直接投资对企业创新的正向因果效应。第四,研究了外商直接投资对具有不同特征的工业企业创新影响的异质性。第五,构造了相关指标,检验了外商直接投资与企业创新的影响机制。其中,本研究利用专利引用信息,刻画了引用专利和被引用专利的专利权主体之间的关系,直接衡量了溢出效应,在很大程度上弥补了现有研究的缺陷。第六,将外商直接投资分为水平外商直接投资和垂直外商直接投资,基于该视角研究了不同维度的外商直接投资对创新的影响。

二、制度背景

改革开放以前,由于经济比较封闭,中国几乎没有外商投资的企业。1979 年,《中华人民共和国中外合资经营企业法》颁布,随后若干年,国家又颁布了一系列法律法规以促进对外开放。由于外商直接投资科研带来先进的生产技术,进而促进区域经济发展,中国各级政府均制定并实施了吸引外商直接投资的政策,如减税、土地免费使用、技术补贴等。由于政策的优惠力度较大,再加上劳动力价格低廉,越来越多的外商直接投资涌入中国。

在促进对外开放的政策中,《外商投资产业指导目录》(以下简称《目录》)是最重要的一项政策。《目录》是中国承诺充分遵守《与贸易有关的投资措施协定》,迎接加入世界贸易组织的产物。经过 1997 年的修订,《目录》成为管理外商直接投资的准则。各级政府依照《目录》有秩序地开展对外的招商引资工作。《目录》将外商直接投资的产品分为四类:①鼓励外商直接投资产品;②允许外商直接投资产品;③限制外商直接投资产品;④禁止外商直接投资产品。为了履行加入 WTO 的相关协议,中国政府于 2002 年 3 月对《目录》进行了大幅度修订。本研究通过利用外商直接投资管理规定的外生变化,识别外商直接投资对企业创新的影响。

三、数据及衡量指标

(一)企业面板数据

1.中国工业企业数据库

中国工业企业数据库是由国家统计局主导调查而得到的企业微观数据库。本章所使用1998—2007年的中国规模以上工业企业数据库,包含所有国有企业和年主营业务收入在500万元以上的非国有企业,分布于37个二位码行业和31个省(区、市),样本量从1998年的约15万增加到2007年的约31万。工业企业数据库中的企业的产出约占中国工业总产出的95%,占中国出口总额的98%。工业企业数据库中包含100多个指标,包括企业的基本信息,如企业名字、地点、所属行业、所有权资本结构,以及财务信息,如销售额、总产出额、出口额、总资产。

由于需要使用准确的行业信息,本研究在数据处理中进行了相应的调整。从1995年至2002年9月,中国使用1994年版《国民经济行业分类与代码》(GB/T 4754—1994),而在2002年10月,中国开始使用2002年版《国民经济行业分类》(GB/T 4754—2002)。为了使企业所在行业在研究样本区间内(1998—2007年)保持一致,本研究使用Brandt等(2012)建立的中国工业企业数据库行业索引表对行业分类进行调整。

在数据清理中,本研究剔除了一些可能存在问题的观测值。根据Cai等(2018),剔除了缺少企业代码、地点信息、行业信息、成立年份的观测值,销售额低于500万元的观测值,以及员工数量小于8人的观测值。此外,剔除了总资产小于流动资产或固定资产的观测值。由于本研究主要关注外商直接投资对本土企业创新的影响,在回归样本中剔除了所有外资企业。根据中国《外商投资法》的相关规定,将外资出资额高于25%企业视为外资企业。

2.中国专利数据

中国专利数据包含了向国家知识产权局(CNIPA)申请的所有专利。本研究使用的数据记录了1985年到2016年间所有在中国国家知识产权局登记的专利,其中包含约 677 万条发明专利、626 万条实用新型专利、417 万条外观设计专利。数据包含了每条专利所对应的专利信息、申请者信息与专利权利信息:①专利信息含有专利名称、专利号、申请时间、公开公告号、国际专利分类号。②专利申请者信息含有专利申请人姓名、地址、邮编、所在国家或省份。③专利权利信息含有专利设计人姓名、优先权、代理人、代理机构、引用信息。

3.数据匹配

根据 Jiang 等(2020)、Chen 等(2022)的数据匹配方法,根据工业企业名字和专利申请人名字,进行两个数据库的匹配。详细的匹配方法和步骤请参阅附录 2。在完成两个数据库的匹配之后,将专利数据以企业—年份为单位,加总到中国工业企业数据中。本研究主要变量的描述性统计报告见表 9-1。

表 9-1 变量描述性统计

变 量	观测值数量	均值	标准差
Output	1256810	72.502	587.365
Capital-labor ratio	1256810	56.551	194.850
Exporter status	1256810	0.206	0.404
SOE status	1256810	0.087	0.281
Number of all patents	1256810	0.214	10.869
Number of invention patents	1256810	0.064	9.347
Number of citations	1256810	0.228	30.838
Generality	1256810	0.021	0.117
Originality	1256810	0.021	0.114
Scaled number of all patents	1256810	0.055	1.398
Scaled number of invention patents	1256810	0.014	0.789
Scaled number of citations	1256810	0.070	9.926
Scaled generality	1256810	0.037	0.352
Scaled originality	1256810	0.035	0.317

（二）外商直接投资规定的变化

为了使用外商直接投资管制的变化以进行实证分析，本节对 1997 年版和 2002 年版《外商投资产业指导目录》进行了对比，并整理了详细的信息。《目录》将产品分为四类：①鼓励外商直接投资产品（鼓励类）；②允许外商直接投资产品（允许类）；③限制外商直接投资产品（限制类）；④禁止外商直接投资产品（禁止类）。通过对比，可以得知《目录》中的每一种产品对应的外商直接投资鼓励程度是否发生变化。具体而言，《目录》中产品的外商直接投资鼓励程度的变化会产生以下三种可能。

（1）外商直接投资变得更受鼓励。例如，水果蔬菜饮料、蛋白质饮料和咖啡饮料在 2002 年被列为鼓励类别，而在 1997 年被列为允许类别。本研究把这些产品视为外商直接投资鼓励的产品。

（2）外商直接投资变得更受限制。例如，乙型肝炎诊断试剂和丙型肝炎诊断试剂在 2002 年被列为允许类别，而 1997 年被列为鼓励类别。本研究将这些产品视为外商直接投资限制产品。

（3）外商直接投资鼓励程度不变。例如，丁苯橡胶在 1997 年和 2002 年都被列为允许类别。本研究将这些产品视为外商直接投资不变产品。

最后，把《目录》产品的变化加总到中国企业数据的行业层面。由于《目录》所使用的产品分类与中国工业企业所使用的行业分类不同，本研究使用中国国家统计局《工业生产者出厂与购进价格调查目录》，将《目录》中的产品转换为 2002 年版《国民经济行业分类》，即将《目录》中产品匹配到中国工业企业数据库所使用的行业。由于《目录》中的产品分类比 CIC 四位码行业分类的细分程度更高，则可能出现《目录》中的两个或两个以上产品归入 CIC 中的同一个四位码行业。上述转换和加总过程产生了以下四种可能的情况。

（1）外商直接投资鼓励行业。在 CIC 四位码行业中，所有的产品属于外商直接投资变得更加鼓励或者未变化。例如，在茶饮料及其他软饮料制造行业（CIC 代码：1539）中，茶饮料（CIC 子代码：15390100）和咖啡饮料（CIC 子代码：15399901）的外商直接投资变得更加鼓励（2002 年被列为鼓励类别，1997 年被列为允许类别），而该行业中的其他产品的外商直接投资鼓励程度没有发现变化。本研究将这类行业视为外商直接投资鼓励行业。

(2)外商直接投资限制行业。在 CIC 四位码行业中,所有的产品属于外商直接投资变得更加限制或者未变化。例如,在信息化学品制造行业(CIC 代码:2665)中,单晶硅(CIC 子代码:26650202)和多晶硅(CIC 子代码:26650203)的外商直接投资变得更加限制(2002 年被列为允许类别,1997 年被列为鼓励类别),而该行业的其他产品的外商直接投资鼓励程度没有发现变化。本研究将这类行业视为外商直接投资限制行业。

(3)外商直接投资不变行业。在 CIC 四位码行业中,所有的产品的外商直接投资规定没有发生变化。例如,在金属结构制造行业(CIC 代码:3411)中,所有产品的外商直接投资规定没有发生变化(2002 年和1997 年均被列为允许类别)。本研究将这类行业视为外商直接投资不变行业。

(4)外商直接投资混合行业。在 CIC 四位码行业中,一些产品的外商直接投资变得更加鼓励,但另一些产品的外商直接投资变得更加限制。例如,在汽车零部件及配件制造行业(CIC 代码:3725)中,机动车辆散热器、消声器及其零件(CIC 子代码:37250108)和安全气囊装置(CIC 子代码:37250203)的外商直接投资变得更加鼓励(2002 年被列为鼓励类别,1997 年被列为限制类别),但车窗玻璃升降器(CIC 子代码:37250204)的外商直接投资变得更加限制(2002 年被列为允许类别,1997 年被列为鼓励类别)。本研究将这类行业视为外商直接投资混合行业。

经过上述的数据处理,最终结果是在《国民经济行业分类》的 425 个四位码行业中,有 117 个是外商直接投资鼓励行业,297 个是外商直接投资不变行业,5 个是外商直接投资限制行业,6 个是外商直接投资混合行业。本节把外商直接投资鼓励行业作为实验组,把外商直接投资不变行业作为控制组。把外商直接投资限制行业和外商直接投资混合行业增加到实证分析中,结论依然稳健。

四、实证分析

为了研究外商直接投资对企业创新的影响,本节设计实证策略对这一问题进行分析。本节首先介绍实证模型设定，接着报告基准回归结果。

（一）计量模型设定

为了研究外商直接投资对企业创新的影响，实证模型设定如下式：

$$\text{Innovation}_{fit} = \alpha_0 + \delta\text{FDI\_Industry}_{it} + X'_{fit}\lambda + \alpha_f + \gamma_t + \varepsilon_{fit}$$

$$(9\text{-}1)$$

式中，f、i、t分别表示企业、四位码行业、年份。Innovation_{fit}衡量年份t行业i企业f的创新绩效。α_0为常数项。X_{fit}是一系列随时间变化的企业层面和行业层面的控制变量。α_f和γ_t是企业固定效应和年份固定效应。ε_{fit}为随机误差项。由于创新指标在时间上可能存在自相关，回归中所有模型使用聚类到企业层面的标准误来处理这一潜在问题（Blanco and Wehrheim，2017）。另外，由于在2SLS的二阶段估计中使用行业层面外商直接投资的预测值作为解释变量，本节参照 Hombert 和 Matray（2018）的做法，使用自助法（Bootstrap）重复1000次，对聚类标准误进行调整。FDI_Industry_{it}是实证分析的解释变量，定义如下式：

$$\text{FDI\_Industry}_{it} = \frac{\sum_{f\in\Omega_{it}} \text{FDI\_Firm}_{fit} \times \text{Output}_{fit}}{\sum_{f\in\Omega_{it}} \text{Output}_{fit}} \times 100\%$$

$$(9\text{-}2)$$

式中，Output_{fit}为企业产出。FDI_Firm_{fit}为企业股权结构中的外资占比份额。Ω_{it}为年份t的四位码行业i的集合。外商直接投资FDI_Industry_{it}是一个行业层面的变量，反映了外商直接投资在行业中的密集程度。

大量文献认可专利申请能较好地反映企业的创新情况，专利产出是创新的一个较为准确的衡量指标（Hall et al.，2001）。本研究采用四个指标来衡量专利数量：所有专利数量、发明专利数量、实用新型专利数量和外观设计专利数量。采用三个指标衡量专利质量：第一，计算专利授权后被其他专利引用的次数，来衡量专利的新颖性。第二，构建专利通用性指标(Generality)和原创性指标(Originality)[①],这两个指标利用专利引用的专利分类分布来刻画专利的一些基本特征。如果一个专利被后续专利引用(前向引用),并分布在更广的专利类别范围,那么该专利的通用性指数越高,即通用性指数数值高的专利对后续专利在更宽广的范围产生影响。原创性指数定义相类似,它利用该专利引用其他专利信息进行相关计算,如果一个专利引用了更广类别范围的专利(后向引用),那么它的原创性指数数值越高。创新指标的详细描述和定义见附录表 A9-1。

基准模型中获得无偏估计的一个关键假设是,在加入所有控制变量的条件下,解释变量与误差项不相关。但是,有些问题可能会影响这一假设,例如更具创新能力的企业可能会吸引更多的外商直接投资,即存在反向因果关系。为了解决识别中存在问题,利用外商直接投资管理规定的变化作为识别外商直接投资的工具变量。具体而言,通过比较 2002 年《目录》实施前后处理组(即外商直接投资鼓励行业)和控制组(即外商直接投资未变化行业),构造了一个 DID 估计的工具变量。工具变量回归的一阶段估计如下式:

$$FDI\_Industry_{it} = \alpha_0 + \eta Treatment_i \times Post02_t + X'_{fit}\psi + \alpha_f$$
$$+ \gamma_t + \zeta_{fit} \tag{9-3}$$

式中,$Treatment_i$ 是一个表示行业是否属于处理组的虚拟变量,如果是外商直接投资鼓励行业取 1,如果是外商直接投资不变行业取 0。$Post02_t$ 是一个指示时间的虚拟变量,即 $Post02_t = 1$(如果 $t > 2002$),$Post02_t = 3/4$(如果 $t = 2002$),$Post02_t = 0$(如果 $t < 2002$)。如此设定是因为《目录》实施的时间为 2002 年 4 月 1 日。

上述基于 DID 的工具变量的成立需要满足以下两个条件:

(1)需要满足相关性条件。外商直接投资鼓励行业的外商直接投资份额高于外商直接投资不变行业。对这一关系的验证,报告在表 9-2 的

---

① 在通用性指标的计算中,考虑了其他地区专利的影响。具体而言,使用美国专利数据信息,将其与中国专利数据进行匹配,以获得更完整的计算所需信息。通用性指数具体计算公式如下:$Generality_i = 1 - \sum_j^{n_i} s_{ij}^2$,其中,$s_{ij}$ 表示该专利被属于专利类别 j 的专利 i 引用的比例,n_i 表示专利类别。专利原创性指数计算公式相似。

Panel B 工具变量回归一阶段估计,可以发现该工具变量满足相关性条件。

(2)需要满足排他性约束条件。外商直接投资规定的变化不会通过外商直接投资以外的渠道影响企业创新。具体而言,加入所有控制变量以后,工具变量 $Treatment_i \times Post02_t$ 与随机误差项 ε_{fit} 不存在相关关系,即 $cov(Treatment_i \times Post02_t, \varepsilon_{fit} \mid \boldsymbol{W}_{fit}) = 0$,其中 $\boldsymbol{W}_{fit}$ 为回归中的所有控制变量。由于该工具变量基于 DID 进行构造,只存在以下两种可能性会不满足这一条件: $cov(Post02_t, \varepsilon_{fit} \mid \boldsymbol{W}_{fit}) \neq 0$ 和 $cov(Treatment_i, \varepsilon_{fit} \mid \boldsymbol{W}_{fit}) \neq 0$。

第一,如果外商直接投资规定变化的时间是非随机的,则表示政策变化时间的虚拟变量 $Post02_t$ 和工具变量回归二阶段估计的误差项 ε_{fit} 可能是相关的。2002 年的外商直接投资规定的变化是中国加入 WTO 后与众多成员进行长时间谈判的结果。由于该谈判结果在 2001 年之前是不确定的,则 2002 年外商直接投资规定的变化在时间上不是非随机的,即中国企业不会预料到 2002 年外商直接投资的规定会发生变化。此外,为了处理可能的政策时间非随机问题,控制了在此期间可能会影响识别的其他政策。在这一时间段,国企私有化是一项重要改革,并可能影响到企业生产和创新。因此,将 2001 年行业中的平均国有资本占比与年份虚拟变量 γ_t 的交叉项加入控制变量 X_{fit}。另外,《中华人民共和国专利法》在 2000 年进行了修订,这可能会对后续的企业创新产生影响,但在研究中发现此次修订未针对任何行业进行特定的调整,即其不会对不同行业的创新造成不同影响。本研究在回归中加入年份固定效应,用以控制这一类可能与中国外商直接投资规定变化相关的宏观冲击。

第二,如果外商直接投资政策改变对行业的选择是非随机的,则表示组别的虚拟变量 $Treatment_i$ 和工具变量回归二阶段估计的误差项 ε_{fit} 可能是相关的。为了解决这一问题,在研究中控制了可能影响实验组选择的潜在因素。首先,参照 Gentzkow(2006)的方法,利用 1998 年的截面数据检验了影响外商直接投资规定变化的行业层面因素(回归结果见附录表 A9-2)。在四位码行业层面,检验发现了三个影响因素:新产品强度、企业数量、企业年龄。基于该检验结果,在回归中加入这三个行业层面变

量与年份虚拟变量 γ_t 的交叉项,以控制可能影响在外商直接投资规定变化选择中的行业因素。其次,还控制了可能影响外商直接投资在行业选择中的随时间变化的企业特征,包括企业产出、企业资本劳动比(资本数量除以劳动力数量)、是否为出口企业(出口额大于 0)、是否为国有企业(企业类型)。

(二)基准回归

使用上述的识别策略,本节对基准模型进行回归,报告相应的回归结果。在基准回归中,先以所有专利数量作为创新数量。接着,分别使用发明专利数量、实用新型专利数量、外观设计专利数量衡量创新数量。本节使用三个指标衡量创新质量,分别为专利引用数量、专利通用性、专利原创性。样本中的专利指标分布是极度右偏的,约 95% 观测值的创新指标为 0,这可能对估计造成偏误。为了解决这个问题,使用两种方法来处理被解释变量。第一,对被解释变量(加 1 后)取自然对数。第二,参照 Hu 等(2017)的做法,把原始数据作为被解释变量,并使用泊松模型进行估计。在泊松估计中,值为 0 的被解释变量会被省略。因此,当被解释变量数值为 0 时,将该观测值赋值为 0.01,以解决这一问题。

1.创新数量

以所有专利数量作为被解释变量的估计结果如表 9-2 所示。列(1)至列(3)为工具变量 2SLS 估计结果。列(1)控制了企业固定效应和年份固定效应,以及行业层面影响外商直接投资规定因素与年份虚拟变量的交叉项。二阶段估计结果表明,外商直接投资对所有专利数量在 1% 水平上存在显著正向影响,外商直接投资每增加 1%,所有专利数量增加 4.1%。一阶段估计结果表明,该基于 DID 构建的工具变量与外商直接投资在 1% 水平上存在显著正相关关系,证明了工具变量的相关性,即鼓励外商直接投资会促进外商直接投资流入。F 统计量远大于 10% 显著性水平的临界值,拒绝了弱工具变量的零假设。列(2)增加了国有资本占比与年份虚拟变量的交叉项,以控制国企私有化政策的影响。二阶段回归系数表明,外商直接投资对所有专利数量在 1% 水平上存在显著正向影响。列(3)进一步控制了企业层面控制变量,二阶段回归系数表明,外商直接投资对所有专利数量在 1％ 水平上存在显著正向影响，外商直接投资每增加 1％，所有专利数量会提高 3.0％。列(4)报告了泊松估计的结果，同样表明，外商直接投资对所有专利数量在 1％ 水平上存在显著正向影响。总体而言，回归结果表明，外商直接投资对所有专利数量存在显著正向影响。

表 9-2　创新数量——所有专利数量

变　量	(1) 2SLS	(2) 2SLS	(3) 2SLS	(4) Poisson
Panel A. Second-stage estimation 被解释变量	Log Allpatent	Log Allpatent	Log Allpatent	Allpatent
FDI industry (instrumented)	0.041*** (0.008)	0.038*** (0.009)	0.030*** (0.009)	1.385** (0.629)
Panel B. First-stage estimation 被解释变量	FDI industry	FDI industry	FDI industry	FDI industry
Treatment×Post02	0.184*** (0.005)	0.164*** (0.005)	0.164*** (0.005)	0.164*** (0.005)
Cragg-Donald Wald F-statistic	2700.857	2134.102	2131.760	2131.760
Kleibergen-Paap Wald F-statistic	1669.369	1301.328	1298.858	1298.858
企业固定效应	是	是	是	是
年份固定效应	是	是	是	是
FDI determinants× year dummies	是	是	是	是
SOE privatization× year dummies	否	是	是	是
企业控制变量	否	否	是	是
观测值数量	1256810	1256810	1256810	1256810

注：FDI determinants 包含 1998 年四位码行业的新产品强度、企业数量、企业平均年龄。企业控制变量包括企业产出、资本劳动比、是否出口企业、是否国企。回归中包含常数项，但未报告。括号中的数字为调整后的聚类到企业层面的标准误。*、**、*** 分别表示在 10％、5％、1％ 水平上显著。

在研究了所有专利数量之后，本节进一步研究外商直接投资对不同类别专利的影响。在中国，专利存在三种类型：发明专利、实用新型专利和外观设计专利。一般来说,发明专利是技术难度较大且价值较高的专利,要求其具有新颖性、创造性、实用性。实用新型专利要求对现有产品进行重大改进,而外观设计专利更多的是对产品外观进行一些修改。本节分别以发明专利数量、实用新型专利数量、外观设计专利数量作为被解释变量进行估计,回归结果见表9-3。列(1)回归的估计系数表明,外商直接投资对发明专利数量在1%水平上存在显著正向影响。外商直接投资每增加1%,发明专利数量增加3.5%。列(2)泊松估计结果支持了这一正向影响效应。列(3)和列(4)的估计结果表明,外商直接投资对实用新型专利数量不存在显著影响。列(5)和列(6)的估计结果表明,外商直接投资对外观设计专利存在正向影响,但统计学意义不显著。这些结果表明,与创新性较低的实用新型专利和外观设计专利相比,外商直接投资提高了创新性较强的发明专利的产出。

表 9-3　创新数量——三类专利数量

变　量	(1) 2SLS Log Invention	(2) Poisson Invention	(3) 2SLS Log Utility	(4) Poisson Utility	(5) 2SLS Log Design	(6) Poisson Design
FDI industry (instrumented)	0.035 *** (0.005)	1.782 *** (0.558)	−0.006 (0.006)	0.408 (0.513)	0.001 (0.006)	1.359 (1.075)
企业固定效应	是	是	是	是	是	是
年份固定效应	是	是	是	是	是	是
FDI determinants× year dummies	是	是	是	是	是	是
SOE privatization× year dummies	是	是	是	是	是	是
企业控制变量	是	是	是	是	是	是
观测值数量	1256810	1256810	1256810	1256810	1256810	1256810

注:FDI determinants 包含 1998 年四位码行业的新产品强度、企业数量、企业平均年龄。企业控制变量包括企业产出、资本劳动比、是否出口企业、是否国企。回归中包含常数项,但未报告。括号中的数字为调整后的聚类到企业层面的标准误。*、**、*** 分别表示在10%、5%、1%水平上显著。

2. 创新质量

在研究外商直接投资对创新数量影响的基础上,本节进一步关注外商直接投资对创新质量的影响。本节分别以专利引用数量、通用性指标和原创性指标来衡量企业创新质量，回归结果见表9-4。列(1)的回归结果表明，外商直接投资对专利引用数量在1%水平上存在显著正向影响，外商直接投资每增加1%，专利引用数量会增加3.5%。列(2)的泊松估计结果支持了这一结论。列(3)和列(4)的回归结果表明，外商直接投资对专利通用性存在显著正向影响。列(5)和列(6)的回归结果表明，外商直接投资对专利原创性存在显著正向影响。以上结果表明，外商直接投资对企业创新质量存在显著正向影响。

表 9-4　创新质量

变　量	(1) 2SLS Log Citation	(2) Poisson Citation	(3) 2SLS Log Generality	(4) Poisson Generality	(5) 2SLS Log Originality	(6) Poisson Originality
FDI industry (instrumented)	0.048*** (0.008)	1.420** (0.575)	0.022*** (0.005)	0.314* (0.177)	0.023*** (0.005)	0.366** (0.180)
企业固定效应	是	是	是	是	是	是
年份固定效应	是	是	是	是	是	是
FDI determinants× year dummies	是	是	是	是	是	是
SOE privatization× year dummies	是	是	是	是	是	是
企业控制变量	是	是	是	是	是	是
观测值数量	1256810	1256810	1256810	1256810	1256810	1256810

注：FDI determinants 包含 1998 年四位码行业的新产品强度、企业数量、企业平均年龄。企业控制变量包括企业产出、资本劳动比、是否出口企业、是否国企。回归中包含常数项，但未报告。括号中的数字为调整后的聚类到企业层面的标准误。*、**、*** 分别表示在 10%、5%、1% 水平上显著。

　　总的来说，基准回归结果表明，外商直接投资对企业创新存在正向影响。首先，外商直接投资有助于创新数量的显著增加。并且，外商直接投资对发明专利(最具创新性的一类专利)的正向影响要大于其对实用新型专利和外观设计专利的影响。其次，外商直接投资显著提高了企业的创新质量。除了专利引用数量，外商直接投资不仅使企业能够产生更有影响力的专利，而且还能产生原创性更高的专利。

3. 创新缩减指标

专利数量和专利引用数量随着时间和专利类别的差异而发生变化。为了调整原始数据可能造成的衡量误差,本节按照 Hall 等(2001)提出的方法,以同一年份同一 IPC 专利分类的平均创新水平作为权重,对被解释变量进行了缩减调整。[①] 使用缩减调整以后的创新指标作为被解释变量进行估计,回归结果见表 9-5,列(1)至列(7)报告 2SLS 估计结果,可以发现在缩减调整创新指标之后,回归结果与基准回归结果一致,即外商直接投资对缩减后的创新数量和创新质量存在显著正向影响。列(8)至列(14)中报告了缩减创新指标的泊松估计结果,回归结果与基准回归结果一致,其中列(13)和列(14)的回归系数在统计学意义上不显著。

表 9-5　缩减指标

变　量	(1) 2SLS Log Scaled Allpatent	(2) 2SLS Log Scaled Invention	(3) 2SLS Log Scaled Utility	(4) 2SLS Log Scaled Design	(5) 2SLS Log Scaled Citation	(6) 2SLS Log Scaled Generality	(7) 2SLS Log Scaled Originality
FDI industry (instrumented)	0.012** (0.005)	0.017*** (0.003)	−0.005 (0.004)	−0.001 (0.003)	0.032*** (0.005)	0.019*** (0.005)	0.022*** (0.005)
回归模型被解释变量	(8) Poisson Scaled Allpatents	(9) Poisson Scaled Invention	(10) Poisson Scaled Utility	(11) Poisson Scaled Design	(12) Poisson Scaled Citation	(13) Poisson Scaled Generality	(14) Poisson Scaled Originality
FDI industry (instrumented)	1.207** (0.519)	1.677*** (0.396)	0.418 (0.468)	1.011 (0.772)	1.550*** (0.518)	0.082 (0.287)	0.102 (0.293)

[①] 例如,缩减所有专利数量的公式为 $Scaled\ patent_{fit} = \sum_{k}^{M} \frac{n_{fikt}}{N_{ikt}}$,其中 k 代表专利分类,M 为数据中所有的专利类别。n_{fikt} 表示企业 f 在 t 年申请类别 k 的专利数量,而 N_{ikt} 表示年份 t 行业 i 申请类别 k 的平均专利数量。

续表

变　量	(1) 2SLS Log Scaled Allpatent	(2) 2SLS Log Scaled Invention	(3) 2SLS Log Scaled Utility	(4) 2SLS Log Scaled Design	(5) 2SLS Log Scaled Citation	(6) 2SLS Log Scaled Generality	(7) 2SLS Log Scaled Originality
企业固定效应	是	是	是	是	是	是	是
年份固定效应	是	是	是	是	是	是	是
FDI determinants×year dummies	是	是	是	是	是	是	是
SOE privatization×year dummies	是	是	是	是	是	是	是
企业控制变量	是	是	是	是	是	是	是
观测值数量	1256810	1256810	1256810	1256810	1256810	1256810	1256810

注：FDI determinants 包含 1998 年四位码行业的新产品强度、企业数量、企业平均年龄。企业控制变量包括企业产出、资本劳动比、是否出口企业、是否国企。回归中包含常数项，但未报告。括号中的数字为调整后的聚类到企业层面的标准误。*、**、*** 分别表示在 10%、5%、1% 水平上显著。

(三)垂直外商直接投资

为了简洁起见，在本章接下来的实证分析中，主要使用三个关键衡量创新的变量进行各种检验，分别为所有专利数量、发明专利数量、专利引用数量。这三个指标可以较好地衡量和反映企业的创新数量和创新质量。同时，本章研究更倾向于使用工具变量 2SLS 估计结果进行分析。

在关于外商直接投资的研究中，一般关注本土企业与外商直接投资设立的子公司之间的相互关系。这种关系在生产链中，可以分为水平(行业内)关系和垂直(行业间)关系。垂直关系可以进一步分为后向外商直接投资和前向外商直接投资。Javorcik(2004)指出，水平外商直接投资和垂直外商直接投资对本土企业的影响存在一定程度的差异。为了检验两者对企业创新可能存在的不同影响，按照 Javorcik(2004)的方法构建后

向外商直接投资和前向外商直接投资指标。具体而言,后向外商直接投资指标构造如下式:

$$\text{FDI\_Sector}_{st}^{\text{backward}} = \sum_{k \text{ if } k \neq s} \alpha_{sk} \times \text{FDL\_Sector}_{kt} \qquad (9\text{-}4)$$

式中,α_{sk} 表示在二位码行业 s 的产出中,提供给二位码行业 k 的比例。后向外商直接投资刻画了行业 s 供给带来的外商直接投资。前向外商直接投资指标构造如下式:

$$\text{FDI\_Sector}_{st}^{\text{forward}} = \sum_{m \text{ if } m \neq s} \beta_{sm}$$

$$\times \frac{\sum_{j \in \Omega_m} \text{FDI\_Firm}_{jt} \times (\text{Output}_{jt} - \text{Export}_{jt})}{\sum_{j \in \Omega_m} (\text{Output}_{jt} - \text{Export}_{jt})} \qquad (9\text{-}5)$$

式中,β_{sm} 表示行业 s 的投入从行业 m 购买的比例。Export_{jt} 为企业出口额,$\text{Output}_{jt} - \text{Export}_{jt}$ 表示企业 j 产量中供应境内市场的数量。前向外商直接投资是衡量外商直接投资在上游行业 s 的强度。α_{sk} 和 β_{sm} 的数值均由 2002 年中国投入产出表计算得到。后向外商直接投资 $\text{FDI\_Sector}_{st}^{\text{backward}}$ 和前向外商直接投资 $\text{FDI\_Sector}_{st}^{\text{forward}}$ 的工具变量分别为 $\sum_{k \text{ if } k \neq s} \alpha_{sk} \times \text{Treatment}_k \times \text{Post02}_t$ 和 $\sum_{m \text{ if } m \neq s} \beta_{sm} \times \text{Treatment}_m \times \text{Post02}_t$。

在构造了相关指标以后,增加后向外商直接投资和前向外商直接投资作为解释变量进行估计,回归结果见表 9-6(一阶段回归结果见表 A9-3)。列(1)的回归结果表明,水平外商直接投资对所有专利数量的影响仍然显著为正。就垂直外商直接投资的影响而言,后向外商直接投资对所有专利数量的影响显著为正,但前向外商直接投资的影响显著为负。列(2)的回归结果表明,水平外商直接投资对发明专利数量存在显著正向影响,后向外商直接投资对发明专利数量存在显著正向影响,前向外商直接投资对发明专利数量存在负向影响但在统计意义上不显著。列(3)的回归结果表明,水平外商直接投资对专利引用数量存在显著正向影响,后向外商直接投资对专利引用数量存在显著正向影响,而前向外商直接投资对专利引用数量存在显著负向影响。由以上结果可以发现,水平外商直接投资和垂直外商直接投资对企业创新的影响存在差异,验证了现有文献的观点。

表 9-6　水平外商直接投资与垂直外商直接投资

变　量	(1) 2SLS Log Allpatent	(2) 2SLS Log Invention	(3) 2SLS Log Citation
FDI industry (instrumented)	0.023*** (0.005)	0.041*** (0.003)	0.052*** (0.005)
Backward FDI (instrumented)	0.001*** (0.000)	0.0003*** (0.0001)	0.001*** (0.000)
Forward FDI (instrumented)	−0.099*** (0.026)	−0.019 (0.012)	−0.038* (0.019)
企业固定效应	是	是	是
年份固定效应	是	是	是
FDI determinants×year dummies	是	是	是
SOE privatization×year dummies	是	是	是
企业控制变量	是	是	是
观测值数量	1256810	1256810	1256810

注:FDI determinants 包含 1998 年四位码行业的新产品强度、企业数量、企业平均年龄。企业控制变量包括企业产出、资本劳动比、是否出口企业、是否国企。回归中包含常数项,但未报告。括号中的数字为调整后的聚类到企业层面的标准误。*、**、*** 分别表示在 10%、5%、1% 水平上显著。

(四)突破性创新

在现有研究中,专利数量和专利引用数量是衡量创新产出的基本指标。然而,这些指标不能区分增量创新和突破性创新。由于上述结果已经表明外商直接投资只对发明专利有显著影响,而对实用新型专利和外观设计专利没有显著影响,本节进一步探讨外商直接投资是否提高了企业的突破性创新。根据现有研究的衡量方法,利用专利信息构建了四个衡量突破性创新的指标来探索这个问题。

(1)尾部创新:根据 Acemoglu 等(2014)的做法,将样本中专利引用数量从小到大排序,$s_{ft}(p)$ 表示企业 f 拥有专利引用数量高于 p 分位数的专利数量。尾部创新定义见下式:

$$\text{Tail}_{ft}(p) = \frac{s_{ft}(p)}{s_{ft}(0.5)} \tag{9-6}$$

式中，p 大于 0.5。该式表示专利引用高于 p 百分位数专利数量与专利引用高于中位数专利数量的倍数。对于没有专利引用高于中位数专利的公司，其尾部创新为 0。在分析中，赋予 p 两个数值，分别为 99％ 和 95％。表 9-7 中列(1)和列(2)的回归结果表明，外商直接投资在 1％ 水平上显著增加尾部创新。

(2)最佳专利：受到 Bernstein(2015)的启发，企业被引用次数最多的专利可被视为最佳专利。由于每个创新企业每年只会有一个最佳专利，以最佳专利的通用性指标和原创性指标作为被解释变量进行估计。表 9-7 中列(3)和列(4)的回归结果表明，外商直接投资对最佳专利的通用性和原创性在 1％ 水平上存在显著正向影响。这意味着在专利引用和被引用方面，外商直接投资扩大了最佳专利的专利类别分布。

(3)激进创新：根据 Balsmeier 等(2017)、Guo 等(2019)，激进创新指标的计算方法为：将同一年份同一专利类别中的专利按专利引用数量从小到大排序，计算企业拥有专利引用在前 5％(10％)的专利数量(加 1 后取自然对数)。表 9-7 中列(5)和列(6)的回归结果表明，外商直接投资对激进创新存在显著正向影响。

(4)新技术创新：根据 Balsmeier 等(2017)、Guo 等(2019)，新技术创新的定义为企业创造了以前未申请过该专利类别的专利。本节构造并使用了新技术创新数量(加 1 后取自然对数)作为被解释变量进行回归。在回归中，采用了两种专利分类标准：IPC 专利分类一位码和 IPC 专利分类三位码。表 9-7 中列(7)和列(8)的回归结果表明，外商直接投资对新技术创新在 1％ 水平上存在显著正向影响，这意味着外商直接投资的流入给企业带来了来自全新领域的创新。

综上所述，本节探讨了外商直接投资对企业突破性创新的影响。通过一系列突破性创新指标的构造，回归结果表明，外商直接投资的增加促进了企业的突破性创新。

表 9-7 突破性创新

变 量	(1) 2SLS Tail patents (99%)	(2) 2SLS Tail patents (95%)	(3) 2SLS Generality of the best patent	(4) 2SLS Originality of the best patent	(5) 2SLS Breakthrough patent (top 5%)	(6) 2SLS Breakthrough patent (top 10%)	(7) 2SLS New technology (one-digit)	(8) 2SLS New technology (three-digit)
FDI industry (instrumented)	0.013*** (0.002)	0.014*** (0.003)	0.013*** (0.003)	0.016*** (0.003)	0.003** (0.001)	0.005*** (0.002)	0.018*** (0.003)	0.020*** (0.004)
企业固定效应	是	是	是	是	是	是	是	是
年份固定效应	是	是	是	是	是	是	是	是
FDI determinants× year dummies	是	是	是	是	是	是	是	是
SOE privatization× year dummies	是	是	是	是	是	是	是	是
企业控制变量	是	是	是	是	是	是	是	是
观测值数量	1256810	1256810	1256810	1256810	1256810	1256810	1256810	1256810

注：FDI determinants 包含 1998 年四位码行业的新产品强度、企业数量、企业平均年龄。Time-varying firm controls 包括企业产出、资本劳动比、是否出口企业、是否国企。回归中包含常数项，但未报告。括号中的数字为聚类到企业的标准误。*、**、*** 分别表示在 10%、5%、1% 水平上显著。

五、稳健性检验及异质性检验

(一)稳健性检验

基准回归得到了外商直接投资显著促进了企业创新数量和创新质量的结论。本节基于现有文献,以及基准回归中可能存在的问题,进行了大量稳健性检验,包括模型设定问题、估计偏误问题、其他影响因素等。

控制系统性变化。在 DID 设定中,外商直接投资管理规定改变后,控制变量对创新的影响可能也发生了系统性变化,这种变化可能与外商直接投资变化一致,会造成一定的估计偏误。为了检验基准回归结果是否受到该问题的影响,设定以下回归模型,在估计中控制企业层面控制变量系统性变化带来的影响:

$$\text{Innovation}_{fit} = \alpha_0 + \delta \text{FDI\_Industry}_{it} + X'_{fit}\lambda + \text{Post}_{02}$$
$$\times \text{Controls}'_{fit}\zeta + \alpha_f + \gamma_t + \varepsilon_{fit} \qquad (9\text{-}7)$$

具体来说,在回归中进一步控制了指示时间虚拟变量与企业层面控制变量的交叉项。如表 9-8 所示,外商直接投资对企业创新数量和创新质量存在显著正向影响的结论不是由控制变量系统性变化所驱动的。

表 9-8 稳健性检验——控制系统性变化

变　量	(1) 2SLS Log Allpatent	(2) 2SLS Log Invention	(3) 2SLS Log Citation
FDI industry (instrumented)	0.040 *** (0.010)	0.039 *** (0.005)	0.055 *** (0.009)
Cragg-Donald Wald *F*-statistic	2131.760	2131.760	2131.760
Kleibergen-Paap Wald *F*-statistic	1298.858	1298.858	1298.858
企业固定效应	是	是	是
年份固定效应	是	是	是
FDI determinants×year dummies	是	是	是
SOE privatization×year dummies	是	是	是

续表

变　量	(1) 2SLS Log Allpatent	(2) 2SLS Log Invention	(3) 2SLS Log Citation
企业控制变量	是	是	是
观测值数量	1256810	1256810	1256810

注：FDI determinants 包含 1998 年四位码行业的新产品强度、企业数量、企业平均年龄。企业控制变量包括企业产出、资本劳动比、是否出口企业、是否国企。回归中包含常数项，但未报告。括号中的数字为调整后的聚类到企业层面的标准误。*、**、***分别表示在 10%、5%、1%水平上显著。

控制专利保护。一些研究发现，知识产权保护的日益完善是中国专利激增的重要原因（Hu and Jefferson，2009；Ang et al.，2014；Fang et al.，2017）。本书人工收集了中国各省（自治区、直辖市）的专利保护政策（见附录表 A9-4）。不同地区在这一条例的具体名称上有所差异，主要以"专利保护和促进条例"或"专利保护条例"命名。例如，广东省于 1996 年出台了《广东省专利保护条例》，北京市于 2005 年出台了《北京市专利保护和促进条例》。在本书中，统一认为是专利保护政策。在回归中，增加一个虚拟变量，企业所在地区是否出台专利保护政策（出台后等于 1，否则等于 0），以控制专利保护的影响，回归结果见表 9-9。通过回归结果可以发现，外商直接投资对创新数量和创新质量的影响显著为正。同时，专利保护政策的估计系数也证实了文献中的观点，即中国的知识产权保护增加了创新产出。

表 9-9　稳健性检验——控制专利保护

变　量	(1) 2SLS Log Allpatent	(2) 2SLS Log Invention	(3) 2SLS Log Citation
FDI industry (instrumented)	0.030 *** (0.009)	0.035 *** (0.005)	0.048 *** (0.008)
PPP	0.016 *** (0.002)	0.007 *** (0.001)	0.011 *** (0.001)
Cragg-Donald Wald F-statistic	2131.547	2131.547	2131.547
Kleibergen-Paap Wald F-statistic	1298.761	1298.761	1298.761
企业固定效应	是	是	是

续表

变　量	(1) 2SLS Log Allpatent	(2) 2SLS Log Invention	(3) 2SLS Log Citation
年份固定效应	是	是	是
FDI determinants×year dummies	是	是	是
SOE privatization×year dummies	是	是	是
企业控制变量	是	是	是
观测值数量	1256810	1256810	1256810

注：FDI determinants 包含 1998 年四位码行业的新产品强度、企业数量、企业平均年龄。企业控制变量包括企业产出、资本劳动比、是否出口企业、是否国企。回归中包含常数项，但未报告。括号中的数字为调整后的聚类到企业层面的标准误。*、**、*** 分别表示在 10％、5％、1％水平上显著。

控制高新技术区。Tian 和 Xu(2022)研究发现，国家级高新技术区的建立对地方企业的创新表现有正向的影响。本研究收集了各城市高新技术区的信息，并与中国工业企业数据进行匹配。在回归中，加入一个虚拟变量，企业所在地区是否设立高新技术区(即首次成立高新技术区之后等于 1，否则等于 0)，以控制高新技术区的影响。估计结果(见表 9-10)表明，高新技术区对企业创新的影响不显著，而外商直接投资对企业创新的正向影响仍然显著。

表 9-10　稳健性检验——控制高新技术区

变　量	(1) 2SLS Log Allpatent	(2) 2SLS Log Invention	(3) 2SLS Log Citation
FDI industry (instrumented)	0.030 *** (0.009)	0.035 *** (0.005)	0.048 *** (0.008)
HTZ	0.012 (0.017)	−0.005 (0.011)	−0.007 (0.016)
Cragg-Donald Wald F-statistic	2131.859	2131.859	2131.859
Kleibergen-Paap Wald F-statistic	1299.320	1299.320	1299.320
企业固定效应	是	是	是
年份固定效应	是	是	是

续表

变　量	(1) 2SLS Log Allpatent	(2) 2SLS Log Invention	(3) 2SLS Log Citation
FDI determinants×year dummies	是	是	是
SOE privatization×year dummies	是	是	是
企业控制变量	是	是	是
观测值数量	1256810	1256810	1256810

注：FDI determinants 包含 1998 年四位码行业的新产品强度、企业数量、企业平均年龄。企业控制变量包括企业产出、资本劳动比、是否出口企业、是否国企。回归中包含常数项，但未报告。括号中的数字为调整后的聚类到企业层面的标准误。*、**、*** 分别表示在 10%、5%、1% 水平上显著。

　　控制补贴。一些研究表明，中国政府的补贴促进了企业的创新（如Howell，2016）。为了控制这种影响，利用企业数据中的补贴数据，将补贴（加 1 后取自然对数）作为控制变量，来分离其对企业创新的影响。表 9-11 的回归结果表明，在控制了补贴的效应以后，基准结果的结果仍然是稳健的。另外，该结果证实了现有文献的观点，政府补贴促进了企业的创新活动。

表 9-11　稳健性检验——控制补贴

变　量	(1) 2SLS Log Allpatent	(2) 2SLS Log Invention	(3) 2SLS Log Citation
FDI industry (instrumented)	0.029 *** (0.009)	0.034 *** (0.005)	0.047 *** (0.008)
Subsidies	0.003 *** (0.000)	0.001 *** (0.000)	0.002 *** (0.000)
Cragg-Donald Wald F-statistic	2126.801	2126.801	2126.801
Kleibergen-Paap Wald F-statistic	1295.425	1295.425	1295.425
企业固定效应	是	是	是
年份固定效应	是	是	是
FDI determinants×year dummies	是	是	是
SOE privatization×year dummies	是	是	是

续表

变　量	(1) 2SLS Log Allpatent	(2) 2SLS Log Invention	(3) 2SLS Log Citation
企业控制变量	是	是	是
观测值数量	1256810	1256810	1256810

注：FDI determinants 包含 1998 年四位码行业的新产品强度、企业数量、企业平均年龄。企业控制变量包括企业产出、资本劳动比、是否出口企业、是否国企。回归中包含常数项，但未报告。括号中的数字为调整后的聚类到企业层面的标准误。*、**、*** 分别表示在 10%、5%、1% 水平上显著。

企业退出。外商直接投资的流入可能导致市场中创新能力低的企业被排挤而退出市场，从而增加企业的创新数量和提升企业的创新质量。为了解决这一顾虑，本节使用了在整个样本期间持续存在的企业样本，进行了稳健性检验。表 9-12 的回归结果表明，对于长期存在的企业，外商直接投资对企业创新数量和创新质量仍然存在显著正向影响。

表 9-12　稳健性检验——企业退出

变　量	(1) 2SLS Log Allpatent	(2) 2SLS Log Invention	(3) 2SLS Log Citation
FDI industry (instrumented)	0.036 *** (0.014)	0.051 *** (0.007)	0.077 *** (0.013)
Cragg-Donald Wald F-statistic	935.702	935.702	935.702
Kleibergen-Paap Wald F-statistic	798.342	798.342	798.342
企业固定效应	是	是	是
年份固定效应	是	是	是
FDI determinants×year dummies	是	是	是
SOE privatization×year dummies	是	是	是
企业控制变量	是	是	是
观测值数量	179804	179804	179804

注：FDI determinants 包含 1998 年四位码行业的新产品强度、企业数量、企业平均年龄。企业控制变量包括企业产出、资本劳动比、是否出口企业、是否国企。回归中包含常数项，但未报告。括号中的数字为调整后的聚类到企业层面的标准误。*、**、*** 分别表示在 10%、5%、1% 水平上显著。

　　二维稳健标准误。基准回归中使用聚类到企业的稳健标准误。由于计量模型中的解释变量是行业层面的,因此在稳健性检验使用企业和行业的二维聚类标准误。表 9-13 稳健性检验回归结果表明,基准回归中的结论不是由特定的标准误设定方式所导致的。使用二维稳健标准误,外商直接投资对企业创新依然存在显著正向影响。

表 9-13　稳健性检验——二维稳健标准误

变　量	(1) 2SLS Log Allpatent	(2) 2SLS Log Invention	(3) 2SLS Log Citation
FDI industry (instrumented)	0.030 ** (0.013)	0.035 *** (0.009)	0.048 *** (0.013)
Cragg-Donald Wald F-statistic	2131.760	2131.760	2131.760
Kleibergen-Paap Wald F-statistic	1298.858	1298.858	1298.858
企业固定效应	是	是	是
年份固定效应	是	是	是
FDI determinants×year dummies	是	是	是
SOE privatization×year dummies	是	是	是
企业控制变量	是	是	是
观测值数量	1256810	1256810	1256810

　　注:FDI determinants 包含 1998 年四位码行业的新产品强度、企业数量、企业平均年龄。企业控制变量包括企业产出、资本劳动比、是否出口企业、是否国企。回归中包含常数项,但未报告。括号中的数字为调整后的聚类到企业和行业层面的标准误。*、**、*** 分别表示在 10%、5%、1% 水平上显著。

　　调整外商直接投资指标。基准模型中使用企业的总产出来构造解释变量,即行业层面的外商直接投资。由于在中国,合资企业的产出中有很大一部分服务于出口,用该构造方法可能高估了外商直接投资强度。在稳健性检验中,在企业总产出中剔除出口数额,重新计算得到解释变量,回归结果报告在表 9-14 中。该估计结果表明,对解释变量进行调整以后,外商直接投资对创新数量和创新质量仍然存在显著正向影响,且解释变量的估计系数甚至变得更大。

表 9-14 稳健性检验——调整外商直接投资指标

变　量	(1) 2SLS Log Allpatent	(2) 2SLS Log Invention	(3) 2SLS Log Citation
FDI industry (instrumented)	0.035*** (0.010)	0.040*** (0.006)	0.055*** (0.010)
Cragg-Donald Wald F-statistic	2669.402	2669.402	2669.402
Kleibergen-Paap Wald F-statistic	1398.350	1398.350	1398.350
企业固定效应	是	是	是
年份固定效应	是	是	是
FDI determinants×year dummies	是	是	是
SOE privatization×year dummies	是	是	是
企业控制变量	是	是	是
观测值数量	1256810	1256810	1256810

注：FDI determinants 包含 1998 年四位码行业的新产品强度、企业数量、企业平均年龄。企业控制变量包括企业产出、资本劳动比、是否出口企业、是否国企。回归中包含常数项，但未报告。括号中的数字为调整后的聚类到企业层面的标准误。*、**、*** 分别表示在 10%、5%、1%水平上显著。

控制外资结构。中国的外商直接投资分为外资独资企业和合资企业两种类型，这两种类型的外商直接投资在企业创新中可能发挥不同的作用。在稳健性检验中，计算并控制了行业中外资独资企业在所有外商直接投资中所占的比例。表 9-15 的估计结果显示，外商直接投资对企业创新的影响几乎没有发生变化。另外，可以发现外资独资企业占比与企业创新存在正相关关系，但与所有专利数量的相关关系并不显著。

表 9-15 稳健性检验——控制外资结构

变　量	(1) 2SLS Log Allpatent	(2) 2SLS Log Invention	(3) 2SLS Log Citation
FDI industry (instrumented)	0.032*** (0.010)	0.037*** (0.005)	0.051*** (0.009)
Share of wholly-owned FIE	0.005 (0.007)	0.012*** (0.004)	0.017*** (0.006)
Cragg-Donald Wald F-statistic	1849.425	1849.425	1849.425

续表

变　量	(1) 2SLS Log Allpatent	(2) 2SLS Log Invention	(3) 2SLS Log Citation
Kleibergen-Paap Wald F-statistic	1123.241	1123.241	1123.241
企业固定效应	是	是	是
年份固定效应	是	是	是
FDI determinants×year dummies	是	是	是
SOE privatization×year dummies	是	是	是
企业控制变量	是	是	是
观测值数量	1255799	1255799	1255799

注:FDI determinants 包含 1998 年四位码行业的新产品强度、企业数量、企业平均年龄。企业控制变量包括企业产出、资本劳动比、是否出口企业、是否国企。回归中包含常数项,但未报告。括号中的数字为调整后的聚类到企业层面的标准误。*、**、*** 分别表示在 10%、5%、1% 水平上显著。

控制经济特区。由于政策优惠或地方财政补贴,经济特区可能吸引了更多的外商直接投资。为了减轻这个因素可能带来的影响,在稳健性检验中计算并控制了经济特区中企业的产出份额。表 9-16 的估计结果表明,外商直接投资对企业创新数量和质量的影响仍然显著为正。但是,经济特区工业产出份额对企业创新的影响不显著。

表 9-16　稳健性检验——控制经济特区

变　量	(1) 2SLS Log Allpatent	(2) 2SLS Log Invention	(3) 2SLS Log Citation
FDI industry (instrumented)	0.036*** (0.009)	0.035*** (0.005)	0.047*** (0.008)
Share of output of SEZ	0.013 (0.018)	0.003 (0.009)	0.002 (0.015)
Cragg-Donald Wald F-statistic	2540.151	2540.151	2540.151
Kleibergen-Paap Wald F-statistic	1390.949	1390.949	1390.949
企业固定效应	是	是	是
年份固定效应	是	是	是

续表

变　量	(1) 2SLS Log Allpatent	(2) 2SLS Log Invention	(3) 2SLS Log Citation
FDI determinants×year dummies	是	是	是
SOE privatization×year dummies	是	是	是
企业控制变量	是	是	是
观测值数量	1123952	1123952	1123952

注：FDI determinants 包含 1998 年四位码行业的新产品强度、企业数量、企业平均年龄。企业控制变量包括企业产出、资本劳动比、是否出口企业、是否国企。回归中包含常数项，但未报告。括号中的数字为调整后的聚类到企业层面的标准误。*、**、*** 分别表示在 10%、5%、1%水平上显著。

影响政策的行业因素。基准回归中控制了 1998 年影响外商直接投资政策变化的行业因素和年份虚拟变量的交叉式，以解决可能存在的非随机选择问题。但是，使用 1998 年的行业变量可能存在一定的主观性。为了解决这一问题，在稳健性检验中使用 2002 年的行业变量对计量模型重新进行估计。表 9-17 的估计结果表明，使用其他年份的行业因素，估计结果与基准回归结果仍然一致。

表 9-17　稳健性检验——影响政策的行业因素

变　量	(1) 2SLS Log Allpatent	(2) 2SLS Log Invention	(3) 2SLS Log Citation
FDI industry (instrumented)	0.018** (0.009)	0.029*** (0.005)	0.038*** (0.008)
Cragg-Donald Wald F-statistic	2437.048	2437.048	2437.048
Kleibergen-Paap Wald F-statistic	1618.218	1618.218	1618.218
企业固定效应	是	是	是
年份固定效应	是	是	是
FDI determinants×year dummies	是	是	是
SOE privatization×year dummies	是	是	是

续表

变 量	(1) 2SLS Log Allpatent	(2) 2SLS Log Invention	(3) 2SLS Log Citation
企业控制变量	是	是	是
观测值数量	1256810	1256810	1256810

注:FDI determinants 包含 1998 年四位码行业的新产品强度、企业数量、企业平均年龄。企业控制变量包括企业产出、资本劳动比、是否出口企业、是否国企。回归中包含常数项,但未报告。括号中的数字为调整后的聚类到企业层面的标准误。*、**、*** 分别表示在 10%、5%、1%水平上显著。

一阶段非线性估计。在基准回归的工具变量一阶段估计结果中,得到解释变量的拟合值范围为 0 到 1。基线回归将计量模型设定为线性模型,并利用 2SLS 方法进行估计,但这种设定可能会导致一定的估计偏误。为了解决这个问题,本节使用 Logit 模型来进行工具变量回归一阶段估计,并预测解释变量的拟合值,回归结果报告在表 9-18 中。回归结果表明,即使对工具变量一阶段进行非线性估计,基准回归的结论依然是稳健的,即外商直接投资对企业创新数量和质量存在显著正向影响。

表 9-18 稳健性检验——一阶段非线性估计

变 量	(1) 2SLS Log Allpatent	(2) 2SLS Log Invention	(3) 2SLS Log Citation
FDI industry (instrumented)	0.006 *** (0.001)	0.003 *** (0.000)	0.005 *** (0.001)
企业固定效应	是	是	是
年份固定效应	是	是	是
FDI determinants×year dummies	是	是	是
SOE privatization×year dummies	是	是	是
企业控制变量	是	是	是
观测值数量	1256810	1256810	1256810

注:FDI determinants 包含 1998 年四位码行业的新产品强度、企业数量、企业平均年龄。企业控制变量包括企业产出、资本劳动比、是否出口企业、是否国企。回归中包含常数项,但未报告。括号中的数字为调整后的聚类到企业层面的标准误。*、**、*** 分别表示在 10%、5%、1%水平上显著。

（二）异质性检验

通过大量的检验,可以发现外商直接投资促进了企业的创新数量和质量。由于不同企业具有不同的特征,外商直接投资对其创新的效应会受到这些因素的影响。本节尝试探讨外商直接投资对企业创新影响的异质性。在异质性检验中,在正文中报告了工具变量回归二阶段估计结果,一阶段估计结果报告在附录表 A9-5。

企业规模异质性。规模不同的企业对外商直接投资的吸收能力存在差异,进而从外商直接投资溢出效应中获得知识和技术的程度也不同(Girma,2005)。为了检验外商直接投资对企业创新的影响效应在不同规模企业的异质性,构建了一个虚拟变量衡量企业规模。根据《统计上大中小微型企业划分办法》,在工业企业中,员工人数大于 300 人且销售额大于 2000 万元的被划分为中大型企业。在检验中,如果观测值的相应数值超过这一标准,将其视为中大型企业,赋值为 1,其他情况赋值为 0。表9-19 的回归结果表明,外商直接投资的估计系数仍然显著为正,但其与企业规模的交叉项的估计系数显著为负,即外商直接投资对大型企业的正向效应较弱。

表 9-19　异质性检验——企业规模

变　量	(1) 2SLS Log Allpatent	(2) 2SLS Log Invention	(3) 2SLS Log Citation
FDI industry (instrumented)	0.078*** (0.012)	0.068*** (0.007)	0.092*** (0.012)
Size	0.250*** (0.022)	0.166*** (0.013)	0.226*** (0.021)
FDI industry×Size (instrumented)	−0.252*** (0.024)	−0.176*** (0.014)	−0.238*** (0.022)
企业固定效应	是	是	是
年份固定效应	是	是	是
FDI determinants×year dummies	是	是	是
SOE privatization×year dummies	是	是	是

续表

变　量	(1) 2SLS Log Allpatent	(2) 2SLS Log Invention	(3) 2SLS Log Citation
企业控制变量	是	是	是
观测值数量	1256810	1256810	1256810

注：FDI determinants 包含 1998 年四位码行业的新产品强度、企业数量、企业平均年龄。企业控制变量包括企业产出、资本劳动比、是否出口企业、是否国企。回归中包含常数项，但未报告。括号中的数字为调整后的聚类到企业层面的标准误。*、**、*** 分别表示在 10%、5%、1% 水平上显著。

企业性质异质性。Lu 等（2017）指出，外商直接投资对企业绩效的影响在不同所有制企业之间存在差异。在异质性检验中，加入了国有企业虚拟变量（如果企业是国有企业赋值为 1，否则赋值为 0），以及国有企业和外商直接投资的交叉项。表 9-20 的回归结果表明，外商直接投资的影响仍然显著为正。交叉项的估计系数显著为负，即外商直接投资对企业创新的正向效应在国有企业中表现得更弱。

表 9-20　异质性检验——企业性质

变　量	(1) 2SLS Log Allpatent	(2) 2SLS Log Invention	(3) 2SLS Log Citation
FDI industry (instrumented)	0.035*** (0.010)	0.040*** (0.005)	0.057*** (0.009)
SOE	0.053* (0.030)	0.062*** (0.017)	0.110*** (0.029)
FDI industry×SOE (instrumented)	−0.072** (0.035)	−0.077*** (0.020)	−0.137*** (0.034)
企业固定效应	是	是	是
年份固定效应	是	是	是
FDI determinants×year dummies	是	是	是
SOE privatization×year dummies	是	是	是
企业控制变量	是	是	是

续表

变　量	(1) 2SLS Log Allpatent	(2) 2SLS Log Invention	(3) 2SLS Log Citation
观测值数量	1256810	1256810	1256810

注：FDI determinants 包含 1998 年四位码行业的新产品强度、企业数量、企业平均年龄。企业控制变量包括企业产出、资本劳动比、是否出口企业、是否国企。回归中包含常数项,但未报告。括号中的数字为调整后的聚类到企业层面的标准误。*、**、*** 分别表示在 10%、5%、1%水平上显著。

合资联盟异质性。企业间的合作与联盟为企业带来一定的好处,包括帮助开发新技术、提高生产技能和研究新产品(Grenadier and Weiss, 1997)。根据观测值的股权结构中是否存在外资,定义了一个虚拟变量,表示本土企业是否与外资存在联盟关系。在异质性检验中,加入该虚拟变量及其与外商直接投资的交叉项,进行估计。表 9-21 的回归结果表明,外商直接投资对创新的影响仍然显著为正,而交叉项的估计系数显著为负。这一结果意味着,与外资的联盟减小了外商直接投资对企业创新的正向作用。① 这可能是因为国内独资企业有更强烈的愿望进行创新活动来与市场上的其他企业竞争。相反,合资企业更有可能直接从母公司获得技术,并专注于制造产品,从而忽视自身的创新。

表 9-21　异质性检验——合资联盟

变　量	(1) 2SLS Log Allpatent	(2) 2SLS Log Invention	(3) 2SLS Log Citation
FDI industry (instrumented)	0.035 *** (0.010)	0.040 *** (0.005)	0.054 *** (0.009)
Alliance	0.119 ** (0.058)	0.124 *** (0.038)	0.168 *** (0.060)
FDI industry×Alliance (instrumented)	−0.097 ** (0.044)	−0.101 *** (0.028)	−0.135 *** (0.045)
企业固定效应	是	是	是

———————

① 将样本分为纯内资企业样本和不包括纯内资企业样本,进行子样本回归,结果同样发现外商直接投资对纯内资企业和非纯内资企业(即合资企业)的创新表现都存在正向影响,且纯内资企业样本的估计系数更大。

续表

变　量	(1) 2SLS Log Allpatent	(2) 2SLS Log Invention	(3) 2SLS Log Citation
年份固定效应	是	是	是
FDI determinants×year dummies	是	是	是
SOE privatization×year dummies	是	是	是
企业控制变量	是	是	是
观测值数量	1256810	1256810	1256810

注：FDI determinants 包含 1998 年四位码行业的新产品强度、企业数量、企业平均年龄。企业控制变量包括企业产出、资本劳动比、是否出口企业、是否国企。回归中包含常数项，但未报告。括号中的数字为调整后的聚类到企业层面的标准误。*、**、*** 分别表示在 10%、5%、1% 水平上显著。

技术差距异质性。在产业分布中，与技术前沿企业的距离远近可能影响技术转移强度。为了研究技术距离是否在外商直接投资对企业创新的效应中起作用，本节参照 Aghion 等（2005）的方法构造了技术距离指标：

$$\text{Technological distance}_{fit} = \frac{(\text{TFP maximum}_{it} - \text{TFP}_{fit})}{\text{TFP maximum}_{it}} \quad (9\text{-}8)$$

式中，TFP_{fit} 为企业的全要素生产率，TFP maximum_{it} 为年份 t 行业 i 中最前沿的全要素生产率水平。本研究使用 Ackerberg 等（2015）提出的方法，计算了中国工业企业的全要素生产率。表 9-22 的回归结果表明，外商直接投资仍然对企业创新数量和质量存在显著正向影响。然而研究结果也显示，技术距离不利于外商直接投资对企业创新的正向影响。这可能是因为远离技术前沿的企业的创新能力和吸收能力较低，阻碍了这些企业从外商直接投资中获得正向的溢出效应。

表 9-22　异质性检验——技术差距

变　量	(1) 2SLS Log Allpatent	(2) 2SLS Log Invention	(3) 2SLS Log Citation
FDI industry (instrumented)	0.055*** (0.016)	0.073*** (0.010)	0.095*** (0.016)
Technological distance	0.046** (0.021)	0.081*** (0.014)	0.100*** (0.023)

续表

变 量	(1) 2SLS Log Allpatent	(2) 2SLS Log Invention	(3) 2SLS Log Citation
FDI industry×Technological distance (instrumented)	−0.065** (0.032)	−0.119*** (0.022)	−0.146*** (0.035)
企业固定效应	是	是	是
年份固定效应	是	是	是
FDI determinants×year dummies	是	是	是
SOE privatization×year dummies	是	是	是
企业控制变量	是	是	是
观测值数量	1206400	1206400	1206400

注：FDI determinants 包含 1998 年四位码行业的新产品强度、企业数量、企业平均年龄。企业控制变量包括企业产出、资本劳动比、是否出口企业、是否国企。回归中包含常数项，但未报告。括号中的数字为调整后的聚类到企业层面的标准误。*、**、*** 分别表示在 10%、5%、1% 水平上显著。

外商直接投资来源异质性。由于拥有不同水平的科技，来自不同国家和地区的外商直接投资对本土企业的技术溢出可能存在差异。在外商直接投资中，来自我国港澳台地区的资本占了很大一部分。在异质性检验中，首先在行业—年份层面计算了来自我国港澳台地区的直接投资占比，再计算得到该指标的中位数。接着，构造了一个虚拟变量，将外商直接投资按来源分为两类，即外商直接投资是否来自我国港澳台（用字母 HMT 表示）地区（如果来自 HMT 地区的外商直接投资份额大于当年的中位数则赋值为 1，否则赋值为 0）。表 9-23 的回归结果表明，外商直接投资对企业创新的影响仍然显著为正。交叉项的估计结果表明，来自 HMT 地区的外商直接投资减弱了外商直接投资对企业创新的正向影响。

表 9-23 异质性检验——外商直接投资来源

变 量	(1) 2SLS Log Allpatent	(2) 2SLS Log Invention	(3) 2SLS Log Citation
FDI industry (instrumented)	0.086** (0.041)	0.120*** (0.024)	0.170*** (0.040)
HMT	0.014 (0.018)	0.028*** (0.011)	0.041** (0.017)
FDI industry×HMT (instrumented)	−0.058 (0.040)	−0.091*** (0.024)	−0.131*** (0.039)
企业固定效应	是	是	是
年份固定效应	是	是	是
FDI determinants×year dummies	是	是	是
SOE privatization×year dummies	是	是	是
企业控制变量	是	是	是
观测值数量	1256810	1256810	1256810

注:FDI determinants 包含 1998 年四位码行业的新产品强度、企业数量、企业平均年龄。企业控制变量包括企业产出、资本劳动比、是否出口企业、是否国企。回归中包含常数项,但未报告。括号中的数字为调整后的聚类到企业层面的标准误。*、**、*** 分别表示在 10%、5%、1%水平上显著。

地区距离异质性。由于地理距离的差异,外商直接投资对企业表现的影响可能表现出不同程度的聚集效应(Bwalya,2006;Javorcik and Spatareanu,2008)。离合资企业距离更近的本土企业更有可能吸收外商直接投资中的知识溢出效应,而离合资企业较远的本土公司更可能因为竞争效应而产生负面影响(Bwalya,2006)。为了检验这种异质性,将行业层面的外商直接投资区分为两部分:同一城市中的外商直接投资,以及城市以外的外商直接投资。两个指标定义如下:

$$\text{FDI\_Industry\_Local}_{ict} = \frac{\sum_{f \in \Omega_{ict}} \text{FDI\_Firm}_{fict} \times \text{Output}_{fict}}{\sum_{f \in \Omega_{ict}} \text{Output}_{fict}}$$

(9-9)

$$\text{FDI\_Industry\_Non-Local}_{ict}$$
$$= \frac{\sum_{f \in \Omega_{it}} \text{FDI\_Firm}_{fit} \times \text{Output}_{fit} - \sum_{f \in \Omega_{ict}} \text{FDI\_Firm}_{fict} \times \text{Output}_{fict}}{\sum_{f \in \Omega_{it}} \text{Output}_{fit} - \sum_{f \in \Omega_{ict}} \text{FDI\_Firm}_{fict} \times \text{Output}_{fict}}$$

(9-10)

式中，c 表示城市，Ω_{ict} 表示年份 t 城市 c 行业 i 的企业集合。两个指标的工具变量分别为 $\dfrac{\text{Output}_{ic2001} \times \text{Treatment}_i \times \text{Post02}_t}{\sum_i \text{Output}_{ic2001}}$ 和

$$\dfrac{(\sum_c \text{Output}_{ic2001} \times \text{Treatment}_i \times \text{Post02}_t) - \text{Output}_{ic2001} \times \text{Treatment}_i \times \text{Post02}_t}{\sum_i \sum_c \text{Output}_{ic2001} - \sum_i \text{Output}_{ic2001}}$$。其

中，Output_{ic2001} 表示 2001 年城市 c 行业 i 的总产值。表 9-24 的回归结果表明，同一城市的外商直接投资对企业创新表现的影响是正向的，其中对所有专利数量的影响不显著。并且，位于城市以外的外商直接投资对创新数量和创新质量也存在显著正向影响。对比可以发现，非本地外商直接投资的估计系数甚至大于本地外商直接投资的估计系数。结合以上数据，可以说明外商直接投资无论地理距离远近，都对企业创新存在正向影响。

表 9-24　异质性检验——地区距离

变　量	(1) 2SLS Log Allpatent	(2) 2SLS Log Invention	(3) 2SLS Log Citation
Local FDI (instrumented)	0.037 (0.029)	0.061*** (0.022)	0.081** (0.034)
Non-local FDI (instrumented)	0.074** (0.034)	0.084*** (0.026)	0.119*** (0.040)
企业固定效应	是	是	是
年份固定效应	是	是	是
FDI determinants×year dummies	是	是	是
SOE privatization×year dummies	是	是	是
企业控制变量	是	是	是
观测值数量	1110337	1110337	1110337

注：FDI determinants 包含 1998 年四位码行业的新产品强度、企业数量、企业平均年龄。企业控制变量包括企业产出、资本劳动比、是否出口企业、是否国企。回归中包含常数项，但未报告。括号中的数字为调整后的聚类到企业层面的标准误。*、**、*** 分别表示在 10%、5%、1% 水平上显著。

六、影响机制检验

至此,本章的实证分析充分证实了外商直接投资对企业创新数量和质量的正向影响。但更为重要的是,本章研究旨在从微观层面理解这种效应的作用机制。除了验证理论研究中的竞争效应和溢出效应,本节还检验了其他微观传导机制。

(一)竞争效应

合资企业拥有较多无形的生产性资产,如先进的设备、技术、管理体系、出口合同、客户资源及声誉等,因此外商直接投资流入将会加剧市场竞争(Aitken and Harrison,1999)。虽然一些研究发现市场竞争对企业的生产力具有负向影响,但其对企业创新的影响在理论上是不确定的(Bloom et al.,2019)。从不利的方面来看,市场竞争可能通过降低创新的垄断利润而阻碍创新(Schumpeter,1942)。从有利的方面来看,境外竞争对手的进入加剧了市场竞争,而这种竞争阻碍了本土企业(在位者)获得垄断利润,进而迫使这些企业进行创新,以维护其市场地位和保持市场份额。此外,Aghion 等(2005)从理论和实证进行分析,发现市场竞争与企业创新呈倒 U 形关系。

为了研究外商直接投资对企业创新的竞争效应,本节参照 Degryse 和 Ongena(2005)的方法,基于 Herfindahl-Hirschman 指数构造了市场竞争指数:

$$\text{Competition}_{it} = 1 - \sum_{f \in \Omega_s} \left(\frac{\text{Output}_{fit}}{\text{Output}_{it}} \right)^2 \tag{9-11}$$

工具变量回归的二阶段估计结果报告在表 9-25 中,一阶段估计结果报告在附录表 A9-6。第一,列(1)的回归结果表明,外商直接投资的流入显著加强了市场竞争。第二,在列(2)至列(4)中,外商直接投资与市场竞争的交叉项在 1% 水平上显著为正。该结果表明,在较高的市场竞争条件下,外商直接投资能刺激企业的创新数量和创新质量。总的来说,以上估计获得的数据表明,流入中国的外商直接投资加强了市场竞争,进而促进了企业创新。该结论与许多现有实证研究提供的数据一致,即市场竞争通常会促进创新,特别是在市场竞争水平还较低的经济体(Shu and Steinwender,2019)。

表 9-25　机制检验——竞争效应

变　　量	(1) 2SLS Competiton	(2) 2SLS Log Allpatent	(3) 2SLS Log Invention	(4) 2SLS Log Citation
FDI industry (instrumented)	0.008***	−0.044***	−0.008	−0.025*
	(0.001)	(0.015)	(0.008)	(0.013)
Competition		−0.043	0.043**	0.042
		(0.040)	(0.021)	(0.034)
FDI industry×Competition (instrumented)		0.077***	0.045***	0.076***
		(0.017)	(0.010)	(0.015)
企业固定效应	是	是	是	是
年份固定效应	是	是	是	是
FDI determinants× year dummies	是	是	是	是
SOE privatization× year dummies	是	是	是	是
企业控制变量	是	是	是	是
观测值数量	1256810	1256810	1256810	1256810

　　注:FDI determinants 包含 1998 年四位码行业的新产品强度、企业数量、企业平均年龄。企业控制变量包括企业产出、资本劳动比、是否出口企业、是否国企。回归中包含常数项,但未报告。括号中的数字为调整后的聚类到企业层面的标准误。*、**、***分别表示在 10%、5%、1%水平上显著。

(二)溢出效应

一般认为,本土企业可以从外商直接投资的知识溢出效应中受益,获得技术的提升。一方面,合资企业的母公司愿意将知识和技术直接转移给其外国子公司,以提高生产效率。而本土企业可以通过观察和逆向研发,学习和模仿合资企业的新产品和新技术。另一方面,合资企业可能通过正式合同或者非正式沟通等方式,直接将知识和技术转移给本土的上游供应商。来自外商直接投资的溢出效应在一定程度上帮助本土企业获得知识,提高研发水平和创新能力。但是,也有研究发现外商直接投资带来的溢出效应不显著(Mansfiel and Romeo,1980),或者这种溢出效应是

存在前提条件的,比如技术差距、人力资本、研发强度等(Kokko,1994;
Borensztein et al.,1998)。另外,一些研究发现外商直接投资会对行业内
的本土企业产生负向溢出效应(Aitken and Harrison,1999)。

　　在现有文献中,知识溢出是一个理论概念,极少有研究对其进行直接
的测度。为了研究外商直接投资对企业创新的知识溢出效应,本研究提
供了一个直接和新颖的测算外商直接投资知识溢出的方法。利用专利引
用数据,直接测度外商直接投资的知识溢出效应。专利引用中的后向引
用(即某一专利引用了哪些其他专利)显示了不同专利之间的联系,同时
它也反映了前向引用(即某一专利被哪些其他专利引用)的信息。因此,
专利引用信息能够将合资企业与本土企业之间的知识转移联系起来,直
接测量知识溢出程度。基于此,本节检验构造了两个测量知识溢出水平
的变量进行检验。① 被解释变量,是否发生知识溢出 Horizontal
Spillover Dummy$_{fit}$,表示本土企业是否引用了合资企业拥有的任何专
利。②被解释变量,知识溢出强度 Horizontal Spillover Intensity$_{fit}$,表示
本土企业引用合资企业专利的数量占本企业所有引用数量的比例。
表 9-26 中的回归结果显示,外商直接投资与知识溢出不存在显著效应。
该结果表明,水平外商直接投资的溢出效应对企业创新的影响不大。一
个可能的原因是,外商投资者采取了相应的措施,防止将其知识和技术传
播给同一行业中的本土竞争者。

　　在基准回归中,发现后向外商直接投资对企业创新存在正向影响,而
前向外商直接投资的影响为负。为了对垂直外商直接投资的影响提供合
理的解释,本节进而构造了衡量后向知识溢出和前向知识溢出的变量。
被解释变量 Backward Spillover Dummy$_{fit}$ 表示一家企业是否引用下游企
业拥有的专利,Backward Spillover Intensity$_{fit}$ 表示引用下游企业专利数
量的占比。衡量前向知识溢出变量的构造方法相类似,回归结果报告在
表 9-26。列(3)和列(4)显示,下游对上游的知识溢出效应显著为正。该
结果证实了外资对本土供应商存在知识转移,也与后向外商直接投资对
创新的正向作用相一致。列(5)和列(6)显示,前向外商直接投资对知识
溢出的影响不显著,即外商直接投资对下游客户的知识溢出效应不显著。
为了了解前向外商直接投资对创新的负面影响,本书认为,中间产品供给

可能是一个重要的影响渠道(Javorcik and Spatareanu,2008)。Liu 和 Qiu(2016)指出,大量高质量中间产品的流入减少了中国企业的创新。基于该研究,上游行业的外商直接投资可能对下游企业的创新产生负向影响。一方面,上游的外商投资企业提供品种多、质量高的廉价中间产品,降低了下游企业进行创新的动力。因为在这种情况下,下游企业可以通过较低的成本购买到高质量的中间产品,从而提高产品质量。[①] 另一方面,下游企业可通过学习上游合资企业提供的中间产品所包含的技术而获得技术,这种溢出效应也可能促进下游企业的创新。由于本节的检验发现前向外商直接投资的知识溢出不显著,前者的解释更加合理,即外商直接投资提供的廉价和高质量的中间产品减少了下游本土企业的创新动力,从而产生了负向效应。

表 9-26　机制检验——溢出效应

变　量	(1) 2SLS Horizontal Spillover Dummy	(2) 2SLS Horizontal Spillover Intensity	(3) 2SLS Backward Spillover Dummy	(4) 2SLS Backward Spillover Intensity	(5) 2SLS Forward Spillover Dummy	(6) 2SLS Forward Spillover Intensity
FDI industry (instrumented)	−0.00055 (0.00066)	−0.00019 (0.00043)				
Backward FDI (instrumented)			0.00001 ** (0.00000)	0.00006 *** (0.00001)		
Forward FDI (instrumented)					0.00015 (0.00055)	0.00012 (0.00041)
企业固定效应	是	是	是	是	是	是
年份固定效应	是	是	是	是	是	是
FDI determinants× year dummies	是	是	是	是	是	是

---

① 上游外商提供更便宜的中间产品对生产力和创新存在不同的影响。高质量的中间产品可以直接提高生产率。然而,购买高质量的中间产品可能会减少创新。也就是说,企业可能会选择以较为廉价的方式直接购买高质量的中间产品,以提高生产率或产品质量,而不是进行昂贵的创新。

续表

变　量	(1) 2SLS Horizontal Spillover Dummy	(2) 2SLS Horizontal Spillover Intensity	(3) 2SLS Backward Spillover Dummy	(4) 2SLS Backward Spillover Intensity	(5) 2SLS Forward Spillover Dummy	(6) 2SLS Forward Spillover Intensity
SOE privatization× year dummies	是	是	是	是	是	是
企业控制变量	是	是	是	是	是	是
观测值数量	1256810	1256810	1256810	1256810	1256810	1256810

注:FDI determinants 包含 1998 年四位码行业的新产品强度、企业数量、企业平均年龄。企业控制变量包括企业产出、资本劳动比、是否出口企业、是否国企。回归中包含常数项,但未报告。括号中的数字为调整后的聚类到企业层面的标准误。*、**、*** 分别表示在 10%、5%、1%水平上显著。

(三)其他传导机制

1. 激励效应

一般认为,外商直接投资与对熟练劳动力的需求存在正相关关系(Feenstra and Hanson,1997)。如果这一关系在中国也存在,则外商直接投资的流入可能促使本土市场中的劳动力和创新工作者学习知识,以获得报酬更高的工作。鉴于劳动力规模相对稳定的特点,更多创新者在外商直接投资流入后申请专利,或者创新者申请更多专利可以反映其更强烈的创新动机。

为了验证这一假说,本节利用中国专利数据中专利发明者信息,计算了企业的发明人数,即创新者数量。参照 Bhattacharya 等(2017)的方法,本节构造了以下衡量激励效应的变量:发明者数量 Inventor$_{fit}$(企业发明者数量加 1 后取自然对数)、发明者比例 Inventor ratio$_{fit}$(发明者数量占员工总数比例)、发明者效率 Inventor productivity$_{fit}$(发明者人均发明专利数量)。并且,本节使用了发明专利计算这三个指标以进行稳健性检验,回归结果报告在表 9-27。从中可以发现,对于所有专利,外商直接投资的激励效应对发明者数量的影响显著为正,而对发明者比例和发明者效率的影响不显著。对于发明专利而言,外商直接投资的激励效应更为明显,可以发现,外商直接投资的流入对发明者数量、发明者比例和发明者效率均存在显著正向的促进作用。以上结果表明,外商直接投资具有激励效应,刺激企业中的发明者进行更多的创新。

表 9-27　机制检验——激励效应

变　量	(1) 2SLS Inventor (allpatent)	(2) 2SLS Inventor (invention)	(3) 2SLS Inventor ratio (allpatent)	(4) 2SLS Inventor ratio (invention)	(5) 2SLS Inventor productivity (allpatent)	(6) 2SLS Inventor productivity (invention)
FDI industry (instrumented)	0.047*** (0.011)	0.049*** (0.007)	0.033 (0.047)	0.055** (0.022)	−0.023 (0.037)	0.024*** (0.005)
企业固定效应	是	是	是	是	是	是
年份固定效应	是	是	是	是	是	是
FDI determinants× year dummies	是	是	是	是	是	是
SOE privatization× year dummies	是	是	是	是	是	是
企业控制变量	是	是	是	是	是	是
观测值数量	1256810	1256810	1256810	1256810	1256810	1256810

注:FDI determinants 包含 1998 年四位码行业的新产品强度、企业数量、企业平均年龄。企业控制变量包括企业产出、资本劳动比、是否出口企业、是否国企。回归中包含常数项,但未报告。括号中的数字为调整后的聚类到企业层面的标准误。*、**、*** 分别表示在 10%、5%、1% 水平上显著。

2. 示范效应

通常而言,外商直接投资设立的企业拥有较为先进的设备和技术。在过去的几十年中,许多中国企业在市场上通过模仿合资企业的技术和产品以获取利润。也就是说,合资企业通常是被市场中本土企业模仿的对象。因此,外商直接投资可能起到了示范作用,促使境内企业进行创新。

基于 Jia 和 Tian(2018)的方法,本节检验构造了三个虚拟变量来验证示范效应假说:是否第一次申请专利(First-time allpatent$_{fit}$,如果企业是第一次申请专利,赋值为 1,否则赋值为 0)、是否第一次申请发明专利(First-time invention$_{fit}$,如果企业是第一次申请发明专利,赋值为 1,否则赋值为 0)、是否第一次专利被引用(First-time citation$_{fit}$,如果企业专利第一次被引用,赋值为 1,否则赋值为 0)。使用这三个指标作为被解释变量,回归结果报告在表 9-28 中。从中可以发现,外商直接投资对创新数量的示范效应为正,但在统计学意义上不显著,但是其对创新质量的示范效应显著为正。该检验为该假说提供了部分证据,表明外商直接投资在促进企业创新方面发挥了示范作用。

表 9-28　机制检验——示范效应

变　量	(1) 2SLS First-time allpatent	(2) 2SLS First-time invention	(3) 2SLS First-time citation
FDI industry (instrumented)	0.003 (0.006)	0.003 (0.003)	0.011** (0.005)
企业固定效应	是	是	是
年份固定效应	是	是	是
FDI determinants×year dummies	是	是	是
SOE privatization×year dummies	是	是	是
企业控制变量	是	是	是
观测值数量	1256810	1256810	1256810

注:FDI determinants 包含 1998 年四位码行业的新产品强度、企业数量、企业平均年龄。企业控制变量包括企业产出、资本劳动比、是否出口企业、是否国企。回归中包含常数项,但未报告。括号中的数字为调整后的聚类到企业层面的标准误。*、**、*** 分别表示在 10%、5%、1% 水平上显著。

3. 监督效应

　　基于道德风险视角,不受股东监督的经理人会从事一些不利于企业价值的活动,比如在低价值的项目上浪费研究资金,或者在没有长期战略的情况下进行投资。具体而言,这些经理人可能会将创新资源投入更常规的项目中,这些项目回报更快,但长期价值较低。Seru(2014)研究表明,道德风险问题在很大程度上扼杀了企业创新。因此,企业大股东有足够的动机也愿意花大量的精力,对经纪人进行监督(Shleifer and Vishny, 1997)。此外,创新是一个长期的过程,需要经历复杂的流程和步骤(Mansfield,1991)。因此,外商直接投资的存在可以适当地改善合资企业的监管,促使管理者布局长期的研发投资策略,提高创新水平。

　　为了检验这一可能的影响机制,本节在检验中构造了两个变量来衡量企业的长期投资,分别是长期投资数额 Long-term investment$_{fit}$（长期投资数额加 1 后取自然对数）、长期投资占比 Share of long-term investment$_{fit}$（长期投资数额占固定资产比例）。使用这两个变量作为被解释变量,回归结果报告在表 9-29 中。从中可以发现,外商直接投资的流入对企业的长期投资存在显著正向影响。利用以上结果可以推断,外商直接投资的存在改善了境内企业的监管,促使境内企业进行更多的长期投资以促进创新活动。

表 9-29　机制检验——监督效应

变　量	（1） 2SLS Long-term investment	（2） 2SLS Share of long- term investment
FDI industry (instrumented)	0.143* (0.075)	0.251* (0.146)
企业固定效应	是	是
年份固定效应	是	是
FDI determinants×year dummies	是	是
SOE privatization×year dummies	是	是
企业控制变量	是	是
观测值数量	1256810	1256810

注:FDI determinants 包含 1998 年四位码行业的新产品强度、企业数量、企业平均年龄。企业控制变量包括企业产出、资本劳动比、是否出口企业、是否国企。回归中包含常数项,但未报告。括号中的数字为调整后的聚类到企业层面的标准误。*、**、*** 分别表示在 10%、5%、1%水平上显著。

4. 缓解融资约束

开展创新活动需要大量的资金投入(Wallsten,2000)。一些文献提供的证据发现,资金的限制阻碍了企业的创新能力和追赶技术前沿的进程(Gorodnichenko and Schnitzer,2013)。结合本节研究,外商直接投资很有可能通过增加对企业的研发投入,直接缓解企业的融资约束问题,从而促进企业创新。

由于数据的约束,直接衡量中国工业企业数据库中企业的融资约束程度是比较困难的。为了验证外商直接投资可能会通过减轻融资约束而促进创新,根据 Cai 等(2018)的方法,尝试使用三个变量作为间接衡量融资约束的指标,分别为利息支付 Interest paid$_{fit}$(利息支付数额加 1 后取自然对数)、债务水平(负债数额加 1 后取自然对数)和杠杆率(长期负债占总资产比例)。表 9-30 的回归结果表明,外商直接投资显著降低了使用上述三项指标所衡量的企业融资约束。该结果提供了间接的证据,表明外商直接投资的流入通过减轻企业的融资约束而促进了企业的创新。

表 9-30　机制检验——缓解融资约束

Dependent variable 回归模型 被解释变量	(1) 2SLS Interest paid	(2) 2SLS Total liabilities	(3) 2SLS Leverage
FDI industry (instrumented)	−0.214*** (0.071)	−0.067** (0.028)	−0.013*** (0.004)
企业固定效应	是	是	是
年份固定效应	是	是	是
FDI determinants×year dummies	是	是	是
SOE privatization×year dummies	是	是	是
企业控制变量	是	是	是
观测值数量	1256810	1256810	1256810

注:FDI determinants 包含 1998 年四位码行业的新产品强度、企业数量、企业平均年龄。企业控制变量包括企业产出、资本劳动比、是否出口企业、是否国企。回归中包含常数项,但未报告。括号中的数字为调整后的聚类到企业层面的标准误。*、**、*** 分别表示在 10%、5%、1% 水平上显著。

七、本章小结

本章研究了外商直接投资对企业创新的影响。首先,将中国专利数据与中国工业企业数据库进行匹配,使用专利数量和专利引用数量等指标衡量企业创新,为衡量中国工业企业的创新活动提供一个较好的数据库。利用 Lu 等(2017)的实证策略,外商直接投资规定的外生变化,即一些制造业行业对外商直接投资更加开放,而另一些制造业行业对外商直接投资的规定没有发生变化。在实证分析中,本章使用双重差分模型构建了外商直接投资的工具变量,并使用工具变量回归方法来研究外商直接接投资对企业创新的影响。

　　本章研究的主要结论如下。

　　第一,外商直接投资对企业创新数量和创新质量存在正向的因果效应。将外商直接投资分为水平外商直接投资和垂直外商直接投资两个维度,发现水平外商直接投资和后向外商直接投资对企业创新都有正向影响,而前向外商直接投资对企业创新存在负向影响。在对基准模型的估计中,为了减少数据的测量误差,本章对企业创新指标进行了缩减调整,依然发现外商直接投资对企业创新数量和创新质量存在显著正向影响。

　　第二,构建了一系列指标衡量企业突破性创新,发现外商直接投资也增加了企业的突破性创新。基准回归中可能存在一些其他问题会对估计结果产生估计偏误,本章进行了大量稳健性检验来证实基准回归结论。

　　第三,异质性检验发现,对于规模较大、拥有国有资本、与外资结盟、技术距离较远的企业,外商直接投资对其创新的影响较弱。同样,来源于我国港澳台地区的外商直接投资对企业创新的影响效应也相对较小。另外,无论是本地外商直接投资还是非本地外商直接投资,都对企业创新存在正向影响。

　　第四,本章提出并检验了外商直接投资对企业创新影响的可能作用机制:一是外商直接投资的存在对企业创新具有正向的竞争效应,但溢出效应不显著,导致外商直接投资对企业创新具有加总的正向效应。二是外商直接投资通过激励效应(激励创新者更积极开展创新活动)、示范效应(为本土企业起到创新示范作用)、监督效应(监督经理人优化创新策略)、缓解企业的融资约束,促进了企业创新。

参考文献

[1] 安同良,周绍东,皮建才,2009. R&D补贴对中国企业自主创新的激励效应[J]. 经济研究(10):87-98.

[2] 毕青苗,陈希路,徐现祥,等,2018. 行政审批改革与企业进入[J]. 经济研究(2):142-157.

[3] 陈丰龙,徐康宁,2014. 经济转型是否促进FDI技术溢出:来自23个国家的证据[J]. 世界经济(3):104-128.

[4] 陈林,朱卫平,2008. 出口退税和创新补贴政策效应研究[J]. 经济研究(11):74-87.

[5] 陈涛涛,2003. 中国FDI行业内溢出效应的内在机制研究[J]. 世界经济(9):23-28.

[6] 陈文敬,2008. 中国对外开放三十年回顾与展望(一)[J]. 国际贸易(2):4-10.

[7] 陈志阳,2014. 多双边贸易协定中的国际核心劳工标准分析[J]. 国际贸易问题(2):56-64.

[8] 成力为,孙玮,王九云,2010. 引资动机、外资特征与我国高技术产业自主创新效率[J]. 中国软科学(7):45-57.

[9] 冯巧根,2020. CPTPP的核心条款及其对企业利益的影响——会计角度的观察[J]. 财会通讯(21):3-13.

[10] 顾夏铭,陈勇民,潘士远,2018. 经济政策不确定性与创新——基于我国上市公司的实证分析[J]. 经济研究(2):111-125.

[11] 江小涓,2008. 服务全球化的发展趋势和理论分析[J]. 经济研究(2):4-18.

[12] 靳巧花,严太华,2017. 国际技术溢出与区域创新能力——基于知

识产权保护视角的实证分析[J]. 国际贸易问题(3)：14-25.

[13] 鞠晓生，卢荻，虞义华，2013. 融资约束、营运资本管理与企业创新可持续性[J]. 经济研究(1)：5-17.

[14] 黎文靖，郑曼妮，2016. 实质性创新还是策略性创新？——宏观产业政策对微观企业创新的影响[J]. 经济研究(4)：60-73.

[15] 刘霜林，金泉明，2021. "五问"RCEP 签署与关税变化影响[J]. 中国海关(1)：36.

[16] 龙小宁，王俊，2015. 中国专利激增的动因及其质量效应[J]. 世界经济(6)：117-144.

[17] 陆国庆，王舟，张春宇，2014. 中国战略性新兴产业政府创新补贴的绩效研究[J]. 经济研究(7)：44-55.

[18] 路江涌，2008. 外商直接投资对内资企业效率的影响和渠道[J]. 经济研究(6)：97-108.

[19] 马林，章凯栋，2008. 外商直接投资对中国技术溢出的分类检验研究[J]. 世界经济(7)：78-87.

[20] 聂辉华，韩冬临，马亮，等，2018. 中国城市政商关系排行榜(2017)[R]. 中国人民大学国家发展与战略研究院报告.

[21] 牛泽东，张倩肖，2011. FDI 创新溢出与门槛效应——基于非线性面板平滑转换回归模型的分析[J]. 产业经济研究(6)：53-62.

[22] 潘士远，蒋海威，2020. 研发结构的变迁：来自 OECD 国家的经验证据[J]. 浙江学刊(4)：81-90.

[23] 平力群，2020. 亚太区域经济一体化的步伐——以 RCEP 为中心[J]. 亚太安全与海洋研究(6)：111-124.

[24] 冉光和，徐鲲，鲁钊阳，2013. 金融发展、FDI 对区域创新能力的影响[J]. 科研管理(7)：45-52.

[25] 沈坤荣，1999. 外国直接投资与中国经济增长[J]. 管理世界(5)：22-33.

[26] 石大千，杨咏文，2018. FDI 与企业创新：溢出还是挤出？[J]. 世界经济研究(9)：122-136.

[27] 时业伟，2020. 跨境数据流动中的国际贸易规则：规制、兼容与发展

[J].比较法研究(4):173-184.

[28] 史宇鹏,顾全林,2013.知识产权保护、异质性企业与创新:来自中国制造业的证据[J].金融研究(8):136-149.

[29] 唐宜红,俞峰,李兵,2019.外商直接投资对中国企业创新的影响——基于中国工业企业数据与企业专利数据的实证检验[J].武汉大学学报(哲学社会科学版)(1):105-121.

[30] 王鹏,张剑波,2012.外商直接投资、地区差异与创新规模及层次——基于泛珠三角区域内地九省区面板数据的实证研究[J].国际贸易问题(12):86-96.

[31] 王小鲁,樊纲,胡李鹏,2018.中国分省份市场化指数报告(2018)[M].北京:社会科学文献出版社.

[32] 温军,冯根福,2018.风险投资与企业创新:"增值"与"攫取"的权衡视角[J].经济研究(2):187-201.

[33] 吴超鹏,唐茚,2016.知识产权保护执法力度、技术创新与企业绩效——来自中国上市公司的证据[J].经济研究(11):129-143.

[34] 徐亚静,王华,2011.开放条件下的外商直接投资与中国技术创新[J].国际贸易问题(2):136-146.

[35] 许冰,2010.外商直接投资对区域经济的产出效应——基于路径收敛设计的研究[J].经济研究(2):44-54.

[36] 严成樑,龚六堂,2013.R&D规模、R&D结构与经济增长[J].南开经济研究(2):3-19.

[37] 余淼杰,蒋海威,2021.RCEP助力中国构建双循环新发展格局[J].江海学刊(3):84-91.

[38] 张杰,黄泰岩,芦哲,2011.中国企业利润来源与差异的决定机制研究[J].中国工业经济(1):27-37.

[39] 张璇,刘贝贝,汪婷,等,2017.信贷寻租、融资约束与企业创新[J].经济研究(5):163-176.

[40] 钟昌标,2010.外商直接投资地区间溢出效应研究[J].经济研究(1):82-91.

[41] 钟昌标,黄远浙,刘伟,2015.外资进入速度、企业异质性和企业生

产率[J]. 世界经济(7)：55-74.

[42] 周开国，卢允之，杨海生，2017. 融资约束、创新能力与企业协同创新[J]. 经济研究(7)：94-108.

[43] 周亚虹，蒲余路，陈诗一，等，2015. 政府扶持与新型产业发展——以新能源为例[J]. 经济研究(6)：147-161.

[44] 朱福林，2020. 中国服务贸易发展70年历程、贡献与经验[J]. 首都经济贸易大学学报(1)：48-59.

[45] Acemoglu D, Aghion P, Zilibotti F, 2003. Vertical integration and distance to frontier [J]. Journal of the European Economic Association, 1(2-3)：630-638.

[46] Acemoglu D, Akcigit U, Celik M A, 2014. Young, restless and creative：Openness to disruption and creative innovations [Z]. NBER Working Paper.

[47] Ackerberg D A, Caves K, Frazer G, 2015. Identification properties of recent production function estimators [J]. Econometrica, 83(6)：2411-2451.

[48] Adams J D, 1990. Fundamental stocks of knowledge and productivity growth[J]. Journal of Political Economy, 98(4)：673-702.

[49] Akcigit U, Hanley D, Serrano-Velarde N, 2021. Back to basics：Basic research spillovers, innovation policy, and growth [J]. Review of Economic Studies, 88(1)：1-43.

[50] Aghion P, Bergeaud A, Lequien M, et al., 2018. The impact of exports on innovation：Theory and evidence[Z]. NBER Working Paper.

[51] Aghion P, Bloom N, Blundell R, et al., 2005. Competition and innovation：An inverted-U relationship[J]. Quarterly Journal of Economics, 120(2)：701-728.

[52] Aghion P, Howitt P, 1992. A Model of Growth Through Creative Destruction[J]. Econometrica, 60(2)：323-351.

[53] Aitken B J, Harrison A E, 1999. Do domestic firms benefit from direct foreign investment? Evidence from Venezuela[J]. American Economic Review, 89(3): 605-618.

[54] Alfaro L, Chanda A, Kalemli-Ozcan S, et al., 2004. FDI and economic growth: The role of local financial markets[J]. Journal of International Economics, 64(1): 89-112.

[55] Almeida H, Hsu P H, Li D, 2013. Less is more: Financing constraints and innovative efficiency[J]. Working Paper.

[56] Almeida H, Hsu P H, Li D, et al., 2021. More cash, less innovation: The effect of the American Jobs Creation Act on patent value[J]. Journal of Financial and Quantitative Analysis, 56(1): 1-28.

[57] Andrews D, Stock J H, 2005. Inference with weak instruments [Z]. NBER Technical Working Paper.

[58] Ang J S, Cheng Y, Wu C, 2014. Does enforcement of intellectual property rights matter in China? Evidence from financing and investment choices in the high-tech industry [J]. Review of Economics and Statistics, 96(2): 332-348.

[59] Bai J, Barwick P J, Cao S, et al., 2020. Quid pro quo, knowledge spillover, and industrial quality upgrading: Evidence from the Chinese auto industry[Z]. NBER Working Paper.

[60] Balasubramanyam V N, Salisu M, Sapsford D, 1996. Foreign direct investment and growth in EP and IS countries[J]. Economic Journal, 106(434): 92-105.

[61] Balsmeier B, Fleming L, Manso G, 2017. Independent boards and innovation[J]. Journal of Financial Economics, 123(3): 536-557.

[62] Baptista R, Swann P, 1998. Do firms in clusters innovate more[J]. Research Policy, 27(5): 525-540.

[63] Bernstein S, 2015. Does going public affect innovation? [J]. Journal of Finance, 70(4): 1365-1403.

[64] Bhattacharya U, Hsu P H, Tian X, et al., 2017. What affects innovation more: Policy or policy uncertainty? [J]. Journal of Financial and Quantitative Analysis, 52(5): 1869-1901.

[65] Bitzer J, Görg H, 2009. Foreign direct investment, competition and industry performance[J]. World Economy, 32(2): 221-233.

[66] Blanco I, Wehrheim D, 2017. The bright side of financial derivatives: Options trading and firm innovation[J]. Journal of Financial Economics, 125(1): 99-119.

[67] Blomström M, Sjöholm F, 1999. Technology transfer and spillovers: Does local participation with multinationals matter? [J]. European Economic Review, 43(4-6): 915-923.

[68] Bloom N, Van Reenen J, Williams H, 2019. A toolkit of policies to promote innovation[J]. Journal of Economic Perspectives, 33 (3): 163-184.

[69] Borensztein E, De Gregorio J, Lee J, 1998. W. How does foreign direct investment affect economic growth? [J]. Journal of International Economics, 45(1):115-35.

[70] Brandt L, Van Biesebroeck J, Zhang Y, 2012. Creative accounting or creative destruction? Firm-level productivity growth in Chinese manufacturing[J]. Journal of Development Economics, 97 (2): 339-351.

[71] Brav A, Jiang W, Ma S, et al., 2018. How does hedge fund activism reshape corporate innovation? [J]. Journal of Financial Economics, 130(2): 237-264.

[72] Burstein A T, Monge-Naranjo A, 2009. Foreign know-how, firm control, and the income of developing countries[J]. Quarterly Journal of Economics, 124(1): 149-195.

[73] Bwalya S M, 2006. Foreign direct investment and technology spillovers: Evidence from panel data analysis of manufacturing firms in zambia[J]. Journal of Development Economics, 81(2):

514-526.

[74] Cai J, Chen Y, Wang X, 2018. The impact of corporate taxes on firm innovation: Evidence from the corporate tax collection reform in China[Z]. NBER Working Paper.

[75] Chemmanur T J, Loutskina E, Tian X, 2014. Corporate venture capital, value creation, and innovation[J]. Review of Financial Studies, 27(8): 2434-2473.

[76] Chemmanur T J, Tian X, 2018. Do anti-takeover provisions spur corporate innovation? A regression discontinuity analysis [J]. Journal of Financial and Quantitative Analysis, 53(3): 1163-1194.

[77] Chen Y, Jiang H, Liang Y, et al, 2022. The impact of foreign direct investment on innovation: Evidence from patent filings and citations in China[J]. Journal of Comparative Economics, 50(4): 917-945.

[78] Chen Y, Pan S, Zhang T, 2014. (When) Do stronger patents increase continual innovation? [J]. Journal of Economic Behavior & Organization, 98: 115-124.

[79] Chen Y, Puttitanun T, 2005. Intellectual property rights and innovation in developing countries[J]. Journal of Development Economics, 78(2): 474-493.

[80] Cheng L K, Kwan Y K, 2000. What are the determinants of the location of foreign direct investment? The Chinese Experience[J]. Journal of International Economics, 51(2): 379-400.

[81] Cheung K, Lin P, 2004. Spillover effects of FDI on innovation in China: Evidence from the provincial data[J]. China Economic Review, 15(1): 25-44.

[82] Chung W, Mitchell W, Yeung B, 2003. Foreign direct investment and host country productivity: The case of the the American automotive components industry in the 1980s[J]. Journal of International Business Studies, 34(2): 199-218.

［83］Christian L，2013. Foreign direct investment and regional inequality：A panel data analysis［J］. China Economic Review，24 (1)：129-149.

［84］Cohen W M, Levinthal D A, 1989. Innovation and learning：The two faces of R&D［J］. Economic Journal，99(397)：569-596.

［85］Cole M A, Elliott R J, Fredriksson P G, 2006. Endogenous pollution havens：Does FDI influence environmental regulations? ［J］. Scandinavian Journal of Economics，108(1)：157-178.

［86］Cooke P, 1992. Regional innovation systems：Competitive regulation in the new Europe［J］. Geoforum，23(3)：365-382.

［87］Coughlin C C, Segev E, 2000. Foreign direct investment in China：A spatial econometric study［J］. World Economy，23(1)：1-23.

［88］Craig S G, DeGregori T R, 2000. The forward and backward flow of technology：The relationship between foreign suppliers and domestic technological advance［J］. Technovation，20（8）：403-412.

［89］Crescenzi R, Gagliardi L, Iammarino S, 2015. Foreign multinationals and domestic innovation：Intra-industry effects and firm heterogeneity［J］. Research Policy，44(3)：596-609.

［90］Dang J, Motohashi K, 2015. Patent statistics：A good indicator for innovation in China? Patent subsidy program impacts on patent quality［J］. China Economic Review，35：137-155.

［91］Davies S W, Lyons B R, 1991. Characterising relative performance：The productivity advantage of foreign owned firms in the UK［J］. Oxford Economic Papers，43(4)：584-595.

［92］Degryse H, Ongena S, 2005. Distance, lending relationships, and competition［J］. Journal of Finance，60(1)：231-266.

［93］Driscoll J C, Kraay A C, 1998. Consistent covariance matrix estimation with spatially dependent panel data［J］. Review of Economics and Statistics，80(4)：549-560.

［94］Fang L，Lerner J，Wu C，2017. Intellectual property rights protection，ownership，and innovation：Evidence from China［J］. Review of Financial Studies，30(7)：2446-2477.

［95］Fang V W，Tian X，Tice S，2014. Does stock liquidity enhance or impede firm innovation?［J］. Journal of Finance，69（5）：2085-2125.

［96］Feenstra R C，Hanson G H，1997. Foreign direct investment and relative wages：Evidence from Mexico's maquiladoras［J］. Journal of International Economics，42(3-4)：371-393.

［97］Ford T C，Rork J C，2010. Why buy what you can get for free? The effect of foreign direct investment on state patent rates［J］. Journal of Urban Economics，68(1)：72-81.

［98］Furman J L，Porter M E，Stern S，2002. The determinants of national innovative capacity［J］. Research Policy，31(6)：899-933.

［99］Galasso A，Schankerman M，2015. Patents and cumulative innovation：Causal evidence from the courts［J］. Quarterly Journal of Economics，130(1)：317-369.

［100］García F，Jin B，Salomon B，2013. Does inward foreign direct investment improve the innovative performance of local firms?［J］. Research Policy，42(1)：231-244.

［101］Gentzkow M，2006. Television & voter turnout［J］. Quarterly Journal of Economics，121(3)：931-972.

［102］Gersbach H，Sorger G，Amon C，2018. Hierarchical growth：Basic and applied research［J］. Journal of Economic Dynamics & Control，90：434-459.

［103］Girma S，2005. Absorptive capacity and productivity spillovers from FDI：A threshold regression analysis［J］. Oxford Bulletin of Economics and Statistics，67(3)：281-306.

［104］Glass A J，Saggi K，2002. Intellectual property rights and foreign direct investment［J］. Journal of International Economics，56(2)：

387-410.

[105] González X, Jaumandreu J, Pazó C, 2005. Barriers to innovation and subsidy effectiveness[J]. RAND Journal of Economics, 36 (4): 930-950.

[106] González X, Pazó C, 2008. Do public subsidies stimulate private R&D Spending? [J]. Research Policy, 37(3): 371-389.

[107] Gorodnichenko Y, Schnitzer M, 2013. Financing constraints and innovation: Why poor countries don't catch up[J]. Journal of the European Economic Association, 11(5): 1115-1152.

[108] Gorodnichenko Y, Svejnar J, Terrell K, 2014. When does FDI have positive spillovers? Evidence from 17 transition market economies [J]. Journal of Comparative Economics, 42 (4): 954-969.

[109] Grenadier S R, Weiss A M, 1997. Investment in technological innovations: An option pricing approach[J]. Journal of Financial Economics, 44(3): 397-416.

[110] Griliches Z, 1986. Productivity, R&D, and basic research at the firm level in the 1970's[J]. American Economic Review, 76(1): 141-154.

[111] Grossman G M, Helpman E, 1990. Trade, innovation, and growth[J]. American Economic Review, 80(2): 86-91.

[112] Grossman G M, Lai E L C, 2004. International protection of intellectual property[J]. American Economic Review, 94 (5): 1635-1653.

[113] Gu Y, Mao C X, Tian X, 2017. Banks' interventions and firms' innovation: Evidence from debt covenant violations[J]. Journal of Law and Economics, 60(4): 637-671.

[114] Guo B, Pérez-Castrillo D, Toldrà-Simats A, 2019. Firms' innovation strategy under the shadow of analyst coverage[J]. Journal of Financial Economics, 131(2): 456-483.

[115] Haddad M, Harrison A, 1993. Are there positive spillovers from direct foreign investment?: Evidence from panel data for Morocco [J]. Journal of Development Economics, 42(1): 51-74.

[116] Hadlock C, Pierce J, 2010. New evidence on measuring financial constraints: Moving beyond the KZ index[J]. Review of Financial Studies, 23(5): 1909-1940.

[117] Hall B H, Jaffe A, Trajtenberg M, 2001. The NBER patent citation data file: Lessons, insights and methodological tools[Z]. NBER Working Paper.

[118] Hall B H, Lerner J, 2010. The financing of R&D and innovation [J]. Handbook of the Economics of Innovation, 609-639.

[119] Hall B H, Ziedonis R H, 2001. The patent paradox revisited: An empirical study of patenting in the US semiconductor industry, 1979-1995[J]. RAND Journal of Economics, 32(1): 101-128.

[120] Hanson H G, 2012. The rise of middle kingdoms: Emerging economies in global trade[J]. Journal of Economic Perspectives, 26(2): 41-64.

[121] Haskel J, Westlake S, 2018. Capitalism Without Capital: The Rise of Intangible Economy[M]. Princeton University Press.

[122] Havranek T, Irsova Z, 2011. Estimating vertical spillovers from FDI: Why results vary and what the true effect is[J]. Journal of International Economics, 85(2): 234-244.

[123] He J, Tian X, 2018. Finance and corporate innovation: A survey [J]. Asia-Pacific Journal of Financial Studies, 47(2): 165-212.

[124] He Q, Xue C, Zhu, C, 2017. Financial development and patterns of industrial specialization: Evidence from China[J]. Review of Finance, 21(4): 1593-1638.

[125] Hombert J, Matray A, 2018. Can innovation help U. S. manufacturing firms escape import competition from China? [J]. Journal of Finance, 73(5): 2003-2039.

[126] Horowitz A W, Lai E L C, 1996. Patent length and the rate of innovation[J]. International Economic Review, 37(4): 785-801.

[127] Hottenrott H, Peters B, 2012. Innovative capability and financing constraints for innovation: More money, more innovation? [J]. Review of Economics and Statistics, 94(4): 1126-1142.

[128] Howell A, 2016. Firm R&D, innovation and easing financing constraints in China: Does corporate tax reform matter? [J]. Research Policy, 45(10): 1996-2007.

[129] Howell S T, 2017. Financing innovation: Evidence from R&D grants[J]. American Economic Review, 107(4): 1136-1164.

[130] Hsiao C, Shen Y, 2003. Foreign direct investment and economic growth: The importance of institutions and urbanization[J]. Economic Development and Cultural Chang, 51(4): 883-896.

[131] Hsieh C T, Klenow P J, 2009. Misallocation and manufacturing TFP in China and India[J]. Quarterly Journal of Economics, 124(4): 1403-1448.

[132] Hsu P H, Tian X, Xu Y, 2014. Financial development and innovation: Cross-country evidence [J]. Journal of Financial Economics, 112(1): 116-135.

[133] Hu A G, Jefferson G H, 2009. A great wall of patents: What is behind China's recent patent explosion? [J]. Journal of Development Economics, 90(1): 57-68.

[134] Hu A G, Zhang P, Zhao L, 2017. China as number one? Evidence from China's most recent patenting surge[J]. Journal of Development Economics, 124: 107-119.

[135] Hubert F, Pain N, 2001. Inward investment and technical progress in the United Kingdom manufacturing sector [J]. Scottish Journal of Political Economy, 48(2): 134-147.

[136] Jaffe A B, 1989. Real effects of academic research[J]. American Economic Review, 79(5): 957-970.

[137] Javorcik B S, 2004. Does foreign direct investment increase the productivity of domestic firms? In search of spillovers through backward linkages[J]. American Economic Review, 94 (3): 605-627.

[138] Javorcik B S, Spatareanu M, 2008. To share or not to share: Does local participation matter for spillovers from foreign direct investment? [J]. Journal of Development Economics, 85 (1-2): 194-217.

[139] Javorcik B S, Spatareanu M, 2011. Does it matter where you come from? Vertical spillovers from foreign direct investment and the origin of investors[J]. Journal of Development Economics, 96 (1): 126-138.

[140] Jia N, Tian X, 2018. Accessibility and materialization of firm innovation[J]. Journal of Corporate Finance, 48: 515-541.

[141] Jiang H, Liang Y, Pan S, 2022. Foreign direct investment and regional innovation: Evidence from China[J]. World Economy, 45 (6): 1876-1909.

[142] Jiang H, Pan S, Ren X, 2020. Does administrative approval impede low-quality innovation? Evidence from Chinese manufacturing firms[J]. Sustainability, 12 (5): 1910.

[143] Klevorick A K, Levin R, Nelson R, et al. , 1995. On the sources and significance of inter-industry differences in technological opportunities [J]. Research Policy, 24 (2): 185-205.

[144] Kokko A, 1994. Technology, market characteristics, and spillovers[J]. Journal of Development Economics, 43 (2): 279-293.

[145] König M, Song Z, Storesletten K, Zilibotti F, 2016. From imitation to innovation: Where is all that Chinese R&D going? [J]. Working Paper.

[146] Kortum S, Lerner J, 1997. Stronger Protection or Technological

Revolution: What Is Behind the Recent Surge in Patenting? [Z]. NBER working paper.

[147] Kugler M, 2006. Spillovers from foreign direct investment: Within or between industries? [J]. Journal of Development Economics, 80(2): 444-477.

[148] Lim K, 2004. The relationship between research and innovation in the semiconductor and pharmaceutical industries (1981-1997)[J]. Research Policy, 33(2): 287-321.

[149] Lin P, Liu Z, Zhang Y, 2009. Do Chinese domestic firms benefit from FDI inflow? Evidence of horizontal and vertical spillovers [J]. China Economic Review, 20(4): 677-691.

[150] Liu Q, Qiu L D, 2016. Intermediate input imports and innovations: Evidence from Chinese firms' patent filings [J]. Journal of International Economics, 103: 166-183.

[151] Lu Y, Tao Z, Zhu L, 2017. Identifying FDI spillovers [J]. Journal of International Economics, 10: 75-90.

[152] Luong H, Moshirian F, Nguyen L, et al. , 2017. How do foreign institutional investors enhance firm innovation? [J]. Journal of Financial and Quantitative Analysis, 52(4): 1449-1490.

[153] Mankiw N G, Romer D, Weil D N, 1992. A contribution to the empirics of economic growth[J]. Quarterly Journal of Economics, 107(2): 407-437.

[154] Mansfield E, 1980. Basic research and productivity increase in manufacturing[J]. American Economic Review, 70(5): 863-873.

[155] Mansfield E, 1991. Academic research and industrial innovation [J]. Research Policy, 20(1): 1-12.

[156] Mansfield E, Romeo A, 1980. Technology transfer to overseas subsidiaries by US-based firms [J]. Quarterly Journal of Economics, 95(4): 737-750.

[157] Markusen J R, Trofimenko N, 2009. Teaching locals new tricks:

Foreign experts as a channel of knowledge transfers[J]. Journal of Development Economics, 88(1): 120-131.

[158] Melitz M J, 2003. The impact of trade on intra-industry reallocations and aggregate industry productivity [J]. Econometrica, 71(6): 1695-1725.

[159] Nelson R R, 1959. The simple economics of basic scientific research[J]. Journal of Political Economy, 67(3): 297-306.

[160] Nonneman W, Vanhoudt P, 1996. A further augmentation of the solow model and the empirics of economic growth for OECD countries[J]. Quarterly Journal of Economics, 111(3): 943-953.

[161] O'Donoghue T, 1998. A patentability requirement for sequential innovation[J]. RAND Journal of Economics, 29(4): 654-679.

[162] Ouyang P, Fu S, 2012. Economic growth, local industrial development and inter-regional spillovers from foreign direct investment: Evidence from China[J]. China Economic Review, 23(2): 445-460.

[163] Prettner K, Werner K, 2016. Why it pays off to pay us well: The impact of basic research on economic growth and welfare [J]. Research Policy, 45(5): 1075-1090.

[164] Qian Y, 2007. Do national patent laws stimulate domestic innovation in a global patenting environment? A cross-country analysis of pharmaceutical patent protection, 1978-2002 [J]. Review of Economics and Statistics, 89(3): 436-453.

[165] Riddel M, Schwer R K, 2003. Regional innovative capacity with endogenous employment: Empirical evidence from the US[J]. Review of Regional Studies, 33(1): 73-84.

[166] Romer P M, 1990. Endogenous technological change[J]. Journal of Political Economy, 98(5): 71-102.

[167] Rotemberg M, 2019. Equilibrium effects of firm subsidies[J]. American Economic Review, 109(10): 3475-3513.

[168] Sakakibara M, Branstetter L, 2001. Do stronger patents induce more innovation? Evidence from the 1988 Japanese patent law reforms[J]. RAND Journal of Economics, 32(1): 77-100.

[169] Salter A J, Martin B R, 2001. The economic benefits of publicly funded basic research: A critical review[J]. Research Policy, 30 (3): 509-532.

[170] Schumpeter J A, 1942. Creative destruction, capitalism [J]. Socialism and Democracy, 825: 82-85.

[171] Seru A, 2014. Firm boundaries matter: Evidence from conglomerates and R&D activity [J]. Journal of Financial Economics, 111(2): 381-405.

[172] Shleifer A, Vishny R W, 1997. A survey of corporate governance [J]. Journal of Finance, 52(2): 737-783.

[173] Shu P, Steinwender C, 2019. The impact of trade liberalization on firm productivity and innovation[J]. Innovation Policy and the Economy, 19(1): 39-68.

[174] Sinani E, Meyer K E, 2004. Spillovers of technology transfer from FDI: The case of Estonia [J]. Journal of Comparative Economics, 32(3): 445-466.

[175] Sjöholm F, 1999. Technology gap, competition and spillovers from direct foreign investment: Evidence from establishment data [J]. Journal of Development Studies, 36(1): 53-73.

[176] Sonenshein S, 2017. Stretch: Unlock the Power of Less-and Achieve More Than You Ever Imagined [M]. New York: HarperCollins.

[177] Song Z, Storesletten K, Zilibotti F, 2011. Growing like China [J]. American Economic Review, 101(1): 196-233.

[178] Su Y, Liu Z, 2016. The impact of foreign direct investment and human capital on economic growth: Evidence from Chinese cities [J]. China Economic Review, 37: 97-109.

[179] Tian X, Xu J, 2022. Do place-based policies promote local innovation and entrepreneurship? [J]. Review of Finance, 26 (3): 595-635.

[180] Toole A A, 2012. The impact of public basic research on industrial innovation: Evidence from the pharmaceutical industry [J]. Research Policy, 41(1): 1-12.

[181] Tura T, Harmaakorpi V, 2005. Social capital in building regional innovative capability[J]. Regional Studies, 39(8): 1111-1125.

[182] Vernon R, 1966. International investment and international trade in the product cycle[J]. Quarterly Journal of Economics, 80(2): 190-207.

[183] Wallsten S J, 2000. The effects of government-industry R&D programs on private R&D: The case of the small business innovation research program[J]. RAND Journal of Economics, 31 (1): 82-100.

[184] Wei S J, Xie Z, Zhang X, 2017. From "Made in China" to "Innovated in China": Necessity, prospect, and challenges[J]. Journal of Economic Perspectives, 31(1): 49-70.

[185] Wheeler D, Mody A, 1992. International investment location decisions: The case of U. S. firms[J]. Journal of International Economics, 33(1-2): 57-76.

[186] Williams H L, 2013. Intellectual property rights and innovation: Evidence from the human genome [J]. Journal of Political Economy, 121(1): 1-27.

[187] Wright B D, 1983. The economics of invention incentives: Patents, prizes, and research contracts[J]. American Economic Review, 73(4): 691-707.

[188] Wu Y, Heerink N, 2016. Foreign direct investment, fiscal decentralization and land conflicts in China[J]. China Economic Review, 38: 92-107.

[189] Zhang L, 2017. The knowledge spillover effects of FDI on the productivity and efficiency of research activities in China [J]. China Economic Review, 42: 1-14.

[190] Zheng S, Kanhn M E, Liu H, 2010. Towards a system of open cities in China: Home prices, FDI flows and air quality in 35 major cities [J]. Regional Science and Urban Economics, 40: 1-10.

[191] Ziedonis R H, 2004. Don't fence me in: Fragmented markets for technology and the patent acquisition strategies of firms [J]. Management Science, 50(6): 804-820.

附 录

附录 1:图表

表 A9-1   创新指标定义及描述

变 量	定 义
Generality	通用性指数是基于专利引用信息,计算其引用的其他专利的专利类别的赫芬达尔指数。该指标刻画了引用的其他专利在专利类别中的分布情况
Originality	原创性指数是基于专利引用信息,计算其被引用的其他专利的专利类别的赫芬达尔指数。该指标刻画了被引用的其他专利在专利类别中的分布情况
Scaled Number of Patents	以同一年份同一专利类别的平均专利数量作为权重,对专利数量指标进行缩减调整
Scaled Citations	以同一年份同一专利类别的平均专利引用数量作为权重,对专利引用数量指标进行缩减调整
Scaled Generality	以同一年份同一专利类别的平均通用性指数作为权重,对专利通用性指数进行缩减调整
Scaled Originality	以同一年份同一专利类别的平均原创性指数作为权重,对专利原创性指数进行缩减调整
Technology Class	专利分类使用 IPC(International Patent Classification)分类。使用 IPC 分类一位码作为专利类别

表 A9-2　影响外商直接投资规定变化的行业因素

被解释变量	(1) Changes in FDI regulations	(2) Changes in FDI regulations	(3) Changes in FDI regulations	(4) Changes in FDI regulations
New product intensity	1.684 ***	1.678 ***	1.542 ***	1.585 ***
	(0.311)	(0.330)	(0.345)	(0.339)
Export intensity	−0.039	−0.038	−0.004	−0.013
	(0.184)	(0.184)	(0.183)	(0.183)
Number of firms	0.0002 **	0.0002 **	0.0002 **	0.0002 **
	(0.0001)	(0.0001)	(0.0001)	(0.0001)
Ellison-Glaeser index	0.316	0.315	0.302	0.288
	(0.256)	(0.256)	(0.251)	(0.255)
Average age of firms	−0.004 **	−0.004 **	−0.004 **	−0.004 **
	(0.002)	(0.002)	(0.002)	(0.002)
Log average employment	0.061	0.061	0.046	0.053
	(0.048)	(0.048)	(0.049)	(0.048)
Log average wage per worker	−0.051	−0.051	−0.067	−0.070
	(0.118)	(0.118)	(0.115)	(0.115)
Number of all patents		0.006		
		(0.070)		
Number of invention patents			2.521	
			(1.749)	
Number of citations				0.727
				(0.575)
Constant	−0.014	−0.014	0.084	0.055
	(0.344)	(0.345)	(0.342)	(0.339)
R^2	0.112	0.112	0.119	0.116
观测值数量	422	422	422	422

注:回归所用数据为1998年四位码行业层面变量的数据。括号中的数字为聚类到行业的标准误。*、**、*** 分别表示在10%、5%、1%水平上显著。

表 A9-3　水平外商直接投资和垂直外商直接投资——一阶段回归结果

Dependent variable	(1) Horizontal FDI	(2) Backward FDI	(3) Forward FDI
Treatment×Post02	0.708 *** (0.007)	−0.074 (0.070)	−0.039 *** (0.001)
α ×Treatment×Post02	0.006 *** (0.000)	−0.823 *** (0.013)	−0.001 *** (0.000)
β ×Treatment×Post02	−0.095 *** (0.006)	−0.989 *** (0.097)	−0.174 *** (0.002)
Cragg-Donald Wald F-statistic	8675.223	8675.223	8675.223
Kleibergen-Paap Wald F-statistic	3324.412	3324.412	3324.412
企业固定效应	是	是	是
年份固定效应	是	是	是
FDI determinants×year dummies	是	是	是
SOE privatization×year dummies	是	是	是
企业控制变量	是	是	是
观测值数	1256810	1256810	1256810

注:FDI determinants 包含 1998 年四位码行业的新产品强度、企业数量、企业平均年龄。企业控制变量包括企业产出、资本劳动比、是否出口企业、是否国企。回归中包含常数项,但未报告。括号中的数字为聚类到企业的标准误。*、**、*** 分别表示在 10%、5%、1%水平上显著。

表 A9-4　专利保护政策时间

年份	省份
1996	广东
1997	河北、四川
1998	山东、湖北、安徽
1999	辽宁、浙江、广西
2001	河南、湖南
2002	山西、上海
2003	宁夏、贵州
2004	陕西、甘肃、黑龙江、云南、福建、新疆
2005	北京

续表

年份	省份
2007	重庆
2007 以后	江苏、江西、青海、天津
未出台政策	吉林、内蒙古、海南、西藏

表 A9-5　异质性检验——一阶段估计结果

Panel A. Firm size	(1) FDI industry	(2) FDI industry×Size
Treatment×Post02	0.169*** (0.005)	0.066*** (0.002)
Treatment×Post02×Size	−0.026*** (0.007)	−0.172*** (0.007)
Cragg-Donald Wald F-statistic	1058.060	1058.060
Kleibergen-Paap Wald F-statistic	666.939	666.939
观测值数量	1256810	1256810
Panel B. SOE	(1) FDI industry	(2) FDI industry×SOE
Treatment×Post02	0.164*** (0.005)	0.025*** (0.001)
Treatment×Post02×SOE	−0.004 (0.011)	−0.142*** (0.011)
Cragg-Donald Wald F-statistic	1007.450	1007.450
Kleibergen-Paap Wald F-statistic	508.890	508.890
观测值数量	1256810	1256810
Panel C. Alliance	(1) FDI industry	(2) FDI industry×Alliance
Treatment×Post02	0.165*** (0.005)	0.013*** (0.001)
Treatment×Post02×Alliance	−0.123*** (0.028)	−0.304*** (0.028)
Cragg-Donald Wald F-statistic	1032.861	1032.861
Kleibergen-Paap Wald F-statistic	643.280	643.280
观测值数量	1256810	1256810

续表

Panel A. Firm size	(1) FDI industry	(2) FDI industry×Size
Panel D. Technological distance	(1) FDI industry	(2) FDI industry× Technological distance
Treatment×Post02	0.240*** (0.007)	0.140*** (0.006)
Treatment×Post02× Technological distance	−0.201*** (0.013)	−0.238*** (0.017)
Cragg-Donald Wald *F*-statistic	978.453	978.453
Kleibergen-Paap Wald *F*-statistic	583.367	583.367
观测值数量	1206400	1206400
Panel E. HMT	(1) FDI industry	(2) FDI industry×HMT
Treatment×Post02	0.198*** (0.005)	0.205*** (0.004)
Treatment×Post02×HMT	−0.092*** (0.004)	−0.131*** (0.004)
Cragg-Donald Wald *F*-statistic	206.990	206.990
Kleibergen-Paap Wald *F*-statistic	153.393	153.393
观测值数量	1256810	1256810
Panel F. Local and Non-local FDI	(1) Local FDI	(2) Non-local FDI
Treatment×Post02×Local share	12.198** (4.901)	13.037*** (4.603)
Treatment×Post02× Non-local share	−0.001*** (0.000)	0.001*** (0.000)
Cragg-Donald Wald *F*-statistic	6.922	6.922
Kleibergen-Paap Wald *F*-statistic	12.426	12.426
观测值数量	1110337	1110337
企业固定效应	是	是
年份固定效应	是	是
FDI determinants×year dummies	是	是

续表

Panel A. Firm size	(1) FDI industry	(2) FDI industry×Size
SOE privatization×year dummies	是	是
企业控制变量	是	是

注:FDI determinants 包含 1998 年四位码行业的新产品强度、企业数量、企业平均年龄。企业控制变量包括企业产出、资本劳动比、是否出口企业、是否国企。回归中包含常数项,但未报告。括号中的数字为聚类到企业的标准误。*、**、***分别表示在 10%、5%、1%水平上显著。

表 A9-6　机制检验——竞争效应一阶段估计结果

被解释变量	(1) FDI industry	(2) FDI industry×Competition
Treatment×Post02	2.503***	−0.065
	(0.304)	(0.156)
Treatment×Post02×Competition	−2.386***	0.228
	(0.309)	(0.159)
Cragg-Donald Wald F-statistic	1190.190	1190.190
Kleibergen-Paap Wald F-statistic	766.933	1190.190
企业固定效应	是	是
年份固定效应	是	是
FDI determinants×year dummies	是	是
SOE privatization×year dummies	是	是
企业控制变量	是	是
观测值数量	1256810	1256810

注:FDI determinants 包含 1998 年四位码行业的新产品强度、企业数量、企业平均年龄。企业控制变量包括企业产出、资本劳动比、是否出口企业、是否国企。回归中包含常数项,但未报告。括号中的数字为聚类到企业的标准误。*、**、***分别表示在 10%、5%、1%水平上显著。

附录 2:数据匹配

参考 Jiang 等(2020),本研究根据中国工业企业数据库中的企业名字和专利信息中的专利申请人名字,进行两者的信息合并,具体分为以下几个步骤：

步骤1：提取可以用于数据匹配的专利信息。由于要将专利信息与中国工业企业数据进行匹配，为了提高匹配效率，剔除无法使用的数据。(1)根据专利申请人名字，剔除了个人申请的专利。(2)根据申请专利的企业地址，剔除了外国企业在中国申请的专利。

步骤2：处理中国工业企业数据库中的企业名字和专利信息中的专利申请人名字，获取两者的长名字。(1)去除两者名字中非汉字、字母、数字的标点符号(包含全角和半角)：如破折号、省略号、括号、逗号等。(2)把全角状态的英文字母转换为半角状态的英文字母：如将全角的B转换为半角的B，全角的C转换为半角的C等。(3)将全角状态数字和中文数字转换为阿拉伯数字：将(0、1、2……9)、(〇、一、二……九)及(零、壹、贰……玖)转换为(0、1、2……9)。

步骤3：进一步处理中国工业企业和专利申请人的长名字，获取短名字。在中文的企业名字中，有的企业拥有不同的词干和后缀，将其删除获取短名字。①根据后缀，删除的词包括：股份有限责任公司、股份有限公司、有限责任公司、独立行政法人、有限总公司、有限分公司、总公司、分公司、董事会、集团、有限公司、有限责任等。②根据地名具体删除的词包括：省(区、市)、县、镇、乡、村。

步骤4：精确匹配。①根据长名字精确匹配。利用中国工业企业和专利申请人的长名字进行匹配，完全匹配的样本认为它们是同一家企业。②根据短名字精确匹配。同样，根据两者的短名字进行匹配，完全匹配的样本在绝大部分情况下是同一家企业。在短名字精确匹配后，对每一配对样本进行检查，剔除非同一家企业的情况。例如，在匹配过程中结果中，认为东风汽车股份有限公司和东风汽车公司是同一家公司。再例如，安阳县钢铁厂和安阳钢铁集团有限责任公司拥有相同的短名字，但经过人工检查，发现它们不是同一家企业，则将该配对样本剔除。

步骤5：模糊匹配。为了提高效率，分两部分进行模糊匹配。①找出专利申请权人名字与企业名字相互包含的观测值，归为一个样本，对该样本进行人工检查。这种包含关系可以检查得到较多两者为同一家企业的观测值。例如，认为江苏好孩子集团和好孩子集团是同一家企业。②对

于剩下的样本,利用两者的短名字,采用 Levenshtein 方法,计算两者名字的相似度。定义:

$$\text{Levenshtein\_Similarity} = 1 - \text{Levenshtein\_Distance}$$
$$= 1 - d / (N_x + N_y)$$

式中,Levenshtein_Distance 表示将一个名字转换为另一个所需要变化(包括字符插入、删除、替换、换位)的字符个数,N_x 表示名称 X 的字符长度,N_y 表示名称 Y 的字符长度。在数据匹配过程中,保留了 Levenshtein_Similarity 大于 0.75 的所有样本,进行人工检查,保留匹配结果为同一家企业的观测值。

经过以上中国工业企业数据库与中国专利数据库的匹配过程,最终获得 476942 个匹配观测值,匹配结果详情报告在表 B9-1 中。

表 B9-1　中国工业企业数据库与中国专利数据库的匹配结果

年份	发明专利数量	实用新型专利数量	外观设计专利数量	总计
1998	741	3275	5645	9661
1999	1112	4344	7606	13062
2000	1785	5482	8891	16158
2001	2876	7021	10145	20042
2002	6691	10510	13664	30865
2003	11679	14342	15114	41135
2004	16752	18979	21714	57445
2005	23853	23092	25277	72222
2006	33797	30832	31184	95813
2007	44992	39603	35944	120539
总计	144278	157480	175184	476942